Samu Weber

Geschichte der Stadt Leibitz

Samu Weber

Geschichte der Stadt Leibitz

ISBN/EAN: 9783743329003

Hergestellt in Europa, USA, Kanada, Australien, Japan

Cover: Foto ©ninafisch / pixelio.de

Manufactured and distributed by brebook publishing software
(www.brebook.com)

Samu Weber

Geschichte der Stadt Leibitz

GESCHICHTE

DER

STADT LEIBITZ

MIT BEZUG AUF DIE

VERGANGENHEIT ZIPSENS UND UNGARNS

AUS VERANLASSUNG

DES

MILLENNIUMS

HERAUSGEGEBEN

VON DER

STADT LEIBITZ.

VERFASST

VON

S. WEBER.

KESMARK.

BUCHDRUCKEREI VON PAUL SAUTER.

1896.

Inhalts-Verzeichniss.

IV   Inhalts-Verzeichniss.

Einleitung.

Das Jahr 1896 als Millenniums-Jahr erregte überall
im Lande eine fieberhafte Thätigkeit. Es wurde zur würdigen Feier des tausendjährigen Bestandes Ungarns nicht
nur von dem Lande selbst in der Residenz- und Haupt-
stadt Budapest eine Millenniums-Ausstellung arrangirt, sondern auch Comitate, Städte und Einzelne waren bemüht,
nach Kräften mitzuthun, damit diese patriotische Feier
eine allgemeine und bedeutungsvolle werde. Es wurden
Monographien verfasst, Denksäulen errichtet, Bilder entworfen, damit denkwürdige Momente der zurückgelegten
Jahrhunderte gefasst und zur bleibenden Erinnerung würdig dargestellt werden.

Diesem allgemeinen Bestreben, das Millennium würdig zu feiern, schloss sich auch die Stadt Leibitz an, indem sie in ihrer Repräsentanten-Versammlung vom 30.
Juni 1894 den einstimmigen Beschluss fasste, die Geschichte
ihrer Stadt schreiben zu lassen und die Wege zu zeich-
nen, auf denen sie sich von der Einwanderung der Deutschen 1141 bis auf die Gegenwart 1896, also durch 755
Jahre, entwickelte, trotz der Verpfändung an Polen 1412
bis 1772, sich dem gemeinsamen Vaterlande Ungarn assi-
milirte und dessen Schicksale in Leid und Freud aufrichtig theilte.

Die vorliegende Geschichte der Stadt ist so gehalten, dass sie jeder Intelligente wird verstehen und würdigen können, dass sie aber auch, auf die städtischen Archive begründet, namentlich durch Angaben der wichtigsten Quellen und Urkunden den Fachmann befriedigen und zu weiteren Studien und Forschungen aneifern wird. Da die Archival-Quellen manchmal mangelhaft sich erwiesen oder plötzlich versiegten, musste auch die Schilderung hie und da als lückenhaft oder abgebrochen erscheinen.

Schliesslich fühle ich mich noch verpflichtet, dem Magistrate, den Pfarrämtern und einzelnen Einwohnern der Stadt meinen Dank auszudrücken für die Bereitwilligkeit, mit der sie mir Daten und Documente zur Vervollständigung der Arbeit gerne zur Verfügung stellten.

Der Verfasser.

Geschichte der Stadt Leibitz.

Vom Anfang bis zur Verpfändung an Polen.

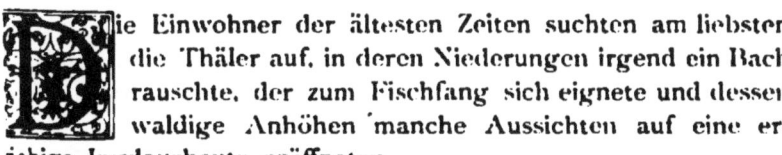

Erster Abschnitt.
1205—1412.

Die Begründung der Stadt und ihre Benennung.

Die Einwohner der ältesten Zeiten suchten am liebsten die Thäler auf, in deren Niederungen irgend ein Bach rauschte, der zum Fischfang sich eignete und dessen waldige Anhöhen manche Aussichten auf eine ergiebige Jagdausbeute eröffneten.

Auch die Thalsohle, in der Leibitz begründet wurde, eignete sich für Ansiedelungen mit derartigen Ansprüchen und Hoffnungen. Dass die Kelten, wie auch in anderen Gauen ipsens, hier ihr willkommenes Heim fanden, ist ausser allem Zweifel. Unmittelbar vor der Besitzergreifung Ungarns durch die Magyaren treffen wir hier undichte slavische Ansiedelungen an, ohne welche nähere historische Reminiscenzen oder Culturberreste zurückgelassen zu haben.

Die eigentliche heutige Stadt Leibitz mit ihrer Cultur und ihrem ganzen Gepräge wurde durch deutsche Ansiedelungen begründet. Schon Stephan der Heilige, dessen Gemahlin Gizella die Tochter des baierischen Herzogs Heinrich II. war, war ein Freund der deutschen Gäste, die er gerne in Ungarn ansiedelte. Planmässig aber geschah diese Ansiedelung erst unter Geza II.

1142 -- 1162.   Um die Cultur und Wehrkraft des Landes zu heben, erschienen die niederländisch-westdeutschen Wanderer, liessen sich wie in anderen Gegenden des Popperthales auch am Leibitzbache nieder und legten die Grundlagen zur jetzigen Stadt Leibitz. Auch nach den Mongolenstürmen 1241 kamen noch deutsche Einwanderer herbei, namentlich aus Thüringen und Schlesien, dann später 1259 aus Baiern und verstärkten und kräftigten die im wilden Vernichtungssturme der Mongolen gelichteten Reihen der deutschen Stammesverwandten; 1271 unter Stephan V. erscheint die deutsche Ansiedelung als abgeschlossen.

Die Besitzergreifung des Terrains ging nicht ohne alle Schwierigkeiten vor sich. Als die physisch und geistig überlegenen deutschen Elemente sich niederliessen, absorbirten sie entweder die vorgefundenen Wenden — Slaven — oder sie verdrängten sie. Letzteres geschah auch in Leibitz; mit Hilfe der deutschen Stammesgenossen wurden die weiter oben am WenigBach, Wendbach wohnenden Slaven, wo auch die älteste Verkehrsstrasse gegen Lublau und Bela ihre Ausläufer hatte, entweder verdrängt oder mit der neuen deutschen Gemeinde verschmolzen. Ein alter Stein an dieser Stelle spricht auch noch heute von diesen Verhältnissen. Thatsache ist, dass Leibitz schon 1204 als begründet und gesichert erscheint und somit nach allen geschichtlichen Zeugnissen zu den ältesten Zipser Städten zählt. [1]

Für diese historisch gegebenen Verhältnisse sprechen auch die vorkommenden Benennungen.

Das Wort Wenig-Leibitz stammt eigentlich von den Wenden, die an dem Bache wohnten. Der Ausdruck Leibitz-Bach ist auch von slavischen Ansiedlern herzuleiten. Lubost, Liebe wurde auf den Gegenstand des Baches übertragen, was der deutschen Benennung Liebseufen gleichkäme. Von dem Bache wurde auch der Namen auf die Stadt übertragen, der in den ersten Jahrhunderten ganz slavisch klingt. Im Codex Diplomaticus von Georg Fejér IV., 3. 515, dann VI, 1. 123 finden wir die Stadt 1269 als Lubica und 1399 als Lyubicz benannt. Die ältesten Urkunden der Stadt sprechen auch für diese slavischen Benennungen. In einem Hatterungsbrief unter Sigismund von 1397 finden wir Lubicha. 1404 in einem Bittgesuch an denselben König

---

[1] Genersich Christian: Merkwürdigkeiten der Stadt Kesmark, 1804, I, 111. Korabinszky Joh. Math.: Geograph.-hist. Producten-Lexicon 1786, S. 363. Csaplovics Joh., Topogr.-statist. Archiv des Königr. Ungarn 1821, II. 308. Scholcz Frigyes a késmárki ev. ker. lyceum értesitvénye 1876, 1. 6.

.egen Steuernachlass: Lubicz, Leubicz. In einem Marktprivi-
gium von 1407 erscheint die Stadt auch noch als Lewbitz =
.ubitz benannt. Das älteste Stadtsiegel kennt auch den Namen
.wbitza.[1]) Nachklänge zu diesen slavischen Benennungen werden
.ir auch in den späteren Jahrhunderten noch begegnen.

Zweiter Abschnitt.
Die Terrain- und Hatterungs-Verhältnisse.

Die vorzüglichste Sorge der Einwohner war es, die besonders
.ach den Mongolenstürmen von 1241 unsicher gewordenen Ter-
.ain- und Hatterungsverhältnisse wieder zu ordnen und sicher
.u stellen. Schon unter Bela dem IV., dem zweiten Landesbe-
gründer, wurde durch den Probst Thuruch 1260 die Grenzlinie
.wischen Leibitz und Kesmark derart bestimmt, dass sie zwischen
.len genannten Städten unter dem grossen Walde beginne, von
.ier auf einem Kreuzweg, dann auf den Berg Prym hinauf, über
.lenselben hinunter, zu dem Dedislo-potoka oder Distelbrunn bis
.uf den Weg und dann über den Leibitzer Fluss hinüber über
.las Rohr (Rohrwiese) fortgehe.

Im Jahre 1288 werden die Grenzen des städtischen Terrains
.inter dem König Ladislaus IV. — der Kumanier — bestimmt
.nd zwar zwischen Kesmark, Leibitz, Nagy-Eőr, Ruszkin, Durand
.nd Menhard. 1290 wurde eine ähnliche Grenzbegehung vor-
.enommen und zum Schutze der Stadt im Auftrage des Königs
.ndreas III. durchgeführt.[2])

Im Jahre 1294 wollte der Zipser Graf Bald eine Kolonie
.n einem in der Nähe der Stadt Leibitz befindlichen Walde er-
.ichten und zu dem Zwecke Rodungen ausführen. Leibitz, davon
.unde erhaltend, bat mit andern angrenzenden Sachsen-Lands-
.euten, der Graf möge von seinem Vorhaben abstehen, da sie
.len Wald als solchen nicht entbehren könnten. Der Löwen-
.ntheil des Waldes blieb natürlich im Genusse der Stadt Leibitz,
.ie in der Gegend ausgedehnte Waldtheile erhielt, Wiesen aus-

---

[1]) Es zeigt Maria, die Himmelskönigin, am Sternenhimmel mit der Umschrift:
.gillum communitatis Lubitz = Siegel der Gemeinde Leibitz.
[2]) Casparus Hartsch, Richter in Leibitz: Collectanten-Buch von 1686, ent-
.ltend die Kopeyen der Leibitzer Hatterbriefe, die vom König Andreas hinter-
.sen wurden.

schnitt und die Vorstadt Schwefelbad begründete. Die Hattern-
grenzen dieses Waldes wurden in dem Jahre nachstehends bestimmt: Die erste Grenze beginnt, wo die alte Grenze zwischen
Leibitz und Kesmark sich hinzieht. Dann erstreckt sie sich an
die Grenzen des Andreas des Sohnes Polon in Eur, Sztraska.
Nehre; dann zum Fluss Lomnicha und über denselben bis zu
den obersten Regionen dieses Flusses; dann direkt bis zum oberen
Fluss Lybicha; dann zum kahlen Berg; dann zu deu alten Grenzen.
die da bestehen zwischen Ruszkin, Lybicha und Durand. Es
handelte sich hier um bedeutende, den Wohlstand und das Ansehen der Stadt begründende Waldtheile, die zwischen den Grenzen
der Städte Kesmark, Ruszkin, Durand und den Gemarkungen
des Dorfes Nagy-Eör bis zum Bache Lomnitz gelegen waren.
wesshalb auch das im Archive befindliche Original des Hatterts-
briefes vom Jahre 1294 Monat April wiederholten Angriffen
gegenüber oft bestätigt und bekräftigt wurde.[1]

In goldenen Lettern verdient in der Stadt Leibitz das Gedächtniss des Richters Haymanus gewahrt zu werden, der durch
die Sicherung des grossen Terrains dem Grafen Bald gegenüber
in richtiger Würdigung der Sachlage das that, was zur Erstarkung und Blüthe seiner Gemeinde nothwendig und unerlässlich war.

An ferneren Grenzbegehungen fanden in diesem Zeitab-
schnitte noch statt:

Metae inter Libiczam et villanos Rusquini.

(Grenzen zwischen Leibitz und den Bürgern von Ruskin.)

»An dem Grewlichen seuffen in dem posch boben dem weg
vnd dem bobn dem bron de da entsprongen ist do leyt. eyn
hattert als die son ontergeth wo wenden wir und kegen die
sonnen off ganz ober Rissdorff, wasser.

wo steyge wir den colj berg off oben dem steyge, do leyt
eyn hattert, bey den slen dornen.

off dem ljoc off dem colj berge in dem posch an dem orde
do ist ein hattert.

---

[1] Bestätigt wurde der Bald'sche Hattertbrief, der auch in Suplementa Analectorum Scepusii von Bardoffy S. 390 abgedruckt erscheint, a) vom Sachsengraf Hilde-
brandus 1294 am 21. Okt.; b) vom König Andreas III. 1295; c) vom polnischen
König Sigismund III. von Warschau aus 1596, 27. April; d) das Zipser Kapitel
reproducirt diese Bestätigung des Sigismund am Samstag vor Laetare 1633; e) vom
poln. König Wladiszlaw von Krakau aus 1636, 13. Maerz; f) von Johann Kasimir
1649, 18. Feb.

Steige wir nach d' sonnen off gantz den tal ab ob' den seyffn gericht den spitzy berge off do stet eyn gefasster steyn das ist ein hattert.

am Seywirichs hagen an dem orde des posches in der kere do ist eyn hattert.

noch der sonnen off ganz den tal ap ober den henkel-mansgrat on dem posch des ordes do ist eyn hattert.

am Gelbels hagen an dem röke obwendig an dem posch do ist eyn hattert.

dem tal ob ob' den seyffn czu Gelbels hagen an dem röke in póschleyn ond' eem weg da ist ein hattert.

keg der sonnen off gantz gielhal bey dem hegseyffen czwis-seln den zwey wegn an der wenigen Lewbitz do ist eyn hattert.

dy wenige Lewbicz off bey den alten Binhewsern in der ebenheyt, do man pfleget off czw hemmen am wege do ist hattert.

der sonnen off gantz ond' dem langen Bring obwendig dem newen wege do ist ein hattert der ist der Rissdorff' ond der Lewbitz.

off dem hoen Bring czu mittag der sonnen do ist ein hattert.

boben dem czummeszers berge das da heyst czum ölkrögel do ist eyn hattert.

hind' d' legstat obwendig krewels hagen do ist eyn hattert.

off dem kalenberge off d' höe do ist ein hattert.« [1]

Sigismund bestätigt am Sonntage nach dem Feste der h. Margaretha 1397 einen Hattertbrief zwischen den Gemeinden Du-rand und Menhard in dem Sinne: Er veranlasst durch seinen Hof-notär Magister Mattyas und in Vermittelung des Zipser Capitels zuerst eine Grenzbegehung des strittigen Objectes und entscheidet dann, dass der grosse Wald, Fekete erdew genannt, durch die Gemeinden Leibitz, Menhard und Durand ganz gleichmässig und gemeinschaftlich, die aber in Frage stehenden Hagedornwälder, Haine und Aecker durch Leibitz als Besitzerin dieser Theile ein-zig und allein benützt werden dürfen. [2]

_____

[1] Obiger Hattertbrief stammt aus dem 13. Jahrhundert und ist nicht nur in Bezug auf die Grenzen zwischen Ruszkin und Leibitz bemerkenswerth, sondern auch bezüglich der Sprache höchst charakteristisch, die in diesem Jahrhundert unter den deutschen Bürgern in Wort und Schrift angetroffen wurde. Zum Verständniss be-reichnen wir colj berg ▬ Kahlenberg; slen Dornen ▬ Schlehe-Dornen; hagen ▬ Dornstrauch; röke ▬ Rücken; keg ▬ gegen; höe ▬ Höhe.

[2] Auch dieser Hatterungs- und Schutzbrief gegen Menhard und Durand wurde wiederholt bestätigt und bekräftigt: a) von demselben Sigismund am Tage Stephan

Dritter Abschnitt.

Markt- und Handelsverhältnisse.

Auf dem gesicherten und durch Schutzbriefe garantirten Grund und Boden erkannte die Einwohnerschaft der Stadt zur weiteren Entwickelung auch die Nothwendigkeit an, im Handel, in Kauf- und Verkaufs-Verhältnissen weitere Fortschritte anzubahnen. Darum wandten sie sich an den bekannten Städtefreund Ludwig den Grossen und baten ihn um Verleihung eines Marktrechtes. Der König in Erwägung dessen, dass es die höchste Freude eines Herrschers sein müsse, zur Mehrung des Wohles seines Volkes mitwirken zu können, gestattet der Stadt Leibitz einen freien Wochenmarkt und zwar wöchentlich an jedem Mittwoch abzuhalten. Zugleich wird den Käufern und Verkäufern zugesichert, dass sie in der Stadt frei ihren Handel besorgen und ein freies Geleite dorthin und nach Hause besitzen sollen. Der Marktbrief ist ausgestellt 1364 tertio nonas mensis octobris, mit dem neuen königlichen Doppelsiegel bekräftigt und durch alle Hauptwürdenträger des Landes unterfertigt. [1]

Der Markt an einem Wochentage erwies sich jedoch als unpraktisch, da die handelnden Personen in ihren Arbeiten und Verrichtungen gestört wurden. Desshalb kamen der Richter und auch Peter, ein Richter von »Meynhartsdorf«, im Auftrage der Leibitzer Bürger zum König Sigismund und baten, er möge ihnen die Abhaltung des Marktes auf den Sonntag verlegen, damit die Marktbesucher in ihren Beschäftigungen nicht gestört würden. Sie stützten ihre Bitte mit dem Grunde, dass die Einwohner in letzter Zeit durch Brände arg litten und durch Gewährung ihrer Bitte in ihrem Wohlstand sich wieder erholen könnten. Der König sah die angeführten Motive ein und erfüllte die Bitte, indem er die Abhaltung des Marktes jede Woche am Sonntag gestattete, zugleich anordnend, dass sowohl die zum Markte Kommenden, als auch die von demselben Scheidenden

des ersten Märtyrers in Nagywar — Liptau — 1399; b) vom polnischen König Sigismund am 4. April 1590 in Warschau; c) noch einmal vom ungarischen König Sigismund 1404 in den Kalnoden des Monats April. Pronuniciata Kesmarkini sub judiciis octavalibus celebratis 1404; d) durch das Zipser Kapitel 1475 infra octav. vascensionis Christi. Beilage I.

[1] Dieser wichtige Marktbrief erhielt auch mehrfache Bestätigungen: a) durch das Capitel 1535 am Freitag nach dem Feste der Heiligen Simon, Juda; b) vom polnischen König Sigismund zu Krakau 1535 am Feste des Apostel Paulus; c) diese Bekräftigung des Sigismund reproducirte auch noch das Capitel mit demselben Datum. Beilage II.

ein freies Geleite haben mögen. Das neue Marktprivilegium ist ausgestellt in Kaschau am Epiphanias-Feste vom König Sigismund 1407.[1]

Vierter Abschnitt.

Verwaltung und Rechtspflege.

Zum Verständniss der Sachlage muss hier etwas weiter ausgeholt werden.

Noch vor dem Einfalle der Mongolen 1241 musste schon der Zipserbund der 24 k. Städte, universitas 24 regalium, bestanden haben, weil die Leutschauer Chronik[2] von dem Sachsengrafen der 24 Städte spricht, der mit seinen Leuten und Habseligkeiten sich auf den Schauberg — lapis refugii — bei Kapsdorf flüchtete.[3] Den Abzug der Tartaren oder Mongolen benutzten die Deutschen, um sich vor ähnlichen Gefahren zu schützen, dazu, dass sie feste Plätze erbauten. Zuerst verfielen sie auf Georgenberg und dann auf Leutschau. Und sie thaten wohl daran. Denn unter Ladislaus IV. — der Kumanier — erschien eine zweite Horde der Verwüster, die die kaum erbauten Ortschaften wieder plünderten und nur denen nichts anhaben konnten, die ihnen hinter sicheren Mauern und Thürmen unerreichbar waren.

Die gemeinsame Noth festigte noch mehr den Bund der 24 Städte mit den gleichberechtigten Gemeinden: Leutschau, Kesmark, Leibitz, Durelsdorf, Rissdorf, Bela, Menhardsdorf, Eisdorf, Michelsdorf, Georgenberg, Mathsdorf, Mühlenbach, Schlagendorf, Felka, Deutschendorf, Kapsdorf, Donnersmarkt, Speradorf, Neudorf, Odorin, Wallendorf, Eulenbach, Kirchdorf und St. Kirn.

Wohl haben diese Städte auch schon nach dem Gesetze 1222 Art. 19 und 1243 manche Beweise königlicher Huld erfahren. Aber die eigentliche Grundlage zu ihren Rechten und Freiheiten erhielten sie erst in der Handfeste Stephans des V. 1271, 8. December mit folgenden Hauptbestimmungen:[4]

[1] Beilage III.
[2] Wagner, Analecta Scepusii II, 8. Schicksale der Zipser Deutschen insbesondere der XVI k. priv. Kronstädte von Johann Karl Unger . . . Wien 1820).
[3] Der befestigte Schauberg wurde auf Anrathen des Pfarrers Martin von Eisdorf mit Bewilligung der Städte und des Zipser Probstes Jakob vom Grafen Jordan dem Orden der Karthäuser übergeben, der hier bis zur Reformation bestand und eine Filiale im rothen Kloster 1319 begründete, die bis 1563 bestand.
[4] Wagner, Anal. Scep. I. 189.

1. Die Zipsersachsen zahlen jährlich auf den Martinstag 300 Mark feines Silber als terragium d. h. Grundzins [1], wogegen sie von allen im Königreiche üblichen, oder künftig einzuführenden Steuern und Contributionen und Abgaben, sei es im Gelde oder Naturalien, frei sind.

2. Sie sind verpflichtet, mit 50 Mann unter des Königs Fahne Heeresfolge zu leisten und zu kämpfen.

3. Sollte der König das Land besuchen, so sind sie verpflichtet, ihn beim Ankommen und Weggehen reichlich und köstlich zu bewirthen.

4. Weil sie öfters vor den Augen des Königs ihr Blut vergossen haben, erhalten sie vollkommene Selbstständigkeit in Ausübung ihrer Gerichtsbarkeit. In kleineren Fällen urtheilt der Ortsrichter, in grösseren, als Mord, Verletzung, Aufstand, Besitzstreit u. s. w. der Provinzgraf, ohne dem Obergespan des Comitates untergeordnet zu sein.

5. Sie erhalten das Recht, frei ihre Pfarrer selbst zu wählen, denen sie den Zehent überlassen.

6. Dem Comiti pro tempore constituto, d. i. dem Burggrafen im Zipserhause, wird geboten, sie ungestört im Besitze ihrer Freiheiten zu lassen.

7. Nebstdem erhielten sie die Begünstigung, dass sie durch keinen Menschen, wess' Standes er sei, ausser ihrer Provinz vor des Königs Majestät oder dessen Richterstuhl gefordert werden dürfen, weil sie als gerade schlichte Acker- und Gewerbsleute bei ihren Rechten und Gewohnheiten gelassen werden sollen. Der wahre Grund aber bestand darin, dass sie als freie deutsche Leute die Wohlthaten ihres Rechtes sich ausbedungen hatten, bevor sie einwanderten, oder dass man ihnen die heimische Rechtsverfassung im voraus zusicherte, um sie in das Land zu ziehen.

8. Am Palmsonntage jedes Jahres werden sie verpflichtet, das neue Geld von der königlichen Kammer einzuwechseln und in Umlauf zu bringen.

9. Wird ihnen die Fischerei und Jagdgerechtigkeit eingeräumt. Sie dürfen auch frei Wälder roden und in Ackerland verwandeln.

10. Den königlichen Zinseinnehmern, deren 4 mit 5 Pferden alljährlich zu ihnen gesendet werden, sind sie bis zum vollen

---

[1] Weil sie vom König Grund und Boden zur Niederlassung erhielten.

Erlag der 300 Mark Silbers reichlichen Unterhalt zu geben
verpflichtet.

11. Erhielten sie das Recht, Erze zu graben, zu verarbeiten
und frei zu nützen.

Damit aber diese Freiheiten den Zipser Sachsen ewig un-
veränderlich bleiben, wurde die Urkunde auf das Feierlichste
mit doppeltem Reichssiegel versehen und vom Könige und den
Vornehmsten des Reiches gefertiget.

Diese Rechte und Freiheiten des 24 Städte-Bundes, wohin
auch Leibitz gehörte, wurden mehrfach in diesem Zeitraume bestätigt und bekräftigt von Karl Robert 1328 mit einer Erhöhung
des Terrgiums, des Grundzinses von 300 auf 1200 Mark feinen
Silbers, dann wieder von Karl Robert 1336 und vom Städtefreunde
Ludwig dem Grossen 1344 und 1374.

Diese Rechte und Freiheiten bildeten die magna charta
und die feste Grundlage jeder einzelnen Stadt und aller Städte
zusammen, auf der sie ganz selbstständig und frei ihre Ver-
waltungs- und Gerichtsverhältnisse besorgten und entwickelten.

Wie in den vorangelassenen Rechten und Freiheiten die
Selbstständigkeit der Verwaltung in den Städten und ihrer
Provinz gesichert wurde, so wurde in dem durch alle Könige
bestätigten sächsischen Landrechte die Unabhängigkeit der Gerichtspflege gewahrt und angeordnet. Dieses Landrecht, auch
Zipser Willkühr genannt, zählt in ihrer ursprünglichen Fassung
vom Jahre 1370: 93 Artikel. Im 16. Jahrhundert kam der 94.
„von schuldiger Aufhaldung" und der 95. „von den Kongissern"
hinzu. Auch andere Zusätze mochten stattgefunden haben. So
besteht z. B. in Leibitz in dem durch Jakob Frickal, Richter,
angelegten Aktenbuche vom Jahre 1587 dieses Landrecht in
100 Kapiteln unter dem Titel: „Gemein Landrecht der Zypser
von dan vhrersten Inwonern des Landes bewilligt vnd durch
Königliche vnd Kaiserliche macht bestettiget vnd bekrefftiget."
Auch in anderen Stadtarchiven finden wir Abschriften des Land-
rechtes, das alle Rechts-Verhältnisse der Gemeinden ordnete.[1]

Auf den Inhalt dieses Sachsenrechtes übergehend, wird im
ersten Kapitel vorerst die Selbstständigkeit und Freiheit ihrer
Gerichtspflege gewahrt: „Das uns Czippsser kein Man zu

[1] Abdrücke dieses Sachsenrechtes haben wir in Wagner Anal. Scep. I, 240,
abgeschrieben vom „Rechtspuechle Leutschau", andere Exemplare führen den Titel:
„Villkühr der Sachsen in dem Zips." Im Druck erschien dieses Sachsenrecht noch
von den Herausgebern des Ofner Stadtrechtes Michnay, Lichner 1845, Beil. I.

l a d e n h a t t g e n n H o f f e i n k e i n e r l e i s a c h n. I. Von ersthen
an. Hab wir die gnade und das recht von allen Königen von
Hungern von anbeginen, das uns Czippsser kein man oder nimanth
umb keinerlei sach tzu Hoffe hat zu laden, sonder er soll ein
recht suchen vor des Königks Graffe, der Burggraff ist in dem
Czips, und vor landgroffen und vor den Richtern und vor den
Eldisten, die zu den Rechten geschworen haben, einen Manne
ein rechts Recht zu thun am felde, nach unserem Landrecht.
als wir haben von alters, als der Zips gestifft ist und als die
Könige vonn alters und bisher begnodt haben."

Das Landrecht verbreitet sich über alle im Leben vorkommenden Fälle und handelt über Heirathen, Eheverhältnisse.
Familienumstände und Glieder, Waisenangelegenheiten, Credit-
verhältnisse, Lohn, Pfand, Bürgschaft, Zank, Streit, Schimpf, Ver-
leumdung, Lüge, Betrug, Diebstahl, Todtschlag, Hekkeln- und
Messer-Tragen, Schlägereien, Verletzungen, Würfel- und Karten-
spiel, dann über Ungehorsam und Widersetzlichkeit, schuldiges
Authalten, über Dienstboten, Handwerke, Fleischer, Schenke,
Gerber, Schuster, Müller, Goldschmiede, Kannegiesser, Hunde-
bisse und Vorzeiten.

Die Vorzeiten waren in Bezug auf Gerichtspflege die wichtigsten, was damals vorkam, musste unwiederruflich rasch und
sicher erledigt werden mit den Bestimmungen:

„Von den Vorzeiten.

92. Am Sonobent vor dem Adventh yst die erste vorzeit.
wo do klagt von scholde wege, das wylt man zu zahlen in 14
Tagen, als sunst ein ander Zeit. Sunder was eyde werden bescheiden auf die Zeit, die lessth man eyden und keinen mehr.

93. Am Sonobend 14 tag vor fassnacht wirth die höchste
vorzeyt, was da eyde werden gebotten, di mus man von stund
an thun und was scholde wegen geklagt wirth, das ist am dritten
Tag zu zahlen."

Auch das canonische Recht wurde bei Urtheilssprüchen
nicht selten zu Rathe gezogen. Obenan stand die heilige Schrift
mit ihren Aussprüchen und den zehn Geboten: „Das erste ist
Beide Taffeln der Zehen Gebote, soviel äusserliche Zucht anlanget, fleissig in Acht zu nehmen." Dazu kamen auch noch die
selbstgeschaffenen „nützlichen Ordnungen und Bestimmungen",
die unter dem Vorsitze des Grafen die Richter in's Leben riefen,
den Zeitverhältnissen anpassten und namentlich dafür sorgten,

„dass man fleissig acht habe, damit die gemachten Ordnungen respectiret und vollzogen werden.

In Erster Instanz urtheilte in der Stadt mit seinen Geschwornen der jährlich neu erwählte Richter, der einen feierlichen Richtereid nach Anhören der Richterpredigt ablegen musste. In zweiter Instanz in wichtigeren und schwereren Fällen urtheilte der Provinz- oder Graugraf im Rathe der ihn umgebenden Richter der 24 Städte, in vielen Fällen mit Zuziehung des Burggrafen des Zipserhauses in Vertretung des Königs, nie aber unter Mitwirkung des Obergespanes vom Zipser Comitate, von dessen Jurisdiction die Zipser Sachsen immer frei waren. Von dem Provinz- oder Graugrafen geschah die Appellation an den König.

Die Wahl des Richters, der an der Spitze der administrativen und juridischen Angelegenheiten stand, wurde unter prangenden Formen vollzogen. Die Qualification hatte jeder Städte-Bürger, wenn er nur ehrlich, redlich, gottesfürchtig war und im allgemeinen Vertrauen stand. Die „Richterbänke der alten Kirchen waren nicht umsonst erbaut und waren am fleissigsten besucht.

Der alte Richter wurde am Wahltag von den Geschwornen und der Gemeinde in die Kirche geleitet. Hier hielt der Pfarrer die Richterpredigt mit dem Schlusse: „Ihr aber wohlweise Herren! welche etwa die folgenden Stimmen und Loose betreffen werden, bemühet euch, arbeitet und verwaltet eure Stellen dergestalten, damit ihr am Abend eures Lebens unter der Zahl derjenigen befunden werdet, für welche der himmlische Hausvater seinen Verwaltern befehlen wird, sprechend: Rufe die Arbeiter, die ich aufgenommen und gib ihnen den Lohn, den sie treulich verdienet haben. Amen!"

Hierauf übergibt der alte Richter sein Amt gewöhnlich in der Sakristei mit den Worten: „So will ich denn nun mein Amt, wie ich es empfangen habe, an dieser heiligen Stätte auch wieder abgeben, Gott bittend, er möge nun ferner die Gemeinde dahin dirigiren, damit sie einen Mann nach seinem Willen sich erwähle, der sein Amt treulich verwalte."

Nun wird der alte Richter wieder im feierlichen Zuge nach Hause geleitet und die Neuwahl am Rathhause vollzogen. Nach der Wahl begibt sich die Wählerschaft wieder zur Kirche, wo das Resultat verkündet und der neuerwählte Richter namhaft gemacht und beeidet wird. Derselbe wird nun von den Aeltesten im Namen der Gemeinde angesprochen und beglückwünscht mit der Versicherung, dass ihm der ganze Rath und die Gemeinde mit Gehorsam, Ehrerbietung entgegenkommen werde, wozu Gott seinen Segen geben möge. Ebenso wird der neue Richter auch von dem Pfarrer und Lehrer mit warmen Wünschen beglückwünscht. Ein warmer Händedruck folgt zum Schluss. Mit der Einsegnungsrede des Geistlichen und dem Liede „Te deum laudamus" — Herr Gott dich loben wir — schloss die ernste Richterwahl in der Kirche ab, deren heiterer Theil dann in dem obligaten Richtermahl bestand.[1]

Aus diesen ersten Jahrhunderten ist uns die Kunde nur von wenig Richtern in Leibitz aufbewahrt worden. Nur aus einzelnen Urkunden lesen wir ihre Namen heraus.

1294 unter dem letzten Árpáden Andreas III. lernen wir Richter Haymanus kennen, wie wir schon sahen, das grosse Waldterrain über Schwefelbad, Majerka hinweg bis an die Gemarkungen von Lomnitz sichernd.

1397 erscheint Richter Georg vor dem König Sigismund, um den Schutzbrief gegen die Städte Menhard und Durand bestätigen zu lassen, und zwar in Terrainangelegenheiten.

1407 verwendet sich Richter Petrus bei demselben König Sigismund, damit der durch Ludwig den Grossen bewilligte Wochenmarkt auf Sonntag verlegt werde.

1411 werden die Richter Almester und Petrus genannt, die sich auch bei diesem Herrscher mit Erfolg vorstellten, damit die Stadt in Folge verheerender Feuersbrünste Steuernachlass erlange.

Fünfter Abschnitt.
Die römisch-katholische Kirche und Schule.

Die namentlich unter Geza II. 1141—1161 eingewanderten Sachsen gehörten auch in Leibitz der römisch-christkatholischen Religion an. Zur Pflege des religiösen Lebens bestand hier eine Abtei zur h. Maria, ohne genau zu wissen mit welchem Orden.[2]

---

[1] Weber S., Geschichte der Stadt Bela 1892. S. 34. Buchholtz der ältere: Geschlechtsregister — Manuscript — vom Jahre 1705 am 22. Dez. Husz Michael. Notär in Poprad, und dessen nachgelassene Schriften.
[2] Liber memorabilium ecclesiae et parochiae Leibitzensis. In nomine Jesu! Historiae ecclesiasticae, in regio oppido Leibitz ex antiquo quodam libro ecclesiastico hunc in librum eo, quo fieri potuit, ordine scripto et congesta anno 1677 mense Julio.

Es könnte der Orden der Cistercienser als hier bestanden angenommen werden, wenn man in Erwägung zieht, dass dieser Orden in Ungarn am meisten blühte, dass an den Flügeln der Altäre Bischöfe aus diesem Orden abgebildet sind und dass derselbe ausser der Stadt seine Häuser zu bauen pflegte, wogegen die Pfarrhäuser gewöhnlich mitten in der Gemeinde errichtet wurden.

Gegen diese Annahme des Cistercienser-Ordens spricht ein der Kirchmauer eingefügter Stein mit dem Kreuze der Malteser-Ritter, der bei der Erbauung der Kirche mit eingemauert wurde und die vier Lilien einzeln in den vier Ecken noch im Jahre 1677 deutlich sichtbar machte.

Auch eine dritte Annahme besteht noch darin, dass Kirche und Parochialgebäude zusammen einen Sitz der Wächter des h. Grabes abgegeben haben, in deren Trümmer die Einwohner von Leibitz zur Zeit der Noth Schutz suchten.[1]

Gewiss ist, dass bis zur Verpfändung der XIII Städte an Polen 1412 die jetzige Pfarrwohnung mit der dazu gehörigen Kirche zur h. Maria noch nicht bestand und deren Begründung in den späteren Zeitabschnitt fällt.

Die andere kleinere Kirche zum h. Geist ist in ihrem Gründungsjahr auch unbekannt. Sie heisst auch die slavische oder Spitalkirche und muss schon in den ältesten Zeiten den religiösen Zwecken gedient haben. Wurde doch der Pleban auch von Leibitz kraft des alten Sachsenrechtes von den Einwohnern selbstständig gewählt, und musste auch eine Kirche zur Verfügung gehabt haben, wie er auch in der Fraternität — Brüderschaft — erwähnt wird, wie die Plebane der anderen 24 Städte.[2]

Wie unter dem Richter die politische Gemeinde ihre Angelegenheiten ordnete, so fand auch die Begründung der Kirchengemeinde der christkatholischen Einwanderer sehr bald statt.

Schon um das Jahr 1209 wird mit anderen Zipser Städten auch Leibitz erwähnt, wo die katholische Gemeinde mit ihrem Pleban an der Spitze geordnet erscheint. Mit diesem Jahre wird auch die Begründung der Fraternität unter den Pfarrern der XXIV Städte angenommen. Wenn auch manche Schriftsteller mit dem Beginn der Brüderschaft auf 1204 zurückgreifen, so haben wir doch erst sichere Spuren, dass diese mit dem Jahr

[1] Visitatio canonica parochialis ecclesiae Leibitzensis de anno 1832.
[2] Diploma Stephani V. 1271.

1239 bestanden haben muss. Als ganz geordnet erscheint dieser
Verein einige Jahre später, wo die Leutschauer Chronik zu berichten weiss: „Anno 1248 ist die Bruderschaft der XXIV Pfarrherrn eingerichtet worden."[1])

Wie um diese Zeit die Plebane in Leibitz geheissen haben
mögen, ist nirgends bekannt geworden. Erst 1409 begegnen
wir einem Nicolaus als Pleban von Leibitz, und zwar in einer
Streitfrage zwischen ihm und Johannes, Presbyter von der Hospital-
kirche. Johannes betheuerte nämlich, dass der Pfarrer behauptet
hätte, als habe ihn der genannte Presbyter 1408 am Feste der
Geburt Maria auf offener Strasse am Rehberg mit einem Schwert
angegriffen und hätte ihn auch getödtet, hätte er sich nicht ver-
theidigt. Nach langen Unterhandlungen wurde Johannes des
Irrthumes überwiesen und zu 50 Goldgulden Strafe verurtheilt.[2])

Auch die Gehaltsverhältnisse des Pfarrers waren in den
Städten in selbstständiger Weise bestimmt und geordnet worden. Während Stephan der Heilige und das Land die Do-
tirung der Geistlichen durch den Zehend in ganz Ungarn ge-
setzlich anordneten, behielten auch in der Beziehung die Städte
der Zips vollkommen freie Hand. Sie wählten sich frei ihre
Pfarrer und besoldeten sie auch ganz aus eigenem und freiem
Entschlusse zuerst mit dem Zwölftel und dann mit dem Zehend
der Feldfrüchte. Das hierauf Bezug habende Aktenstück
stellten sie in ihrem Hauptort Leutschau 1280 unter ihrem Grafen
Elias aus.

Die Könige billigten dieses Arrangement der Städte und
bestätigten es in eigenen Diplomen. Die Königin Elisabeth ge-
nehmigte die Zehendleistung 1286.[3])

Dieselbe zustimmende Erklärung zur Pfarrdotation gab auch
Andreas III., der letzte Árpáde 1297.[4])

Leibitz erkannte auch dieses Verhältniss an und dotirte den
freigewählten Pleban auch mit dem Zehend.

Nur drei Städte, Matheocz, Sztrázsa und Schlagendorf,
machten hierin eine Ausnahme. Sie lösten 1352 den Zehend
ab und zahlten in Geld oder mit Benützung von Grundstücken
ihren Geistlichen.

¹) Hradszky József: A XXIV kir. plébános testvérülete, Miskolcz 1895. 1. 3,
32, 37, 38.

²) Analecta Scep. II. 161. Urkunde hierüber im Archiv der Stadt Leibitz.

³) Die Urkunde finden wir abgedruckt: Wagner Anal. Scep. I, 274 und Weber, Monographie der ev. Gemeinde Bela, 187.

⁴) Wagner I, 264.

Wir sehen, dass auch hierin die später eingewanderten Deutschen der Zips eine Ausnahme machten und, von den in der Beziehung fertig vorgefundenen Zuständen Abstand nehmend, selbstständig und frei auch ihre kirchlichen Angelegenheiten und ihr Verhältniss zum Pfarrer ordneten. Selbst die späteren Jahrhunderte änderten nichts an diesem ehrenden und natürlichen Verhältnisse.

Schon Stephan der Heilige ordnete an, dass alle 10 Dörfer eine Kirche und damit in Verbindung auch eine Schule haben müssen. Mit der Verbreitung des Christenthumes wuchs natürlich auch die Anzahl der Kirchen und der dazu gehörigen Schulen. Der Pfarrer war gewöhnlich auch der Lehrer und übte die Kleinen in dem, was zum kirchlichen Leben erforderlich war. Erst später bestellte sich der Pfarrer einen Lehrer, den er auch zahlte und der ausser dem Kirchendienst auch in der Schule die Anfänge des Glaubens und des Gebetes und später die Buchstaben und das Lesen unterrichtete. Eine derartige Schule soll schon im 13. Jahrhundert im Zipser Capitel bestanden haben.

Eine derartige „Pfarrschule" wird jedenfalls auch in Leibitz angetroffen worden sein, wo der Pleban bereits 1239 Mitglied der Zipser Fraternität gewesen war.

Nach diesen ersten Anfängen entwickelte sich auch hier immer mehr das Schulwesen: es wurden mehr Lehrkräfte angestellt und mehr Lehrgegenstände aufgenommen, doch blieb alles unter alleiniger Aufsicht und Leitung des jeweiligen Pfarrers bis zum Beginn der Reformation.[1]

Sechster Abschnitt.

Das Handwerk und andere Beschäftigungen.

Kaum hatten die Magyaren unser heutiges Vaterland erobert, als sie auch durch weitere Kriegsabenteuer sich stets neuen Ruhm erwerben wollten. 955 z. B. überflutheten sie unter Bulcs, Bolond und Lél wiederholt Baiern, wurden aber vor Augsburg am 10. August aufs Haupt geschlagen, so dass nahe an 40,000 Ungarn ums Leben kamen.

[1] A nevelés és oktatás történet kézikönyve, különös tekintettel a magyar nevelés és oktatás történetére, 3-ik ujonnan átdolgozott kiadás, irta Dr. Kis Áron, Budapest, 1878, l. 41. 42. . . . . .

Diese Niederlage hatte unter anderem die gute Folge, dass
sich die Magyaren auch an friedliche Beschäftigungen gewöhnten,
für Landbau und Handwerk Sinn gewannen, wie sie dies Alles
in Deutschland bei ihren Kriegsabenteuern kennen zu lernen
vielfach Gelegenheit hatten.

Auch die ersten Fürsten und Könige sahen es bald ein, dass
sie ohne den Kunstfleiss der Deutschen die Culturarbeit nicht
recht beginnen konnten. Desshalb wurde das Streben wach,
deutsche geschickte Handwerksleute in das Land zu rufen, damit sie gleichsam als Pioniere der Cultur vorangehen und Bahn
brechen mögen. Dr. Julius Kautz in seiner Entwickelungsge-
schichte der volkswirthschaftlichen Ideen in Ungarn erwähnt,
dass schon Stephan der Heilige seinem Sohn Emerich es an's Herz
legte, dafür zu sorgen, dass fremde Einwanderer in Ungarn
freundliche Aufnahme finden; die doch neue Werthe und Güter
dem Lande bringen. Stephan wollte dadurch dem Lande fleissige
Handelsleute und Gewerbetreibende verschaffen, die ihm noch
gänzlich abgingen.

Wenn auch schon unter Stephan dem Heiligen manche einzelne Einwanderungen der Deutschen in Ungarn stattfanden, so finden wir, dass sie besonders unter Geza II. 1141—1161 in ganzen
Schaaren, zu Tausenden geschehen. Die Deutschen gründeten
die Städte mit ihren Handwerken, wie Paul Hunfalvy in seiner
Ethnographie so treffend sagt: „Die Magyaren errichteten in
Ungarn den Staat, die Deutschen die Städte; es gibt in Ungarn
kaum eine Stadt, die nicht ganz oder theilweise von Deutschen
bewohnt gewesen wäre; selbst Debreczin und Szegedin machen
hierin keine Ausnahme.

Die Könige behandelten mit aller Aufmerksamkeit die eingewanderten deutschen Handwerker, nannten sie hospites, ihre
lieben Gäste, gaben ihnen und ihren Städten die weitgehendsten
Privilegienschaften und bestätigten ihnen ihre Zunft- oder Zech-
statuten, damit ihr Handwerk blühe, gedeihe und zum Wohlstand führe.

Es ist ausser Zweifel, dass auch in Leibitz mit der Einwanderung alle landesüblichen Handwerke heimisch wurden.

Doch finden wir bis zur Verpfändung der XIII Städte an
Polen 1412 keine Spur von einer Zunftgerechtigkeit oder einem
Zechen-Statut, das nähere Aufschlüsse auf das Handwerk und
dessen Bestand im Verbande uns gewähren möchte. Die häu-

figen Brände in dieser Epoche und die späteren Hussitenver-
wüstungen haben die diesbezüglichen Schriften und Documente
vernichtet und uns der werthvollsten historischen Quellen beraubt.

Neben dem Handwerke gab es manche andere Beschäftigungen, denen die Einwohner oblagen.

Die ausgedehnten dichten Waldungen bedeckten Anfangs
Berg und Thal. Da galt es den ersten Pionieren der Cultur,
die Axt zu schwingen und zu roden, um Terrain für die Aecker
und Gärten, wie auch für die langgedehnten, meist hölzernen
Häuser zu gewinnen, die sie in aller Einfachheit zuerst be-
wohnten. Ganze weite Ackerriede, wie z. B. Mautnerwald, Esch-
busch, Pfaffenschlag. Eichwald, Damwald, Hinterer - Damwald
u. s. w. zeugen noch heute für die Waldungen, die in Acker-
terrain nach und nach umgewandelt wurden. Auf die ausgedehnten Waldungen konnte später ein einträglicher Holzver-
schleiss begründet werden.[1]

Neben der rodenden Axt war der Pflug des Ackerbauers,
der das meiste Verdienst um die erste Culturarbeit hatte. Mit
Vorliebe schmiegten sich die Vorfahren an den durch königliche
Huld verliehenen neuen heimathlichen Grund und Boden, säeten
und pflanzten mit eigener Hand und legten dadurch den Grund
zum Bestand und zur späteren Blüthe. Nicht willkührlich durfte
der Einzelne bei seinen Ackerbauarbeiten vorgehen. Statuten-
beschlussmässig wurden in der Gemeinde bestimmt die Zeit der
Aussaat und der Ernte, die Eintheilung der Saamengattungen
für bestimmte Riede, die „verfriedete" und freie Weide, die
Strafen bei Feldfrevel und überhaupt Alles, was auf die Entwickelung der Oeconomie Bezug hatte.

Das Handwerk, der Ackerbau mit einer stark betriebenen
Viehzucht, ein ausgedehnter Bienenstand, auf den die Hatterbriefe schliessen lassen, der geordnete Fischfang, die Holzwirth-
schaft und manche Hausindustrie, wie die Leinwanderzeugung,
sind die kräftig pulsirenden Lebensadern gewesen, in denen dem
neuen Gemeindeorganismus reichliche materielle Kraft zufloss,
umsomehr, da die hiezu erforderlichen Arbeiten selbst und ohne
Kosten verrichtet wurden und die Gesammtabgaben der 24
Städte unter Stephan V. 1271 nur 300 und unter Karl Robert
1200 Mark betrugen. auf die Leibitz den aliquoten Theil ent-

---

[1] Ein altes Theilungsbuch 1604 bei dem Grafenamte des Martinus Pilz. S·
631. 632. 749. 750. 751. Hist.-geogr. Producten-Lexicon v. Joh. Math. Korabinszky·
Pressburg 1786.

richtete und sonst als Gemeinde, wie auch die einzelnen Bürger von allen anderen Abgaben vollkommen frei waren.

Zu den besprochenen Einnahmsquellen muss auch der Bergbau gerechnet werden. Ja war denn auf dem Leibitzer Terrain ein Bergbau angetroffen worden? Viele Anzeichen sprechen dafür. Stephan V. verlieh den Städten in seinem mehrerwähnten Diplome von 1271 auch das Recht zum freien Bergbau, wovon auch Leibitz einen Gebrauch machte. In den waldigen Bergen sind viele Höhlen und Gruben gefunden worden, die einst die Eingänge zu den Gold- und Kupferbergwerken bildeten. Vor dem Eingange einer solchen Höhle fand man einen Felsen, auf dem ein Hahn und Buchstaben gemeisselt standen. Die Ausdehnung dieser Höhle zog sich eine Meile weit hin, in der Mitte des Ganges musste man nicht ohne Gruseln über einen tiefen, brunnenartigen Schacht übersetzen. Von einem neugierigen Waldheger, Wildner, aus Majerka gebürtig, ist es bekannt, dass er diese Grubeneingänge besuchte. Nähere Anhaltspunkte zu dem bestandenen Bergbau finden wir auch darin, dass in vielen alten Häusern Schmelzöfen vorgefunden wurden, aus denen hohe Rauchfänge emporragten, um die durch das Schmelzen entstandenen Schwefeldünste abzuleiten. Selbst das alte katholische Pfarrgebäude machte hierin keine Ausnahme. Als bei einem grösseren Umbau 1732 ein Theil der alten Mauern entfernt wurde, fand man eine Menge Metallschlacken, die als Ueberbleibsel des Schmelzens zurückgeblieben waren. Hiezu kommt, dass mehrere Benennungen der Berge, Riede und Bäche auf den einst betriebenen Bergbau schliessen lassen.

Solche Benennungen sind: Goldsberg, Goldseiffen, Goldbrunn, Backofen, Steinsprung, Hammergrund, goldener Hahn — Stein gegen Majerka — u. s. w. Auf die bestandenen Hämmer selbst wird noch im nächsten Abschnitt hingewiesen werden.[1]

---

[1] Liber Memorabilium Ecclesiae et Parochiae Leibiczensis p. 1. Ein altes Theilungsbuch, 1601 . . . S. 565, 615, 719, 761. Wie ganz anders alles in Bezug auf Bergbau beschaffen war, geht auch aus einer Notiz Genersich, Geschichte der Stadt Kesmark, I, 245, hervor, ferner: „Man sandte von hier einen Boten in einer Salzaffaire." Waren damals bei Leibitz Salzgruben? Wenigstens ist in neuerer Zeit ein derartiges Gerücht verbreitet worden.

Siebenter Abschnitt.

Militär- und Kriegswesen.

Auch in Ungarn gab es Anfangs keine stehenden Heere.
Zur Zeit der Gefahr wurde die blutrothe Fahne im Lande her-
umgetragen und das Volk zu den Waffen gerufen. Diesem
Rufe folgten auch die Zipser.
Als Andreas II. (1205—1225) einen Kreuzzug arrangirte,
mit 10,000 Reitern und zahlreichem Fussvolke 1217 nach Pa-
lästina zog, da bildeten die Zipser die Vorhut, auf deren höhere
Bildung, Umsicht und Tapferkeit sich der König besonders gut
verlassen konnte.
Stephan V. (1270—1272) konnte sich schon auf die Liebe
und Treue zum König und zum Vaterland, wie auch auf die
Kriegstüchtigkeit seiner Zipser Sachsen berufen; indem er ihnen
das grosse Freiheitsdiplom von 1271 verleiht, konnte er dies
damit begründen, »weil sie oft vor seinen Augen ihr Blut für
König und Vaterland vergossen haben.« In den Kämpfen, die
Stephan gegen Ottokar siegreich führte, müssen also auch die
Zipser vertreten gewesen sein. Im vierten Punkte seines erwähnten Privilegiums von 1271 ordnete er das Verhältniss der
Kriegsleistung derart, dass im Kriegsfalle 50 Zipser Sachsen
unter seine Fahne sich zu stellen haben. Wie viele davon unter
den 24 Städten auf Leibitz entfielen, kann nicht genau angegeben werden. Doch da es in dieser Zeit unter den 13 Städten
die grösste Steuer zahlte, dürfte es in dem Verhältnisse auch
Militärdienste geleistet haben.
Eine fernere, rühmliche Kriegsthat leisteten die Sachsen
des Zipser Ländchens unter Ladislaus IV., dem Kumanier (1272
bis 1290). Er unternahm 1286 einen Streifzug nach Polen. Dabei leistete ihm Comes Georgius, wahrscheinlich ein Sachsengraf, thätige Hilfe und hielt auch einen Streifzug der Tartaren
nach Ungarn 1288 glücklich ab. Ladislaus blieb nicht uner-
kenntlich, er verlieh diesem Georg einen noch wüsten Land-
strich mit der Verpflichtung, dafür dem König jährlich einen
Goldgulden -- jure terragii abzuzahlen. Georg gründete auf
dieser Stelle Georgsau, Görge, auch Gorg genannt, wovon die
Familie Görgei de eadem, d. i. von Georg stammt, deren Mitglieder wiederholt Städte-Grafen waren.

2*

Das Jahr 1312 brachte den Zipser Deutschen neuen Kriegs-
ruhm. In diesem Jahre hatte sich der Nachkomme Georgs,
Namens Stephan, als Graf der 24 Städte recht brav gehalten.
Mit ihm hatten sich die treuen Zipser bei dem Entsatz von Kaschau und bei der Niederlage des Rebellen Mattheus von Trentschin in den Rozgon'schen Gefilden am Hernad für den König
Karl Robert recht ausgezeichnet. Die Tapferkeit des Zipser
Banderiums blieb nicht ohne Folgen. Der Familie Görgei wurde
die Zahlung des Goldguldens erlassen. Die Freiheiten der Zipser
aber wurden 1328 von Karl Robert in einem neuen Diplom bestätigt und bekräftigt, worin der König selbst ihren patriotischen
und heldenmüthigen Geist rühmt: »Darum des wir haben er-
kannth ihre treye und dinst, die sie uns von unserer Kindheit
guttwillig erwiesen haben, beid demüthiglich, und begirlich in
Schtrayten, die wir hatten wider Matheum von Trentschin und
Demetrium, und wyder Omodem Son auf dem Felde bey Rozgon, und dieselbigen Zypser unser getreyen menlich stritten.
und schonten nicht ihre gütter, noch eigner person. sundern
sich vor unser königlich Majestät dergeben haben in fertigkeit
und blutvergiessen bis in den Tod, so wollen wir ihren getreyen
dinst, und vor den Todt ihrer Freunde mit behaglikeit begaben.
wie dort das sie mehr würdig weren. So seyn wir doch bereit die eigenannten freyheiten vor gut zu haben, wes zu be-
stetigen on hinderniss königlicher Rechten, und ander.....«
Die Zipser Deutschen hielten es auch gleich in ihrer ersten
Epoche mit dem schönen Dichterworte:

> Die Kriegstrompete tönt, Alarmruf allzumal,
> Zum Kampfe ruft dein Land, greif, Ungar, kühn zum Stahl!
> Sein Blitz mal' dir im Bild der Freiheit Morgenglut,
> Es bade roth im Blut sich der Tyrannen Brut.

> Noch lebt der Ungarn Gott,
> Sein Gegner wird zum Spott.
> Gott ist für uns, er hilf uns streiten,
> Wir war'n ein freies Volk und sind's für alle Zeiten![1]

---

[1] Siehe zu diesem Abschnitt: A XVI. szepesi városok folyamodványa az
országgyüléshez önállóságuk érdekében. Löcsen, Werthmüller János betüivel, 1848.
2 1., folio. Schicksale der Zipser Deutschen, insbesondere der XVI königl. privi-
legirten Kronstädte . . . von Johann Karl Unger . . . Wien, 1820, bei Anton
Pichler, S. 16, 17, 41. Ungarische Lyriker, aus dem Ungarischen von G. Stein-
acker, Leipzig, bei Johann Ambr. Barth und Budapest, Grill'sche (vormals Geibel'sche)
Buchhandlung.

Achter Abschnitt.
Unglücksfälle.

Durch die Strassen der Städte, von Jammer gefolget,
Schreitet das Unglück. Lauernd umschleicht es
Die Häuser der Menschen; heute an dieser
Pforte geht es, morgen an jener:
Aber noch keinen hat es verschont.
Die unerwünschte schmerzliche Botschaft
Früher oder später bestellt es an jeder
Schwelle, wo ein Lebendiger wohnt! [1]

Diese Mahnworte des Dichters hat auch die Stadt Leibitz im Sturme der Jahrhunderte und Unglückszeiten erfahren müssen.

Kaum wurde die Stadt begründet und der heimathliche Herd eingerichtet, brach auch schon 1241 der Mongolensturm los, der die ersten Pflanzungen der Cultur überall schonungslos wegfegte. Wo die Stadt ihre friedliche Arbeit des Fortschrittes begann, rauchten bald die Trümmer der Verwüstung, während die Einwohner auf dem Zufluchtsstein — lapis refugii — oder sonst irgendwo in Schluchten und Höhlen ihr nacktes Leben zu retten trachteten.

Kaum erblühte ein neues Leben auf den Ruinen, stellte sich auch gar bald das böse Verhängniss des Schadenfeuers ein, welches im Laufe der Jahrhunderte so verderblich für die Stadtgemeinde werden sollte. 1404 feria 3tia proxima ante festum Valentini — Mittwoch vor Valentin — stellt König Sigismund von Leutschau aus eine Urkunde der Stadt Leibitz aus mit der Versicherung einer 20jährigen Steuerfreiheit, weil in der Stadt ein grosser Brand wüthete, welcher die noch meistens aus Holz bestehenden Häuser und die Habe der Bürger einäscherte. Da das Fest Valentin im Januar stattfindet, so muss der Brand noch 1403 stattgefunden haben. Diese Urkunde wird auch 1405 durch das Capitel bekräftigt. Auch 1407 am Epiphaniasfeste (6. Januar) macht Sigismund der Stadt Leibitz noch Concessionen, die sich von ihrer Armuth noch nicht erholte. 1411, zwei Tage nach dem Sonntag Palmsonntag, 6. April, erscheinen wieder Bürger von Leibitz vor Sigismund und bitten um Steuerfreiheit in Folge eines neuerlichen Brandes, was ihnen auch, vom Tage

---

[1] Zille's Schiller-Halle, S. 552.

des Brandes an gerechnet, wieder auf 20 Jahre gestattet wurde.
Dieselbe Urkunde wurde über Einschreiten 1413 am Zipser Capitel von Neuem bestätigt und bekräftigt.[1]

Neunter Abschnitt.

Majerka.

Kräftige Stämme begnügen sich nicht mit dem eigenen
Gedeihen, sondern sie treiben auch lebensfähige Zweige. So
hatten auch die 24 Städte manche Ableger in angehörigen
Weilern, Mayerhöfen und Dörfern gepflanzet. Zu Leutschau gehörten frühzeitig „Köperen — Kopperschin, slav. Uloza, Wylkostorff, Friedrichsdorff, Durst und das Dorff Meister Gottfriedes".
Wallendorf wies aus „Johansdorff und Aetznau, welcher dorffer
man heysset anderswo Dytrichsdorff." Neudorff hatte auch seine
„Mayerhöwen und Bergwerken". Leibitz wird auch schon 1328
im Privilegium Karl Robert's mit seinen „Mayerhöwen" erwähnt.
Es entsteht nun die Frage, wann und durch wen ist Majerka gegründet worden? Zu Anfang des 14. Jahrhunderts zogen
die Gründer aus dem Hauptthale des Popradflusses auch in das
Nebenthal des Lomnitzbaches, der jetzt durch Majerka, Hodermark, Holló-Lomnitz fliesst und in die Popper mündet. An diesem
Bache in der Gegend des jetzigen Hodermark hatte Kesmark
Besitzungen und verkaufte davon 1301 an Tylo, den reichen
Richter von Bela, einen Theil, mit dem Rechte, einen Hof zu gründen [2], woraus in dem erwähnten Protocolle auf die Gründung
Majerka's der Schluss gezogen wird. Ja, Kesmark beweist in
einem Protocolle von 1439, dass Majerka in die Stadtcasse Steuer
gezahlt habe. [3]
Wiewohl auf diese Weise der erste Anfang von Majerka
auf Tylo und den Kesmarker Besitz hingeleitet wird, so muss
doch angenommen werden, dass dieser Tylo'sche Hof — curia
auf Hodermarker Terrain zu liegen kam, während das jetzige
Mayerhöfen auf Leibitzer Grund und Boden durch die Initiative
von Leibitz aus in's Leben gerufen wurde. Darauf weist auch

---

[1] Die Urkunden liegen im Stadtarchive vor. Beilage IV und V.
[2] Archiv von Kesmark: Documenta Lites et Processus cum Oppido Leibitz
has illustrantia, nomenclatio Protocolli XXIX, numerus Protocolli 5.
[3] Extractus Protocolli Civitatis Kesmark, unde patet, Majerkenses Ao. 1437
censum civitati solvisse, nomenclatio Protocolli XXIV, numerus Protocolli 8.

ein altes Kirchenprotocoll von Majerka mit den Worten hin:
„Ungefähr 1400 ist der Nahm dieses Ortes entsprossen von der
Meyerschaft, welche die Principal-Herren von der Königlichen
freyen Stat Leibitz auf ihren eigenen Grund gegen Auffgang
unter dem Jakob Sauer Gebürg im Thall fundirt und erbauet
habeu; im ansehn ihrer Commodität und der Weyde halber und
ihrer allda abgelegenen Aecker; diese Meyerschafft mit Wirth
und Hirten bestellt; auff das nicht allein auff das Vieh ihrer
Herren, aber auch ihre äcker alldorten sollten bestreiten; absonderlich acht geben auf ihre Grenzen, das vielleicht nicht thut
welcher Abbruch einschleichen, oder von denen Nachbahrten
welche Schaden in feldern und wäldern zugefügt werden".

Nachdem die „Meyerschafft" sich bewährte und sich aus-
dehnte, baten die Insassen, man möge ihnen von Leibitz aus
etwas Land gewähren und „sie wollen mit ihren Kindern ihre
Unterthan abgeben, treu, dienstbar und zinsbahr verbleiben".
Leibitz ging darauf ein und beschloss aus der „Meyerschafft eine
Dorffschafft aufzurichten und der löblichen Gemeinde zum Nutz
und Frommen Unterthanen zu bestellen. Dies waren die ersten
Anfänge von Majerka.

In politischer, juridischer und kirchlicher Beziehung unter-
stand Mayerhöfen ganz und gar der Stadt Leibitz, deren integrirender Theil die kleine Kolonie gewesen war. Sie fügten
sich den Anordnungen des Richters und der Gemeinde von Leibitz und war eine und dieselbe Administration für Leibitz und
seinen Mayerhof giltig. Auch die richterlichen Urtheilssprüche
des Leibitzer Richters bezogen sich auf den Mayerhof der
Stadt. Die Abgaben an Gut und Blut für König und Landes-
angelegenheiten adreparzirte Leibitz wie auf das eigene Gebiet,
so auch auf das Gebiet ihrer Kolonie von Mayerhöfen. Auch in
kirchlicher Beziehung galt Mayerhöfen als ein integrirender Theil
von Leibitz. Der jeweilige Leibitzer Pleban waltete auch in
Mayerhöfen seines Amtes und bestellte die Seelsorge. Im ersten
Jahrhundert des Bestandes von Mayerhöfen bis zur Verpfändung
der 13 Städte an Polen 1412 fiel es weder der Stadt Leibitz noch
seinem Mayerhöfen ein, beide Gemeinden als gesondert anzusehen, sondern Jedermann hatte die Auffassung, dass beide in
jeder Beziehung als zusammengehörend zu betrachten sind. Die
Complicationen der späteren Jahrhunderte sollen in den neueren
Theilen der Geschichte behandelt werden.

Rückblick.

Die grundlegende Arbeit der Stadt war bis zur Verpfändung an Polen 1412 vollkommen gelungen. Wir erblicken vor uns ein Gemeindewesen, welches alle Bedingungen zur weiteren Erstarkung und Blüthe in sich trug.

Die Gemeinde erfreute sich der vollkommen freien Richter- und Pfarrerwahl. Nur der Tüchtigste und Entsprechendste, der Mann des allgemeinen Vertrauens konnte Hoffnung haben, aus der Wahlurne seiner Mitbürger hervorzugehen und an die Spitze der weltlichen und geistlichen Angelegenheiten gestellt zu werden.

Die Gerichtsbarkeit in der Stadt war selbstständig und eigen. Das eigene Gewissen mit Benützung der mitgebrachten „Sachsenordnung" war der Gesetz-Codex, nach welchem der schlichte, aber gerechtsliebende Richter mit seinen Geschwornen in allen Angelegenheiten der Gemeinde urtheilte. Nur die schwersten Fälle kamen vor den Provinzgrafen, der wieder mit den Richtern der Städte vereint urtheilte. Von hier geschah die Apellata nur an den König.

Damit die Einwohner in ihrem eigenthümlichen Gepräge, in ihrer eigenartigen Entwickelung nicht irgendwie gestört und aufgehalten werden, schlossen sie die Fremden aus ihrem Gemeindeverbande aus. Nur der Bürger, der seinen feierlichen Bürgereid leistete, nahm Theil an allen Rechten und Pflichten der Stadt. Der Nichtbürger konnte keine Rechte ausüben und glich dem Bauer in dem Hofe und auf dem Landgute des Adeligen.

Ausser den „Gangreisen", den öffentlichen Arbeiten im Interesse und zum Wohle der eigenen Stadt, waren die Einwohner von allen anderen Arbeits-Leistungen frei.

Das Stadtgebiet war durch wiederholte Grenzbegehungen vollkommen abgegrenzt und sichergestellt und konnten Alterirungen der Gemarkungen nicht mehr stattfinden.

Die Gemeinde hatte ihre eigene Marktgerechtigkeit erhalten und machte von derselben einen ausgiebigen Gebrauch. Ausserdem hatte sie Freizügigkeit des Kaufs und Verkaufs auch in anderen Städten. Keine lästigen Zollschranken hinderten den freien Handelsverkehr.

Ausser dem geringen Königszins, Grundzins — terragium - den die Stadt an den König als dem Eigenthümer der Städtegründe zu zahlen hatte, und ausser dem Zehent für den Geistlichen waren weder die Stadt noch die einzelnen Einwohner zu irgend welchen Zahlungen und Abgaben verpflichtet und konnten ohne welche Belastungen ihre Oeconomie, ihre Gewerbe und ihren Handel betreiben. Bei der Adrepartirung des Königszinses zahlte Leibitz unter den 13 Städten die grösste Quote, was auch auf die grösste Ausdehnung und die dichteste Bevölkerung der Stadt den Schluss zu ziehen gestattet. In den Freiheitsbriefen Karl Robert's, von den Jahren 1312, 1317, 1328, erscheint Leibitz: „Leibitz cum suis Curiis et Allodiis universis" -- mit seinen Höfen und Landgütern; die Stadt selbst hat 800 Häuser umfasst.

Auf des Königs Ruf mussten die Städte, wie wir sahen, Anfangs mit 50 Mann Heeresfolge leisten. In dieser Zahl der Krieger war Leibitz mit seinem Contingent auch am stärksten vertreten.[1]

Ausser der Heeresfolge für den König hatte jede Stadt auch für die eigene Vertheidigung noch zu sorgen. Die Städte, namentlich auch Leibitz, befestigten sich so gut sie konnten, was König Sigismund besonders 1404 sehr begünstigte und in der Zeit der Unsicherheit und Gefahr auch durch das eigene Interesse geboten erschien. Zahlreiche Benennungen der Riede lassen auf die grosse Ausdehnung und Befestigung der Stadt schliessen. Riede, die jetzt Felder bilden, gehörten Anfangs zum Intravillan der Stadt und bildeten Theile derselben. Die Riede der Thiergarten, das Judenthörchen, der Prangersberg, Mäuthnersfeld, Oberring, wo beim Ackern oft auch Ueberreste von Mauern und Brunnen aufgefunden wurden, sind einst Stadttheile gewesen. Das Gebiet der Stadt grenzte an die Gemarkungen von Hunsdorf, Kesmark, Menhard, Durand, Ruskin, Leutschau, Blasenau ?, Toriska, Jakubjan, Klein-Lomnicz und Hundertmark. Von den einstigen Befestigungen zeugen die Benennungen, die „Schantzgruben", das „Fallthor", das „Schlösschen" mit kleineren und der „Burgberg" bei Majerka mit grösseren Vertheidigungswerken. Die Befestigungen selbst mochten in befestigten und verschliessbaren Thoren, in Ringmauern und Holzpallisaden mit Gräben bestanden haben, die im Nothfalle auch mit Wasser gefüllt werden konnten.

---

[1] Noch 1779 hatte Iglo 12 Mann Infanterie und 6 Mann Kavallerie, Leibitz 10 Mann Infanterie und 5 Mann Kavallerie zu stellen, während die übrigen Städte ein geringeres Contingent abzugeben hatten.

[2] Liber memorabilium eccae Leib. 3. Szepesházy et Thiele: Merkwürdigkeiten Ungarns.

Von der Verpfändung der Städte an Polen bis zu deren Einverleibung in Ungarn.

1412—1772.

Erster Abschnitt.

Die Verpfändung und die Wiedereinverleibungs-Versuche.

Das Verpfänden einzelner Flecken und Städte war früher nicht so ganz unerhört. Güns, Oedenburg, Kis-Márton, Szarvkő. Fraknó und Borostyánkő wurden auch an die Kaiser Friedrich III. und Maximilian verpfändet. Als König Sigismund sich in Geldverlegenheit befand, verpfändete er an Polen 1412 von den 24 königlichen Städten folgende 13 an der Zahl: Leibitz, Durlsdorf, Riszdorf, Bela, Menhardsdorf, Michelsdorf, Georgenberg, Mahtsdorf, Felk, Deutschendorf, Neudorf, Wallendorf und Kirchdorf; mit allen Weilern, Dörfern und was sonst zu ihnen gehörte König Wladislaw von Polen zahlte als Pfandsumme an König Sigismund 37.000 breite böhmische Groschen, was nach unserem Gelde ungefähr einen Werth von 100.000 fl. ö. W. repräsentirt. Im Falle der Einlösung sollte die Pfandsumme an Wladislaw auf dem Grenzschlosse Nedecz am Dunajecz zurückgezahlt werden, was aber nie erfolgte, obwohl mehrere Versuche dazu geschahen.[1]

Es bestand unter den Reichsständen der Plan, dass Elisabeth 1440—1442 die Gemahlin des Polnischen Königs Wla-

---

[1] Die Verpfändungsurkunde finden wir unter Anderem Wagner I, 212, A szepességi XVI város pramaticai történet és állományvázlata. Löcsén, Werthmüller János betüivel, 77.

dislaw Königin werde, damit wäre Ungarn mit Polen vereinigt und auch die XIII Städte mit dem alten Vaterlande verbunden worden. Als jedoch Königin Elisabeth einen Sohn bekam, entstanden auch im Lande zwei Parteien, deren eine für Elisabeth und die andere für Wladislaw sich erwärmte. Mit dem Tode des Letzteren bei Varna 1444 ging auch der Plan der Wiedervereinigung der Städte wieder zu Grabe.

Im Frieden zwischen Ungarn und Polen, der auf Anrathen des Papstes Sixtus IV. in Altendorf am 22. Februar 1474 geschlossen und von König Mathias 1479 am 24. Februar in Bartfeld unterfertigt wurde, wird auch der XIII Städte in dem Sinne Erwähnung gethan, »dass ihre Inscription von allen Seiten als richtig angesehen wurde«.

Ungarn erinnerte sich immer der XIII Städte, als eines zum Landesverband gehörenden Theiles. Als 1552 die oberungarischen Stände in Göncz zusammenkamen, um Hilfe gegen die vordringende Türkenmacht aufzubringen, wurden auch die Städte ersucht, mit einer Geldsteuer dem Ungarlande zu helfen, welchen Schritt auch Ferdinand I. vollkommen billigte.

Nach dem Tode Stephan Bathori's ging aber in Polen der Friede in Brüche und auch das freundliche Verhältniss zu Ungarn wurde gestört. Eine Partei Polens erhob nämlich Sigismund Wasa, einen schwedischen Kronprinz, und die andere Partei Erzherzog Maximilian, den Bruder des Königs Rudolf, auf den Thron. In blutiger Schlacht verlor Maximilian am 24. Jänner 1588 Thron und Freiheit. Auf Vermittelung des Papstes wurde der Bythomer und Bendziner Friede 1589 geschlossen, Maximilian auf seine Thronentsagung hin die Freiheit geschenkt und verfügt, dass die Städte Zipsens an Ungarn wieder zurückgegeben werden sollen. In der That ist dies aber auch diesmal noch nicht geschehen. Es sollten noch andere Verluste kommen.

König Mathias, der Gerechte, dem das Wohl und die Integrität des Landes so sehr am Herzen lag, bot den Polen die Pfandsumme an, die sie aber nicht annahmen, sich auf die Verjährung berufend. Mathias rief den Papst als Schiedsrichter an, der aber die Intervenirung auch ablehnte.

Auch König Ferdinand blieb nicht müssig in dem Versuche zur Wiedervereinigung der Städte mit Ungarn. In einem Schriftstücke vom 8. December 1649 beauftragt er den Palatin Pálfy, er möge bei der Bereisung Oberungarns mit dem Städte-

grafen Johann Olmützer bezüglich der Wiedereinverleibung der
Städte unumwunden und aufrichtig Rücksprache nehmen. Pálfy
eröffnete auch in der That dem Olmützer, die Städte haben sich
für ihr eigenes Geld, 60.000 fl., auszulösen. Olmützer aber meinte:
»Die XIII Städte haben der Krone Polens den Eid der Treue
geleistet und würden sich den grössten Gefahren aussetzen, wenn
sie selbst an die Auslösung und Lostrennung von Polen dächten.
Das nächste Recht dazu habe der König; wenn er es für gut
fände, die Auslösung ins Werk zu setzen, so stünde ihm ja dies
eher frei, sich wegen der ihnen angebotenen Freiheit in eine
Unterhandlung einzulassen«. Dieser Auffassung[1]) pflichteten auch
die XIII Städte bei.

Auch dem Obergespan Stephan Csáky, dem bereits die XI
Städte angehörten, sollen 1654 auch die XIII Städte angeboten
worden sein. Wäre der Plan gelungen, auch die XIII Städte
hätten bald ihre Mission verloren und wären auf das Niveau
der XI Städte und Dörfer herabgedrückt worden.

Aufrichtiger und edler hat es kaum Jemand mit der Wiedervereinigung der Städte gemeint als Georg Széchényi, Erzbischof
von Kalocsa. Der Kirchenfürst, der so manches andere Opfer
auch auf dem Altar des Vaterlandes brachte, erklärte sich bereit, die Pfandsumme für die 13 Städte zu erlegen. Jedoch
wurde von seinem Anerbieten kein Gebrauch gemacht, da König
Leopold der Hülfe Johann Sobieszky's bedürftig war und gegen
Polen schonend sein wollte, das den fetten Bissen der Städte
nur ungern herausgegeben hätte.

1708 machte Philip Csebrovszky dem Landtag den Antrag,
die Städte derart auszulösen, dass sie nach 20 Jahren Ungarn
einverleibt werden sollen. Auch dieser Antrag wurde nicht angenommen.

Alle Landtage hatten beinahe in fortwährender Thätigkeit
ihre Commissionen zur Einverleibung der Städte. Aber immer
schwieriger gestaltete sich diese Aufgabe. 1756 arbeitete man
bereits an der Grenzbestimmung zwischen Ungarn und Polen,
die aber die Genehmigung nicht erhielt.

Die thatsächliche Einverleibung erfolgte nur mit der Theilung Polens, die im dritten Theile unserer Geschichte des Näheren gewürdigt werden soll.

---

[1]) Beilage VI.

Zweiter Abschnitt.

Hatterungs- und Terrain-Verhältnisse.

Obwohl auch in den früheren Jahrhunderten bereits wiederholt die Grenzen des städtischen Terrains gegen die Nachbargemeinden sicher gestellt wurden, entstanden doch oft noch zwischen Mein und Dein unliebsame Fragen und in Folge dessen auch oft empfindliche Reibungen, namentlich zwischen den Städten Leibitz und Menhard.

Um für alle Zeiten die bitteren Streitigkeiten zum Abschluss zu bringen, wurde am 5. Juli 1559 vor dem Provinzgrafen Fabini ein Vertrag zu Stande gebracht, der auch der Fabini'sche Vertrag heisst und durch mehrere Jahrhunderte hindurch als massgebend angesehen wurde. Er lautet in deutscher Uebersetzung nachstehends:

Im Jahre 1559 am 5. Juli ist zwischen den Leibitzern und Menhardern ein Vertrag geschlossen worden in Bezug auf die Wälder und Gebüsche, um welche durch mehrere Jahre hindurch gestritten wurde; es nahmen an der Vertragsschliessung Theil der damalige Graf Vittus Fabini aus Poprad, die wohlweisen Herren Georg Kirchner, Ignatz Hammann von Georgenberg, Gregor Glatz, Simon Materni und Gregor Rissdorfer aus Poprad, welcher Vertrag in Uebereinstimmung beider Städte für alle Zeiten gelten und dauern soll. Die Deputirten und Abgesandten beider Theile sind: Blasius Groff und Laurentius aus dem Dorfe Thiergarten stammend, als Leibitzer und Peter Fiecz, Valentinus der alte Richter, Georgius bei der Kirche und Leonhardus als Menharder. Der Vertrag selbst lautet nachstehends: Den Menhardern ist erlaubt und frei in den unten genannten Wäldern mit Wagen zu fahren, dort zur Nothdurft Bäume zu fällen, ausgenommen ist das Schälen der gefällten Stämme und zwar in den 3 Wäldern Schnelle-Seiffen, Reissenberg und Retzenseiffen, in Schützenberg und Schützenseiffen dürfen sie Holz scheiten. Ebenso ist es auch den Menhardern dort erlaubt und frei zum Bau Holz zu fällen, zu bezimmern, auf einen Haufen zusammenzuführen, wieviel es auch von Nöthen sein mag, am längsten in vier Wochen mit Wagen nach Hause zu führen. In Retschenberg und Seiffen im Thale, Netzenpletz genannt und in Weissenberg ist ihnen erlaubt Holz zu bezimmern, aber die gefällten Bäume nicht zu schälen. Der Wald Kottenhau genannt ist und bleibt beiden Städten verboten bis zur äussersten Noth, wenn (was Gott gnädig abwende) in Folge einer Feuersbrunst die eine oder die andere Stadt Holz brauchen würde; in diesem Falle wird das Holz beiden Städten nicht verboten sein. Weiter dürfen die Menharder hinter den Leibitzer Fried-Wäldern und Aeckern, in den tauben und Schwarzwäldern allerlei Holz zum Bau mit Stangen, zum Geschirr zum häuslichen Gebrauch frei gebrauchen. Und wenn Einer der Leibitzer weiter ackern und sein Gebiet weiter ausdehnen wollte, so kann dies zum Schaden anderer nicht geschehen. Und so oft Jemand von Menhard um Holz fahren wird, darf er die Pferde weiden lassen, bis die Wägen beladen sind, über Nacht zu bleiben ist verboten. Im Sinne ihrer Dokumente dürfen sie zu einer bestimmten Zeit die Pferde allda auf der Weide halten. Welche Partei dieser zwei Städte die Punkte nicht halten wird, wird zur Zahlung von 40 fl. verhalten sein. Zur Bekräftigung des Vertrages wird das Landsiegel beigefüget und beiden Städten je eine Abschrift ausgefolgt.

Auch dieser Vertrag war nur so zu sagen ein Waffenstillstand, um beiderseits neue Kraft zu weiteren Grenzconflicten zu schöpfen.

Am Montag in der Frohnleichnamswoche 1596 muss Servatius Lanius, erster Richter der Stadt Leibitz, einen feierlichen Protest am Zipser Kapitel gegen Sebastian Lubomirszky, Kapitän der XIII Städte, am Schlosse Lublau einlegen, da er zum Hohn aller Rechte durch seine Haiduken von der Leibitzer Wiese Mayerhöfen 16 Stück Schafe und Ziegen wegtreiben liess. — Die Gewaltigen vom Schlosse Lublau schienen überhaupt die Nachbargebiete nicht sehr geschont zu haben, denn auch 1602 muss die Stadt Leutschau die Jakubjaner in Benützung ihrer Berge und Wälder schützen, die ihnen Sebastian Lubomirszky strittig machen wollte.

In Folge vorgekommener Ueberschreitungen wurde der Fabini'sche Vertrag mehrmals erneuert und bekräftigt in den Jahren 1580, 1602 und 1604 am 25. October unter dem Schlosshauptmann von Lublau Sebastian Lubomirszky und vielen anderen Vertretern der XIII Städte und des Schlosses. Die Strafe bei Uebertretungen wurde auf 40 Dukaten verschärft. Die Bevollmächtigten von Menhard waren: Gregor Greisiger, Richter zu derselben Zeit, Clemens Lumniczer, alter Richter, Philippus Nosz, Tilsz Neupauer, Marty Nickl und Blasius Lipter; die Stadt Leibitz vertraten: Hans Blessing, Richter zu der Zeit, Jakob Frickal, Tilsz Lumniczer, Servatius Scholtz, Esaias Tuchmacher und Tobias Fabry, verordneter Notarius daselbst.

Gleich im nächsten Jahre 1605 wurden einige Menharder in verbotenen Leibitzer Wäldern gefangen und dem Grafen Johann Dirner am 3. Juli in Igló vorgeführt, der sie einsperren liess, bis sie nicht die 40 Dukaten Strafe bezahlten. Erst auf vieles Bitten und Versprechen, in Zukunft den Vertrag genau einhalten zu wollen, wurden sie auf freien Fuss gesetzt.

Conflicte und Erneuerungen der Verträge mit Menhard kamen noch vor 1606, 1607 und 1608.

1627 am 2. December ist zwischen Menhard und Leibitz ein „ewiger Vertrag" bezüglich der „Rosshutweide" zu Stande gekommen. Darnach ist den Leibitzern „ein Stück vom Wäldchen" abgetheilet worden, welches sie gebrauchen und auch umzäumen sollen, der übrige Theil vom Wäldchen und Scheiblichen Berg sollen die Menharder gebrauchen mit ihren Rossen, zahlen aber wie bisher 23 fl. Pacht an Leibitz und müssen beim Auf- und Abtrieb der Pferde Leibitzer Commissionsmitglieder gegenwärtig sein. Bis jetzt bestand der Gebrauch, dass zwischen den Pferden von Leibitz auch Pferde von Menhard weiden durften, woraus viel Streit entstand.

1633 am 13. April ist der Fabini'sche Vertrag vom Jahre 1559 mit der Strafe von 40 Dukaten erneuert und bekräftigt worden, da wieder einige Pfändungen an Menhardern vorgenommen werden mussten. Im nächsten Jahr 1634 protestiren die Leibitzer wieder, dass die Menharder die 4 Wochen des Holzabführens nicht einhalten und um die Rossweide am Wäldchen gegen einen Pacht von 23 fl. nicht einkamen, wesshalb sie diese Weide an Andere verpachten wollen. Am Donnerstag nach dem Sonntag Pauli 1635 wurde abermals eine Hattertcontroverse zwischen den Städten Menhard und Leibitz auf Grund des Fabini'schen Vertrages geschlichtet.

Trotz solcher Einigungen hörten die Reibungen und bedauerlichen Thätlichkeiten zwischen Leibitz und Menhard nicht auf, bis endlich 1638 eine grössere Action nothwendig wurde. Von dem Fabini'schen Vertrag 1559 angefangen wurden alle bekannten Verträge wiederholt und zusammengefasst in ein Instrument vom 6. Jänner 1638, welches beide Theile annahmen, und namentlich verpflichteten sich die Menharder für alle Zeiten, Ruhe zu halten und nicht mehr den Weg im sogenannten Retchensäuffen, wegen welchem die grössten Streitigkeiten entstanden, anfechten werden, vor Augen haltend alle bisher geschlossenen Verträge und Einigungen. Zur grösseren Glaubwürdigkeit unterschrieben die Urkunde im Richteramte des Richters von Leibitz Johann Olmützer, Stanislaus Lubomirszky, Palatin und Kapitän von Krakau, Paulus Csaplinszky von Csaplin, Vice-Kapitän von Zipsen, Paulus Seisz, Graf der XIII Städte, Stephanus Dirner, Richter von Iglo und Paulus Köscher, Richter von Menhard. Auch noch am 1. Oktober 1735 wurde der Akt zur Darnachrichtung von Tobias Roxer, Notär der XIII Städte in Iglo, herausgegeben.

Eine Aenderung desselben erfolgte durch den Rechtsspruch eines commissionellen Gerichtes vom Jahre 1747, 23. Oktober

Darnach haben die Menharder die 23 fl. für die Hutweide der
Pferde nicht mehr an Leibitz, sondern an das Aerar des Königs,
als des allerhöchsten Grundherrns der Städte, zu bezahlen, in
den übrigen Fragen der Benützung der Wälder, Weide und
Wege seien die bisherigen Verträge, namentlich der Fabini'sche
zu respektiren und die Hattertgrenzen durch Häufen oder Steine
zu bezeichnen, damit Streitigkeiten vorgebeugt werde. Der
Rechtsspruch ist unterfertigt von Paulus Benoe, Anwalt und
Commissar Sr. Majestät, Carl Franz Sala de Grossa, Rath Sr.
Majestät und Commissär, Joannes de Pietki Soboleski, Sekretär
des Commissions-Gerichtes.

Wie viel materielle Kraft, wie viel Zeit wurde vergeudet,
welche arge Stösse erhielt fort und fort das freundnachbarliche
Verhältniss der Städte Menhard und Leibitz in Folge der länger
als durch zwei Jahrhunderte sich von Zeit zu Zeit so oft wieder-
holenden Grenzstreitigkeiten und Uebergriffe?!

Auch mit anderen Gemeinden hatte Leibitz Grenzbegehungen noch vorzunehmen; auf die bedeutungsvolleren derselben
wollen wir noch in Kurzem hindeuten.

1285 verpflichteten sich die Leibitzer, an die Familie Tököly
von Kesmark für Benützung der Weide bei Hodermark jährlich zu
zahlen 12 Wagen Heu, 6000 Schindeln, 50 Metzen Hafer, welche
Summe bis 1665 bis auf 4000 Imperialen angewachsen war, in
welchem Jahr zwischen Sigismund Tököly mit Hodermark, Kesmark und Leibitz von Neuem die Hatterung vorgenommen und
die Grenze bestimmt wurde. Das Hatterungsinstrument vom 5.
Mai 1665 unterfertigte die Comitats-Commission: Johann Görgey,
Balthasar Horvath, Thomas Csáky, von Seite Kesmarks: Sig-
mund Mösz, Martin Cornides, Georg Altmann und Tobias Topperczer und von Leibitz aus: Samuel Serzrilli, Richter, Tobias
Helner, Jos. Lumntzer, Caspar Care und Tobias Bretzler.

Bemerkenswerth ist ein Zeugniss von 1580, worin Riszdorf
bezeugt, dass die Grenzen der Stadt Leibitz bei der Zemene
(Ihla) unter dem Steig zu suchen sind. Auch die Familie Ber-
zevitzy war in der Gegend begütert. Das Heu von dort brachten die Leibitzer im Winter per Schlitten in die Stadt.

Zwischen den Terrainen von Leibitz, Jacubjan und Hundertmark — Hodermark — fand 1577 eine Grenzbegehung statt.
Veranlassung dazu gab eine Klage der Leibitzer gegen Stephan
von Berzeviczy, Grundbesitzer von Hodermark, dass er durch

seine Unterthanen ihr Gras auf dem Berge Timnicz-Ihla abmähen lasse, dagegen klagte aber auch Berzeviczy, dass die Leibitzer seine Grenzen innehaben. Nachdem beide Theile angehört wurden, kam man von allen Seiten überein, dass die Streitigkeiten durch Errichtung einiger neuen Grenzzeichen zu beheben seien. Die erste Grenze war in den Hauptrichtungen oben auf der Ihla, dann zog sie sich hinab ins Thal gegen Jakubjan und endete mit dem Bache Lomnitz, der nach rechts das Terrain von Hodermark und nach links das Gebiet von Leibitz andeutete. [1]) 1590 erlässt noch König Sigismund einen eigenen Schutzbrief gegen die Jakubjaner (Russen), dass ihre Schafe nicht auf Leibitzer Terrain treiben mögen. [2])

Mit Hodermark waren dann noch wichtigere Hatterungen 1741, 1757, 1762. Besonders gross war die Hatterung vom 22. September 1757. Das Hatterungs - Instrument unterfertigten: Ezechiel Görgey, Vicegespan des Zipser Comitates und Hatterungs-Commissaer, Johann Barwulszky, Graf der XIII. Städte und Commissaer, Alexander Görgey, Jurat und Assessor Wie auch Commissaer, Franz Jancso, Comitats-Notaer, Tobias Jony, Richter von Iglo und Commissaer, Johann Topperczer, Notaer von Kirchdrauf und Commissaer, Johann Tersztyenszky, Richter von Bela und Commissaer.

Mit Leutschau fanden um diese Zeit 1755 und 1756 Grenzbegehungen statt.

Mit der Nachbarstadt Kesmark hatte Leibitz auch verschiedene territoriale Schwierigkeiten, namentlich bezüglich der Rohrwiesen, einem Stück Acker- und Wiesenland, das zwischen den genannten Städten gelegen ist. Der historische Thatbestand dieser Angelegenheit ist folgender.

Unter den Verheerungen, welche durch die Kriege in den Zipser Städten entstanden, sind diejenigen, welche die Einfälle der Hussiten verursachten, nicht gerade gering zu nennen. Am Tage Margarethae 1433 drangen die Hussiten unter ihrem Hauptmann Perdus bis Kesmark vor und haben nach damaliger Siegerart geraubt und gemordet, während die Stadt in hellen Flammen brannte. Die Zipser Chronik erinnert an diesen verheerenden Ueberfall mit den Worten: „Die Stadt Kayssmark wurde eingenommen, gesenget und gebrennet, darinnen sind auch viel

---

[1]) Suppl. Anal. Scep. II. 516.
[2]) Beilage. VII.

3

niedergemachet, die übrigen gebunden und mit grossen raub und gut durch die Liptau weggeführet worden." Als die Hussiten zum zweitenmal in Zipsen eindrangen, wurde wieder Kesmark eingenommen und zwar am Gallitag 1441.

Unter diesen Ueberfällen, die Kesmark betrafen, hatte auch die in der Nähe befindliche Stadt Leibitz manches zu erleiden und zu erdulden. Die Feinde holten sich auch hier ihren Raub und zwar in gewohnter, nicht allzu zarter Weise. Unter Anderem occupirten die Hussiten Kesmark's auch die Leibitzer Rohrwiesen und gebrauchten sie für ihre Zwecke. Aus diesem Umstande entwickelten sich Streitigkeiten, Verlegenheiten, Untersuchungen und Processe, die Jahrhunderte lang dauerten und kaum geendigt, wieder von Neuem begonnen wurden.

Einige Hauptmomente dieser Verwickelungen wollen wir uns im Nachstehenden vergegenwärtigen.

Die Kesmarker Schlosskapitäne Nicolaus Perény und Nicolaus de Richno erinnerten sich dieser Occupation der Rohrwiesen durch die Hussiten Kesmark's und befolgten ihr Beispiel, Im Jahre 1493 setzten sie sich auch in den Besitz dieser Rohrwiesen mit Gewalt, gegen welche damals schwer aufzukommen war, wo das Recht des Stärkeren den Ausschlag gab.

Trotzdem gelang es Leibitz, nach sechsjährigen Anstrengungen endlich 1499 eine Untersuchung der strittigen Angelegenheit durchzusetzen, die zur Folge hatte, dass Leibitz im Besitze des angefochtenen Theiles der Rohrwiesen blieb, aber sich verpflichtete, jährlich für die ungestörte Nutzniessung einen Census von 9 fl. abzuzahlen. Zeugen sagten für Leibitz aus.

Da diese Abgabe von 9 fl. für die Einwohner von Leibitz nicht so sehr drückend, als vielmehr ungerecht erschien, wendeten sie sich, als damalige Unterthanen des polnischen Königs, um Nachlass des angeführten Betrages nach Polen und nicht ohne Erfolg. Sigismund, König von Polen, erliess 1509 in der That die angeführte Summe.

Endgiltig schien die Sache geordnet zu werden bei der 1620 erfolgten Hatterung, die im gegenseitigen Einverständnisse zwischen Leibitz und Kesmark erfolgte, und an der von Kesmark der damalige Richter Weiss und von Seite der Stadt Leibitz der damalige Graf der XIII. Städte, Johann Olmützer, Theil nahmen, zur gegenseitigen Verständigung redlich mitwirkten und den ersehnten Frieden der beiden Nachbarstädte zu wahren wussten.

Doch auch „kleine Ursachen haben oft grosse Wirkungen." Der 4. August des Jahres 1677 war ein heisser Sommertag. Die brennenden Sonnenstrahlen waren kaum zu ertragen. Die Leibitzer Borstenviehherde befand sich in der Gegend zwischen Majerka und Leibitz. Infolge der lästigen Insekten und unerträglichen Sonnenhitze waren die Thiere kaum am Platze zu erhalten. Da zogen noch obendrein lustige Hodermarker einher, die mit Dudelsack, Pfeifen und Geigen einen Lärm schlugen, dass die schon an und für sich beunruhigten Thiere völlig Reissaus nahmen und nach allen Windrichtungen, nach Durand, Kesmark, selbst bis Rokusz zerstoben, trotz aller Gegenbestrebungen der Hirten. Der gewandte Leibitzer Richter Marczy schrieb nun wegen Zurückgabe der verlaufenen Thiere Vorstellungen und Bitten an die Nachbargemeinden in einem gewählten Latein, das selbst einen Cicero befriedigt haben würde. Manche der Gemeinden sandten wohl einzelne Stücke zurück, nur Kesmark's Antwort lautete rundweg abschlägig. Der Umstand nährte wieder von Neuem in Leibitz den schon erloschenen Groll gegen Kesmark.

Als noch dazu Gabriel Skarica, Inspector des Grafen von Ruber de Pixendorf im Schlosse zu Kesmark, sich wieder in den Besitz des schon durch Leibitz benützten Theiles der Rohrwiesen eigenmächtig und gewaltsam setzte, da wurde dem Fasse der Boden vollends eingeschlagen und die nun ganz erbitterten Bürger von Leibitz eilten in das Zipser Kapitel, um an diesem locus credibilis 1691 gegen dieses neuerliche Unrecht feierlichst Protest zu erheben.

In minderer oder heftigerer Fehde ob dieses Zankapfels der Rohrwiesen vergingen Jahre, bis endlich am 25. August 1731 auf gegenseitigem Einverständnisse beruhend zwischen den Städten Kesmark und Leibitz eine freundschaftliche Transaction mit Intervention aller Spitzen der Städte und des Comitates stattfand. Es wurden nun feste Grenzsteine gesetzt mit der Bestimmung, dass diese für alle Zeiten von beiden streitenden Parteien so lange berücksichtigt werden müssen, bis nicht die eine oder die andere durch Original-Privilegien unzweideutig den Beweis liefern könne, dass die Grenzen anders zu bestehen haben, als sie soeben festgesetzt wurden.

Nun war der Friede abermals gesichert, aber auf wie lange?! Schon nach sieben Jahren, also 1738 wurde in einer Beaugenscheinigung durch den Comitats-Stuhlrichter Balthasar von Görgey und seines Jurassors constatirt, dass diesmal Kesmark einen neuen Weg machte und auch andere Punkte der erwähnten Transaction nicht respectirte, wogegen Leibitz sofort schon am 13. Juni 1739 einen geharnischten Protest einreichte.

Nach kleineren Scharmützeln, die nun zwischen den streitenden Städten an der Tagesordnung waren, kam es endlich 1748 zu einer Revision der schon mehrerwähnten Transaction und zwar unter der Leitung des Stuhlrichters Emerich Furar und seines Jurassors, die nun alles wieder richtig stellten und zugleich die strenge Bestimmung aufnahmen, dass Derjenige toties quoties 100 fl. als Strafe zu bezahlen habe, der die ausgesteckten Grenzen nicht genau innehielte und mit Sichel, Sense oder sonst auf eine andere Art der anderen Partei Schaden verursachen sollte.

Wer heute ruhig über die Rohrwiesen pilgert, dürfte kaum vermuthen, dass dieses harmlose Stück Land durch vier Jahrhunderte den Zankapfel zwischen Leibitz und Kesmark bildete und dass zu allen diesen, nun glücklich überwundenen Unannehmlichkeiten die Hussiten einst den Anstoss gegeben haben.[1]

Dritter Abschnitt.

Markt- und Handelsverhältnisse.

Eine weitere Fortbildung der Markt- und Handelsverhältnisse der Stadt geschah unter dem polnischen König Sigismund. Unter ihm wurde der unter Ludwig dem Grossen verliehene Wochenmarkt bestätigt, zugleich aber auch ein Jahrmarkt gewährt mit den Worten in deutscher Uebersetzung aus dem lateinischen Original: damit aber unsere Stadt Lewicz einen grösseren Aufschwung nehme, gestatten wir auch die Abhaltung eines Jahrmarktes und zwar jährlich am Feste der Geburt der Heiligen Maria, Käufer und Verkäufer können sicher und ohne Furcht dahin und zurück reisen, wie auch daselbst verweilen. Das wohlerhaltene

---

[1] Sämmtliche Urkunden in Bezug auf die Hatterungen sind im Stadtarchive vorhanden. Die Urkunden aus anderen Quellen sind überall angegeben.

Document ist datirt von Krakau aus vom Jahre 1535 am Festtage des Apostels Mathaeus; unter verschiedenen anderen Dig-
nitären Polens unterfertigte auch Peter Kmitha, Schlosskapitän
von Lublau, die Marktverleihung. [1])
Als 1539 Sigismund alle Privilegien, Rechte und Freiheiten
der XIII Städte feierlich bestätigte und bekräftigte, so müssen
darunter ganz natürlich auch die auf den Handel Bezug haben-
den verstanden worden sein, was auch auf Leibitz beruhigend
wirkte. [2])
Da der Handel nach Polen bis jetzt in mancherlei Beziehung beschränkt war, z. B. die Einwohner der XIII Städte durften Eisen, Stahl, Erz, Kupfer und Salz nur derart nach Russland und Polen bringen, dass sie die Niederlage in Szandecz benutzten, begaben sich die Gesandten der XIII Städte zu Sigismund und gaben vor, dass sie sogar mit fremden Völkern, Türken, Juden, Tartaren und Armenern frei handeln dürfen, aber
nicht mit Polen, dessen Unterthanen sie doch seien, wesshalb
sie auch nach Polen hin um einen freien Handel bitten. Der
König würdigte die Vorstellung der Städte und gestattete ihnen
gemäss ihrer Rechte, Privilegien und Gewohnheiten auch einen
freien und unumschränkten Handel nach Polen. Das Schriftstück ist von Wilna aus, vom 25. Juni 1563, datirt und vom Vice-
Canzler des polnischen Reiches Peter Miszkovszky gefertigt. [3])
Das neue Recht hatte für die Städte eine grosse Bedeutung und spricht auch dafür, dass der Bergbau noch ergiebig
sein musste, sonst hätte man sich um den Handel mit Eisen,
Stahl, Erz und Kupfer überhaupt nicht gekümmert.
Unter Ferdinand III. gab sich die Stadt alle Mühe, um ihre
Handelsverhältnisse weiter zu entwickeln. Stadtrichter Lauren-
tius Serpilius mit Jakob Emeritzy baten den König 1655 um
Ertheilung neuer Marktprivilegien, was auch in folgender Ur-
kunde geschah:
„Wir Ferdinand III. dieses Nahmens, vor Gottes Gnaden, Er-
wehleter Römischer Kayser, zu allen Zeiten Mehrer des Reichs, in
Germanien, zu Hungern, Böhmen, Dalmatien, Croatien und Schla-
wonien und ap. König, Erz-Herzog in Oesterreich, Herzog von
Burgund, Brabant, Steyern, Cärnthen, Crain, Marg-Graaf in Mäh-

---

[1]) Siehe Stadtarchiv.
[2]) Wagner, Anal. Scep. I, 226.
[3]) Wagner, Anal. Scep. I, 233.

ren, Hertzog zu Lützenburg, Ober- und Nieder-Schlesien, Gefurster Graf zu Habsburg, Tyrolen und Görtz etc.

Nachdem hiemit allen und Jedem und wissend, sonderlich aber denen es daran gelegen, dass wir auff demüthigste Supplication und Instanz unseren Getreuen, des Edlen Laurenti Serpili und Ehrenvetter Jakobi Emerici, welche Sie beide im Nahmen unserer auch Getreuesten eines vorsichtigen Richters, derer Rathsgeschwornen aller Bürger und Einwohner wie auch einer sämptlichen Gemeinde des Königlichen Markts Leibitz in der Spanschaft Zips gelegen, unserer Keyserlichen Majestät porrigiret und eingeliefert haben zu Nutz und Wohlfahrt unsers Obbenannten König-Reichs Hungern, alss auch zum Aufnehmen der Bürger und Einwohner des gemeldeten Markts Leibitz, Ihm alss gedachten Markt Leibitz drey freye Jährliche Jahrmerkte gnädigst ertheilet, gegeben und überlassen; den ersten zwar auff Maria Reinigung, der andere auf Maria Heimsuchung, den dritten endlich auff das Fest Allerheiligen. darzu einen Wochen-Markt alle Sonntage nach verrichteten Gottesdienst so wol auch an andere berührte Feste immediate vorhergehenden und nachfolgenden Tagen, Krafft aller hiezu nothwendigen, tüchtigen, wohlgeschickten und gnüglichen Freyheiten und Praerogativen jährlichen unter sothanen ihren Privilegiis nach Gewohnheit und Gebrauch wie andere freye Jahr- und Wochen-Märke derer Frey-Städte und Flecken begangen werden, immer und immer zu behalten und zu begehen sein werden, doch ohne Nachtheil anderer Jahr- und Wochen-Märk aller anderen Frey-Städte und Märkte. Dannen hero allecuriren, versichern, vergewissen und handhaben wir Euch hiemit gänzlich alle, Ihr Kaufleute, Handler, Krämer und Reisegefährten, dass Ihr auff obbemeldete frey gelassene Jahr-Märke und auch Sonntägliche Wochen-Märke mit allen eure Güttern, Waaren und Sachen durch freyes Geleit sicher und ohne Schröcken und Hinderniss der Person und Waaren sollet kommen herzunahen und Euch einfinden, nach verrichteter Markt-Handlung aber könnet Ihr wiederumb entweder nach Hause, oder wohin Ihr etwan euch begeben wollet, sicher bey unserer Gnade und Protection in Person mit allen Euren Waaren und Sachen verfügen, allwo unser Wille auff den Märken und alle andern öffentlichen Oertern proklamirt und ausgeruffen werden. Und wann diese Freyheyten werden publiciret worden seyn, sollen sie denen praesentantibus wiederumb auff unser Geheiss gegeben werden. Gegeben in unserer Oesterreichischen Stadt Wien 18. November 1655, Unserer Römischen Regierung im Jahr der Ungarischen und anderer im 30. J., der Böhmischen aber im 28. Jahr.[1])

Ferdinandus L. S.

So besass nun Leibitz den von Ludwig dem Grossen gewährten Wochenmarkt, der am Sonntag nach dem Gottesdienst abgehalten wurde, drei Jahrmärkte, so zwar, dass vor und nach dem Tage des eigentlichen Marktes je ein Tag dem Handel gewidmet wurde.

Ein langwieriger und lästiger Streit war um diese Zeit zwischen Kesmark und den XIII Städten, somit auch mit Leibitz ausgebrochen. Die Städte stützten sich auf ihren 29. Landesartikel vom Jahre 1649, der sie als Dreissigtgebiet von allen Maut-, Dreissigt- und Marktgebühren befreite, und weigerten sich, diese Gebühren an Kesmark zu zahlen.[2]) Kesmark berief sich wieder auf seine Privilegien und forderte jene Gebühren; Nichtzahlende wurden oft mit Ross und Wagen in die Stadtthürme eingesperrt, während auch die XIII Städte Repressalien übten und Kesmarker Menschen und Güter in ihren Arresten zurückhielten.

Endlich kam eine Transaction zwischen Kesmark und den Städten in dem Sinne zu Stande: Bis zu einer endgiltigen Entscheidung entweder durch den Landtag, oder einen königlichen Bescheid, oder aber durch eine General-Commission seien die Städte bei Holz und Getreide von jeder Gebühr in Kesmark befreit. Die im Kesmarker Ober-Thor zurückbehaltenen Pferde und Wagen der Städte werden frei gegeben, welche auch die gegen Kesmark verfügten Arreste ʼaufzuheben haben werden. Die wichtige Transaction wurde von Seite Kesmarks durch Thomas Cornides, Stadtrichter, und durch Sigismund Mösz, Vormund, von Seite der XIII Städte durch den Grafen Johann Olmützer, Gregorius Roxer, Stadtrichter von Georgenberg, und von Seite des Comitates durch Balthasar Pothurnyai, Einnehmer, und Mathias Gundels, Postmeister und Dreissiger zu Leutschau, am 1. März 1672 in Kesmark ausgestellt und unterfertigt.[3])

---

[1]) Die Markturkunde findet sich im Originale, im Protokoll von 1676 und mehreren Copien mit der Bestätigung des Zipser Kapitels vor. Original-Beilage VIII.

[2]) Vergl. Transumpt vom Kapitel 1649, wonach die XIII Städte von der Maut- und den Dreissigt-Abgaben befreit werden. Das Original ist vom 19. December 1648 datirt.

[3]) Beilage IX.

Vierter Abschnitt.

Verwaltung und Rechtspflege.

a) Beamten und deren Eide.

An der Spitze der Stadt stand der Richter mit den Mitgliedern des Magistrates und den Vertretern der Stadt. Verwaltung und Gerichtspflege waren nicht getrennt, sondern beides lief in den Händen der Stadtbehörde zusammen.

Zu den Aemtern wurde keine besondere Qualification, wohl aber eine Gewissenhaftigkeit verlangt und erwartet, die das allgemeine Wohl höher achtet als das eigene Interesse. Die Amtirung war keine bezahlte Stelle, sondern eine Ehrensache, die der Erwählte im Vertrauen seiner Mitbürger höher schätzte als alle Güter der Welt.

Als zum Magistrat gehörend wurden ausser dem Richter noch folgende Mitglieder angeführt: der Vormund, der dem Richter zunächst stand und das Polizeiwesen besorgte; die Waisen-Herren, denen die Waisen-Angelegenheiten überwiesen waren; die Schätz-Herren, die über richtiges Maass und Gewicht wachten und die Fleischhauer besonders controllirten; die Scheuer-Herren waren die Stadt-Oekonomen; die Waldinspectoren führten die Aufsicht über den Wald; die Mühl-Herren überwachten die Vorgänge in den Mühlen, damit die Stadt nicht geschädigt werde, hatten doch die Mühlen bei dem Aufschwunge der Brennereien und Brauereien die grösste Bedeutung; die Schaf-Herren, die heutigen „Schaffer", welche die Schaf- und Käsewirthschaft überwachten; die Wein-Herren führten die Controlle über den Ausschank geistiger Getränke; die Theils-Herren waren mit der Vertheilung der Waldwiesen, Lösser, betraut; der Bauherr kam dem heutigen Bauinspector gleich. Um diese Zeit 1669 kommt auch noch ein „magister fodinarum" gleich Grubenmeister vor, den nach alter Gewohnheit der Richter zu erwählen hatte. Die genannten Beamten bildeten den Magistratsrath, der ausser der Verwaltung der eigenen Ressorts im Magistrate Sitz und Stimme hatte. Zu dem Magistrate wurde auch der älteste Zechvater der Tuchmacher gezählt, der die stärkste Zunft zu vertreten hatte. Die erwählten 16 Männer bildeten die Vertretung der Gemeinde, die die Beschlüsse der Gemeinde fassten.

Sämmtliche Beamte mussten bei ihrer Erwählung einen feierlichen Eid ablegen, von denen mehrere erhalten blieben und zur Charakterisirung der Verhältnisse hiemit wiedergegeben werden sollen. Der Eid selbst wurde als gestattet erklärt: „Dass der Eid-Schwur dem Christen nicht verboten sei, ist daher offenbar, dass Gott selbst zwar verkündiget, diess werde auch ein Kenn- und Merkzeichen sein der Bürger des Reiches Christi, dass sie im Namen Gottes schwören werden, Jeremias 4, 2, ja dass Gott selbst geboten, du sollst den Herrn deinen Gott fürchten und bei seinem Namen schwören. 5. Mos. 6, 13.

Juramentum derer Herrn Richter in XIII. Städten.

„Ich N. N. ein gliedmass des königl. Stuehlls, Schwöre, und gelobe heutt einen theüren Eydt, Gott dem allerhöchsten, demnach den grossmächtigsten König in Polen, und unseren durchl. Fürsten und H. H. Theodoro Lubomirsky Ihro Wohlgebohrnen Gnaden Hln. Gubernatori auf der Festung Lúblyn;

Wie auch dem H-Graffen derer königl. XIII. Städt. Gottes Ehre embsig zu suchen, die h. römisch-katholische Religion treulich zu befördern, zu bewahren, und wie nur möglich zu beschützen. Meinen Ampt gewissenhaft vorzustehen, dem HE. Grossen mit allen billichen respect gehorsam zu sein, für allen wiederwärtigem zufälligen Dingen zu warnen von der Cron Pohlen nicht abzuweichen, der Gemein Nutzen zu befördern niemandten wieder Recht und alte Gewohnheit zu beschweren, gewissenhaft zu richten und gute Recht auszusprechen, Einheimischen und Fremden, den armen sowohl, als den Reichen, Wittwen und Waysen so viel ich verstehe, und mir möglich ist, darinnen niemandten zu verschonen keinerley Freündtschaft oder Feindtschaft, Gunst oder Neidt, Gaab oder Geschänk anzusehen: In des löbl. königl. Stuhls Session oder Gericht allezeit gehorsamlich zu erscheinen, und ohne erhebliche Ursach nicht auszubleiben alles was mir anbefohlen wirdt, getreulich auszurichten, Friedt und Freündschaft, Recht und Gerechtigkeit zu erhalten: Alles was heimliches beym königl. Stuhl gerathschlaget und gehandelt wird werden, niemandten ohne Recht zu offenbahren sondern verschwiegen zu halten.

In Summa, alles was einen getreuen, gewissenhaften und gerechten Richter, und Regenten von gewohnheit und Rechtswegen gebührt, fleissig auszurichten, auf auch mit dem allerwenigsten oder allerkleinsten vom Land nicht zu trennen, oder abzuweichen, oder auch durch heimliche Practicken und bösen Bericht wieder die Obrigkeit oder wie es immer geschehen kann, keine Zerüttung zu machen. Insonderheit aber schwöre ich auch einen Wahrhaftigen und schweren Eidt, dass ich in Beschreibung der Land und Gemein Register keine Falschheit noch Betrug brauchen will, weder mit erdichteten übrigen Posten noch seltzamen, und tunckelen Nahmen, sondern allein in der lauteren und klaren Wahrheit; denen jenigen, welche bey meinen ausgesprochenen Recht und Sententz nicht bleiben wollen, will ich keine Appellaon wehren oder abschlagen.

Ich Schwöre auch dass ich treulich, zu rechten Zeit alle fürstl. hohe Intraden auf Befehl des Hl. Grafens, fleissig eincassiren die eincassirten aber laut angesetzten termin dem HE. Grafen einhändigen, und zustellen will, und solche keines weges bey mir behalten auch bey dem allen, worauf ich geschworen habe steif und fest verbleib und daferne ich in irgendt einer oder der anderen verbothenen Stücken befunden und überwiesen würde, so soll ich aller meiner Ehren entsetzt werden, und bey dem königl. Stuhl kein theil und Recht mehr haben. Als Wahr mir helf Gott Vater, Gott Sohn, Gott Heiliger Geist, und alle Heiligen Gottes durch dass Heilige Evangelium.[1] Amen, amen."

Jurament für die Waisen-Herren.

„Ich N. N. ein Verordneter Vormund und Waisen-Vater, schwere heute diesen Morgen der Hochgelobten Heil. Dreifaltigkeit Vater, Sohn und Heil. Geist, ein theuren Eid, wahrhaftigen Eid, in Gegenwart und respectirung unseres Herrn Richters und eines Ehrenvesten Rates, dass ich mit denen mir anvertrauten Waisensachen, ganz conscientiöse und bescheudentlich will umgehen, keine Wittwen u. Waisen will betrüben noch beleidigen, Sie nicht Vervortheilen, Ihr Erbtheil und Partikel nicht an mich bringen, noch ziehen, sondern als ein treuer Vorsteher u. Vater für dieselben sorgen, und Ihnen Rather und Helfer, so viel als mir Menschen möglich ist, dass sie keine Ursache haben mögen und können den Seufzer zu Gott den Almächt'gen als den obersten Waisenvater auszuschicken, und heissbrennende Tränen über mich u. die meinigen zu vergiessen. Gelobe auch und verspreche, dass ich in deren Theilungen alle Zank u. Hader zwischen Wittven u. Waisen u. allen anderen beiwohnenden will verhüten, damit

---

[1] Aus dem Protokolle 1676

keine Klage über mich kommen möge, so wahr mir Helfe Gott der Vater, Gott der Sohn, Gott der Heilige Geist durch das Heilige Evangelium. Amen!"

Jurament für die Schätz-Herrn der Fleischer.

„Ich N. N. Bestellter und verordneter Schätzherr über das Fleisch, schwöre heute den neun Morgen ganz nichtern u. wohlbedacht, der Heil. Dreifaltigkeit etc. einen theuren Eid, dass ich weder Freundschaft noch Feindschaft im Fleischschätzen, ansehen und bedenken will, sondern gelobe nach gelegenheit der Zeit die Schätzung auszustellen und zwar nechst diesem gutten Vornehms, dass ein rechter Unterschied des besseren und geringeren Fleisches möge gehalten und obserwiret werden, damit kein Schaden, weder der ganzen löb. Gemein, weder denen Herrn Fleischhackern werde zugefügt, und solches will ich in respectirung der lieben Justie und des L. W. Rathes durch das ganze Jahr fleissig beobachten bei hoher Straf und Ehren - Verlierung, so wahr mir Helfe die Hochgelobte Hl. Dreifaltigkeit, Gott der Vater, Gott der Sohn, Gott der Heilige Geist, durch das Heilige Evangelium. Amen!"

Jurament für die Scheyer-Herrn.

„Ich N. N. als ein bestellter und verordneter Verwalter und Aufseher über die Äcker und über das Getreide, dieser löb. Gemeinde. schwer Gott dem Allmächtigem, einen wahrhaftigen und theuren Eid, dass ich nebst schuldigen und gebührenden Gehorsam, gegen den Herrn Richter und Rath, will getreu sein und das, was mir von der Gemein vertrauet ist, nach allem meinen besten Vermögen zu Rath halten, dasselbe nicht verschwenden, oder auch zu meinem Nutz anwenden, sondern fleisig acht haben, damit ich ein rein Gewisz für Gott und einen ehrlichen Namen für die Welt behalten möge; So wahr mir Gott helfe durch sein Heiliges Evangelium. Amen!"

Jurament für die Mühlherrn in Leibitz.

„Ich N. N. verordneter und erwehlter Mühlherr, schwere und gelobe heute diesen Tag in dieser Morgenstunde, bei nüchternen Leib, und vollerweckten Sinns, einen höchtheuerlichen Eid, der Hochgelobten H. Dreifaltigkeit, wie auch dem Hochlöblichen Gericht und dieser Christlichen Gemein und in diesem Königlichen Markt

Leibitz, dass ich mit den mir anvertrauten Mühlgetreuyd, als mit einem Gemeinde Gut, treulich, gewissenhaft und aufrichtig will umgehn, dasselbe nicht wider den billichen werth verkaufen, gegen bezahlen, nicht verborgen, und das Geld, so ich werde einnehmen, nicht auf meinen eigenen Nutzen wenden, sondern auf den bestimmten und gewohnlichen Rahtungs-Termin, dem Hochlöblichen Gericht ohne Mangel und Verhaltung richtig abstatte; Wenn, wofern ich wider solche gebührliche Amtstreu handeln sollte, werde ich gedoppelter Ratungserlegung und einer harten Strafe ver allen sein; Nun so wahr wie mir helfe Gott der Vater, Gott der Sohn u. Gott der Heilige Geist. Amen."

1714 wurde auch für die Theil-Herren folgendes Jurament beschlossen :

„Ich N. N. schwöre zu Gott den Allmächtigen, dass ich in Vertheilung der Lässer alle mögliche Gleichheit beobachten werde, so viel als möglich sein wird, absonderlich will ich dieses betrachten, damit alles ohne Zugab, oder sogenannter Ueberschaar sein möchte, und was denen Herren Beamten und Theils-Herren von Rechtswegen zustehet, dasselbige soll ihnen auch anjetzo billigerweise folgen. So wahr mir Gott helfe u. sein Heiliges Wort durch Jesum Christum. Amen!"

Im Namen Jesu! u. s. w.

Jurament, oder Eidesschwur derer Rahtsherrn und geschworenen in dem Königlichen Markt Leibitz verbessert und vorgeschrieben.

Von M. Johanne Marie neuerwehlten Richtern, und der löb. Schule allhier, verordneten Rectore, Anno 1676. 23. Januar. Ich N. N. erwehlter Beisitzer, Ratsherr und Amtsverwalter in dieser Königlichen 13. Stadt Leibitz, gelobe und schwere heute diesen Tag, in dieser Morgenstunde, ganz nüchtern und wohlbedacht einen theuren Eid, der Hochgelobten, Heiligen dreyfaltigkeit, Gott dem Vater, Gott dem Sohn u. Gott den Heiligen Geist, wie auch dem grossmächtigen König in Polen, unseren durchlauchtigsten Fürsten und Herrn, Ihre wohlgeborenen Gnaden dem Herrn Gubernatori auf der Festung Lublo, dem Herrn Grav der Königlichen dreizehn Städten, unsern Herrn Richter und allen anderen höheren Amtspersonen, gut Recht auszusprechen und gewissenhaft zu urtheilen, nicht nach einem sündlichen Schein, sondern nach Gottes heiligen Wort und nach denen löblich geschriebenen Rechten, für Reich und Arm, für Witven und Waisen, für Hohe und Niedrige, für junge und alte, dabei Niemandes Person, Freundschaft und Feindschaft, Gaben und Geschenke noch andere dergleichen Rechts-Verhindernisse anzunehmen. Ja ich schwöre und gelobe den Gemeinde-Nutzen zu befördern und Jederman für Schaden zu warnen und zwar so viel ich verstehe und mir nur möglich ist: Ich schwöre und gelobe in dieser Königlichen 13 Stadt Leibitz, Richter und Rath gehorsamlich zu erscheinen und ohne gewisse Augenscheinliche und erhebliche Ursachen nicht auszubleiben. Was im öffentlichen Rath und Gericht gehandelt u. berathschlagt wird werden, ohne Recht niemanden zu offenbaren, sondern verschwiegen zu halten, daneben Fried u. Innigkeit zu stifften, das Gute fortzupflanzen und dem Bösen zu steuern und zu wehren, wie es treuen und aufrichtigen Amtspersonen gebührt. So wahr mir Helfe Gott der Vater, Gott der Sohn und Gott der Heilige Geist, durch das Heilige Evangelium. Amen.

Jurament derer Herren Zechväter, der löb. Tuchmacher-Zunft in Leibitz.

„Ich N. N. Eltester Zech Vater, Ich N. N. beysitzer der löblichen Zunft und Zechen derer Tuchmacher in dem Königl. Markt Leibitz, schwer in dieser Morgenstund, bei nüchternem Leib und erhabenem Sinnen, einen wahrhaftigen und gewissenhaften Eid, der Dreieinigen Himmlischen Majesztät, Gott dem Vater, Gott dem Sohn u. Gott dem Heiligen Geiste, wie auch dem Heiligen Richter, als únseren obersten Zechvater und den ganzen löbl. Gericht, dass wir laut unseren Privilegien und uralten Statuten, so wir von Hochseeligsten Gedächtniss Königen aus Ungarn und Polen gnädigst empfangen, fest, steif und gewissenhaft, vermöge aller u. jeder Punkten u. Artikeln, welche ingedachten Privilegien synd begriffen, uns verhalten und richten wollen; Sonderlich aber schweren und geloben wir, dass wir unsern Herrn Richter in Erweisung gebührender Ehre, willigsten Gehorsam jederzeit leisten wollen, widerdessen Autoritaet und Amtspflicht nicht peccirn, sondern uns vielmehr den gewöhnlichen Statuten gemäss halten, am Sonntag u. anderen von der Kirche gebotenen Feiertagen, sonderlich Sommerszeit nicht welche drohliche Hand-Arbeit verrichten lassen; wir schweren und geloben, dass wir kein untüchtiges Tuch wollen passiren u. verkaufen lassen, sondern wollen fleissige Absicht haben, damit der Meister, der solches ungiltiges Tuch gemacht hat, kraft unsrer Pflicht, gebührlich möge bestraft werden, das ungiltige und ungezeichnete Tuch aber soll der Schule und den Armen Hospitalleuten verfallen seyn. Im übrigen geloben wir, dass wir alles richtige mit Rath und Wissen des Heiligen Richters, was in der Zeche vorlaufen wird, thun vorrechnen werden, so wahr uns Helfe Gott der Vater, Gott der Sohn und Gott der Heilige Geist, durch das Heilige Evangelium. Amen.

b) Richter.

Mit Pietät gedenken wir jener Männer, die als Richter an der Spitze der Gemeinde standen, durch Einsicht, Gewissenhaftigkeit und auch gewöhnlich durch ein bedeutenderes Vermögen sich auszeichneten, zu den Patricier-Familien der Stadt gehörten und wiederholt durch das Vertrauen der Mitbürger auf diesen Ehrenposten erhoben wurden.

1475 erscheint Richter Georgius vor König Sigismund, um einen Hattertbrief von 1397 gegen Menhard bestätigen zu lassen.

1535 lässt Lucas Brexler das Marktprivilegium, welches 1364 Ludwig der Grosse ertheilte, durch König Sigismund bestätigen.

1580 finden wir in einem Zeugniss von Riszdorf für Leibitz den Richter Jakob Klosz genannt.

1584 „Bey Richteramt des Ehrsamen Bartel Ratz hat ein Ehrsamer Rotth das alte Rindhirtenhaus dem Walle Nikels um 13 fl. verkauft".

1587 tritt Jakob Frikal auf, der Jahrelang grossen Einfluss auf die Schicksale der Stadt nahm, zugleich ein schönes Buch für Kauf- und Verkauf-Verträge widmend und das Rechtsbuch der Sachsen-Willkühr enthaltend. Wir treffen ihn noch im Richteramte 1594, 1598, 1600, wo er das Gemeinde-Einkommen auf 5777 fl. entwickelte, was heute einer Summe von 50,000 fl. kühn gleichgestellt werden könnte. Auch das Jahr 1611 trifft ihn noch im Richteramte. Damals dürfte die Stadt die höchste Blüthe erreicht haben.

1587 und 1596 und 1606 erscheint auch Servatius Lanius, oder Fleischer im Richteramte.

1589, 1602, 1608 amtirte Ambrosius Sawer.

1591 sind unter Sebastian Mathiae 12 Gärten bei der

Weidemühle „aufgerichtet" worden, für welche je 4—5 Denare Zins entrichtet wurden. [1]

Ein oft erwählter Richter war Ambrosius Han und zwar ging er aus der Wahlurne hervor 1593, 1595, in welchem Jahre er die städtischen Einnahmen auf 3584 fl. 19 Den. brachte.

1596 protestirt Servatius Lanius gegen Sebastian Lubomirszky, der die Schafe und Ziegen von Leibitz, die auf ihrer Wiese zu Mayerhöfen weideten, wegtreiben liess.

1597 übernimmt Adamus Hutheim einen Kassastand von 3933 fl. 73 Den. und übergab nach einem Jahre 4143 fl. 23 Den.

1598 und 1599 amtiren Simon Lers und Simon Mathernj, 1601 Simon Mayer, 1601 Tobias Schneider, 1601 und 1605 Andreas Roth, 1604 Hans Bleszing.

Servatius Graff kommt vor 1604, 1606, 1607, 1615, 1619.

Hans Bleszing, Richter, intervenirt 1604 in einem Grenzstreit mit Menhard.

Antonius Lumczer amtirt 1609, 1610 und kommt in ersterem Jahre in einem Kaufvertrag vor, in welchem David Miller seinen Besitz an Mayerhöfen verkauft.

Die Familie Olmützer kommt auch oft im Richteramte vor. 1612 ist unter Jakob Olmützer German Geigers Behausung, Aecker, Wiesen und all dasjenige, was dazu gehört, um 120 fl. verkauft worden. Es kommen noch vor Jakob Olmützer 1614, 1665, 1666, und Johann Olmützer 1623, 1624, 1632, Hans Olmützer 1639, wo Jakob Demiani Schützenvater war und die Gemeinde 12 Musketen anschaffte, 1640 wurden unter ihm 16 Fass Wein um 535 fl. gekauft und ein Jahr früher 1638 unterschrieb er den Vertrag, der mit Menhard in Bezug auf Benützung der Wälder, Weide und eines neuen Weges abgeschlossen wurde.

Andreas Roth war im Richteramt 1610, 1613, 1617, 1620, 1622, 1625, wo das Weinhaus um 112 fl. gebaut wurde.

Albert Schneider war 1616, 1622, 1629, 1630 mit dem Richteramte betraut.

1618 amtirt Jesaias Behner.

---

[1] 1 ung. Gulden 100 Denare, 1 Marke = 6 fl., 1 Polturaken = 1½ kr. 4 ferto = 1 Marke, 1 ferto = 4 Lot, 1 Orth 40 Denare, 1 piset = 96 Denare. Andere Geldbenennungen: 1 Mark = 48 Nessig, vielleicht vom Ungarischen nehäz, ½ Mark 24 Nessig, 1 ferto 12 Nessig, ½ ferto = 6 Nessig. Drei Nessig = 4 Quart, drei Nessig 1 Loth, 1½ Nessig ½ Loth, 1 Pfund = 32 Loth, ½ Pfund 16 Loth.

1626 intervenirt Richter Johann Wind in einer Hatterung mit Kesmark.

1627 berichtet Christoph Gutsmittel, „dass 90 fl. auffgegangen sind", als zum erstenmal die Dragoner nach Leibitz kamen, und unterfertigt den Pferdeweidevertrag, der in diesem Jahr mit Menhard abgeschlossen wurde. Er amtirte auch noch 1635 und 1636.

Tobias Demian erscheint 1628 und 1634; 1633 bittet er bei dem König um Befreiung der Steuer von 9 fl., die Leibitz für die Rohrwiesen zahlen musste, die ihnen doch weggenommen wurden. Dem Gesuche wurde Folge geleistet mit dem Bemerken, falls Leibitz die Rohrwiesen zurückgewinne, es auch die Steuer wieder zu zahlen haben werde.

Johann Hellner 1631.

Valentinus Ambrózy 1637.

Albert Szartorisz 1638.

Michael Erhardi wurde wiedergewählt 1641, 1642, 1644, 1645, 1648, 1649, 1650, 1652; von dem letzten Jahre schreibt er, dass sich die in Folge kriegerischen Zeiten gänzlich gesunkenen Einnahmen auf 1928 fl. gehoben haben und schliesst: Gott segne diesen Vorrath, damit er durch Gottes Güte möge erweitert werden können. Auch 1653 erscheint er noch im Amte.

Adamus Eysdorffer ist im Amte 1646, 1650, 1651, 1657, 1658; 1662 vom 1. März heisst es: „er sey aus diesem elenden Jammerthale entschlafen".

An traurige Zeiten (siehe Kriege und Unglücksfälle aus diesen Jahren) erinnert auch die Amtirung des Valentinus Roth 1643, wo die städtischen Einnahmen auf 631 fl. sanken, die er mit der Bemerkung schliesst: „Gott gebe weiter seinen Segen und behüte weiter vor bösen ungelegenen Jahren, wie wir sie leider Gott, das verlauffene schmerzlich erfahren haben". Der Name Roth kommt noch vor: 1653, 1654, 1655, 1660, 1684 und 1685, Lorenz Roth; im Jahre 1684 sanken die städtischen Einnahmen wieder auf 900 fl.; 1667, 1668, 1669, 1670, 1680 Hans Roth; 1705, 1706, 1707, 1708, 1713, 1714, 1718 Jakob Roth; bei 1708 machte er die Bemerkung, dass 190 Häuser, Kirche, Thurm, Schule, Rathhaus, Markmühl, Fleischbank, Dienerstube in Asche gelegt wurden. Auf die öffentlichen Bauten wurden 761 fl. 98 Den. ausgegeben. Im Jahre 1714 wurden 10,149 fl. für Militärzwecke geopfert.

Häufig begegnen wir auch in der Richterreihe dem Namen Tobias Jony und zwar 1658, 1659, 1661, 1664, 1686, 1687, 1688, 1689, 1690, 1692, des Namens amtirten noch Johann Jony 1722, 1736, 1737, 1741, 1743, 1745, 1765 und wieder Tobias Jony 1748 und 1762.·

Vom Jahre 1686 wird berichtet:

> „Ist die grosse steinerne Brück erbaut worden,
> Item die neue Wag im Steinhaus
> Item in der Niedermühl die ganze Radstub."

An dem grossen Stein der Brücke war das Chronostikon zu lesen: Vor Wasser Vnt Vor FeVers Noth, BehVtt Den MarCk o LIeber Gott = 1686; oder: Es Ist gebaWet WorDen IM Iahr aLsz Toblas Ioni RIChter War = 1686.

Der Bau wurde mit folgendem Verse im Protokolle verewigt:

> „Der Bau ging glücklich an, der Grund war bald geleget,
> Von Roth- u. Kihnbaum-Holz, welch's sich nicht bald bewegt,
> Verfault auch nicht sobald, das Wasser war so kleiu,
> Dass man recht arb'ten kunt u. den Grund legen fein.
> Gott segne demnach noch, die treuen Amtsverwalter
> Und lohne ihre Müh, sey selbsten ihr Erhalter.
> Er stürtze ihren Fried, die sich nicht schicken drein,
> Und lass die ganze G'mein, ihm auch befohlen sein.
> Dir wünscht man eben das, dem recht bei Tag u. Nacht
> Viel Sorge u. viel Müh, der Brückbau hat gemacht.

Cäspär Hartsch beginnt zu wirken 1655, 1656, 1657 und tritt noch 1694 auf.

Johann Harth: 1662, 1663.

Johann Droschel berichtet, dass unter seiner Amtswirksamkeit 1671 48 Kuffen ausgeschenkt wurden, davon der Stadt ein Nutzen von 419 fl. resultirte. Er kommt noch im Amte vor: 1673, 1674, 1675, 1681, 1682 und 1683 wie auch 1695; im Jahr 1673 sanken die Stadt-Einkünfte gar auf 898 fl.

1676—1677 wurde der katholische Schullehrer Johann Marci Stadtrichter, der da berichtet, auf den Pfarrhausbau 90 fl. 17 Den. ausgegeben zu haben mit dem Wunsche:

> Gott segne ferner diese Stadt
> Den Richter und den ganzen Rath,
> Die Bürger alle insgemein
> Lass dir o Gott empfohlen sein.

1672: Hans Calix.

1678 war Richter Jakob Emericzy. Zu dem Jahr, wo die Gegenreformation ihre bittern Früchte trug, wurden ausser dem genannten Richter als Stadtbeamte noch genannt: Johann Droschel, Johann Roth, Peter Scholtz, Fleischschätzer: Simon Hellner und Caspar Hartsch, Mühleninspectoren: Tobias Joni, Urbanus Töpfer und Johann Graff, von den Beamten wird bemerkt: „Dieser Magistrat ist ganz katholisch geworden mit Ausnahme von zweien, diese sind durchgegangen.

Wiederholt wurden die Mitglieder der Familie Hellner des Vertrauens ihrer Mitbürger gewürdigt und auf den Ehrenposten des Richteramtes berufen. Simon Hellner wirkte 1691, 1693, 1696, 1697, 1698, 1699, 1700; Tobias Hellner 1731.

Laurentius Höntz: 1701, 1702, 1710, in letzterem Jahre wüthete die Pest, als er sich in den Wald flüchtete, starb er auch daselbst und wurde in der Stadt begraben.

Elias Hohmeister: 1710; der Pestverheerungen zufolge wurden auch die städtischen Rechnungen nicht geführt.

Zu den einflussreichsten, mit dem 16. Jahrhundert bekannten Familien gehörte auch die Familie Serpilius. Im Richteramte standen Laurentius Serpilius 1655, Johann Serpilius 1711, 1717, 1718, 1719, 1720, 1721, 1728, 1730, 1732; Simon Serpilius 1746. Samuel Serpilius unterschrieb 1665 das Hattertprivilegium, welches Leibitz mit Tökölyi, Hodermark und Kesmark abgeschlossen hatte. Johann Serpilius machte das Chronostikon: In Te ChrIste SperaVI, non ConfVnDa In aetern VM = 1719, - auf dich hoffte ich Christe, du wirst mich nicht verlassen ewiglich.

Carl Gottfried Heber: 1733, 1734, 1735, 1738, 1740.

Simon Berg amtirte 1747 und 1748, kommt vor im Gerichts-Commissions-Vertrag, der 1747 zwischen Leibitz und Menhard in Hatterungs-Angelegenheiten abgeschlossen wurde.

Balthasar Ribiczey bekleidete das Richteramt 1755.

Nach ihm erschien in dieser Würde 1757 Johann Brüderlein.

Einen besonderen Nimbus erhielten die Richter und der Magistrat der Stadt Leibitz dadurch, dass mehrere aus ihrer Mitte bis zur Grafenwürde der Provinz emporgehoben wurden. In dieser Würde befinden sich z. B. Jakob Frikal 1590, Johann Olmützer 1626, Tobias Jony 1664, Johannes Serpilius 1727, Johannes Brüderlein durch mehrere Jahre; sein Bildniss ist auch heute unter den abgebildeten Provinzgrafen zu sehen. [1]

---

[1] Die Namen der Richter in diesem Zeitraume sind entnommen verschiede-

c) Gehälter.

Die Gehälter der Beamten waren gering und nichtssagend, da die Aemter selbst Ehrenämter waren. Der Richter von Michelsdorf erhielt noch 1551 einen Gulden als Gehalt. Aehnlich dürfte es auch in anderen Gemeinden der Fall gewesen sein. Wesentlicher waren seine Einkünfte, die er neben seinem Gehalt bezog, bei Strafen, Geschenken und Gastmählern.

1653 erhielt der Richter 10 fl. 80 Den., musste aber dafür auch bei den Provinz-Congregationen zur Fasten-, Johannis- und Martini-Zeit theilnehmen. Der Lohn des Organisten belief sich auf 24, der des Stadtschreibers auf 20 fl. Der Zuchtinger Henker, auf den alle Städte vereint zahlten — erhielt 6, die Calcanten 2, der Segersteller 4, 1 städt. Diener 21 fl., der Wachtmeister 21 fl. und 2 Metzen Korn, 1 Paar Stiefel und ein „Gemächt". Ein Batsch bekam 4 fl., 1 Metzen Korn, 4 Paar „Kürpel", 1 Paar Niederschuh, 1 Hemd im Werthe von 60 Den. 1 „Hune" werth 1 fl. 25 Den., und 1 Paar Hosen für 60 Den., 1 Povar, ein Gehilf des Batscha, wurde entlohnt mit 3 fl., 5 Paar „Kürpel" und 1 Hemd à 60 Den., ferner mit einer Hune à 1 fl. 25 Den. und einer Hose à 70 Den. 8 Knechte zeugen von einer intensiven städtischen Wirthschaft und waren bezüglich des Lohnes mit dem Povar gleichgestellt. Der Schaarhüter hatte 8 fl., einen Rock und eine Hose, 1 Ploh-Kotzen, 3 Paar Kürpel, 1 Hune, 2 Metzen Korn und 30 kr. Kürpelgeld. Der Füllenscharhüter hatten dieselbe Entlohnung.

1660 erhielten der Rinderhirte 74, der Schaathirte und Lämmerhirte je 49 und der Schweinehirte 1 Metzen Frucht. Der Weinherrn Zahlung betrug 1686 18 fl.

1721 erhielt der Thürmer, zugleich Stadtmusikant, jede Woche 1 fl. Gehalt und dazu jährlich 14 Kübel Korn, 6 Kübel Gerste und 4 Fuhren Thurmholz. Dafür wird ihm zur Pflicht gemacht: Tag und Nacht zu wachen, die Stunden „auszublasen", mit Adjutanten und Instrumenten Samstag zur Vesper und an

---

nen einzelnen Urkunden, wie auch dem Folianten-Buche, welches von 1587 bis 1749 reicht, städtische Einnahmen, Ausgabe und Rechnungen enthält mit dem in Leder gepressten Titel: „Jacob Frikal, dieselbe Zeit Richter 1587". Eine werthvolle Quelle hiezu hätte noch abgegeben das Collectanen-Buch, von welchem Genersich in seinen Merkwürdigkeiten der Stadt Kesmark erwähnt, dass es vom Richter Casparus Hartsch 1686 stamme und die Hattertbriefe von König Andreas enthalte. Jedoch fand ich dieses Copey-Buch nicht mehr vor; Genersich I, 124. Da die Richter gewöhnlich im Laufe des Jahres die Rechnungen legten, so kommt sein Name in 2 Jahren vor, auch wenn er nur ein Jahr lang amtirte.

4*

Sonn- und Feiertagen aufzuspielen, auf Märkten zu musiciren, bei Hochzeiten und Festlichkeiten aufzuspielen, wie auch der Wöchnerin am Tauftage und beim Kirchgang ein Ständchen zu machen.

1717 wurde der Rektor aus der Stadtcassa mit 100 Reichsthalern ausser manchen Nebeneinkünften angestellt.

1733 erhielt der Cantor 58 und der Calcans 6 fl.

1744 kommen nachstehende Zahlungen an Beamte und Bedienstete vor: „Notary und Wachtmeister Lohn 50 fl.; Dem Richter auf seine Landexpensen vom 30. Mai bis 23. Sept. 22 fl. 83 Den.; für die Kellerinspection 4 fl.; Inspectoren-Expensen betragen 66 fl. 31 Den.; den Marktherren gebühret 53 fl. 64 Den.; dem Schmied für das Curiren der Pferde 3 fl. 60 Den.

1746 wurde ins evangelische Bethaus der Cantor mit 18 fl. baar und mit 20 Kübel Gerste und 6 Kübel Korn angestellt.

1749 kosteten alle Beamten 180 fl. mit ihrem fixen Gehalt, zu dem, trotz der Ordnung vom 5. Februar 1648, manche Emolumente kommen, wie wir es bei den „Geschenken" sehen werden.

Endgiltig und in bestimmter Weise wurden die Gehaltverhältnisse nur 1748 am 5. Februar in einem Actenstücke geordnet, unter welchem Johann Barvulszky, Graf der 13 Städte, Tobias Jony, Stadtrichter von Iglo, Andreas Haas, Richter in Bela und Andreas Hauser, Richter in Georgenberg unterfertigt stehen. Darnach erhält der Richter mit Ausschluss aller Nebenaccidentien 100 fl., die Rathsgeschwornen hingegen bekommen nach der Ordnung der Nachrichter 20, der andere Senator 16, der dritte 10, der 4. und 5. per 8, der 6., 7. und 8. aber per 6 fl. zusammen also 80 fl. Auch wurden 2 Waldhüter angestellt mit je 1 fl. Gehalt per Woche.

1749 kommen vor der Wachtmeister mit 25, der Waldhüter mit 25, der Thurmwächter mit 24 fl. Die 100 Männer erhalten zur Grafenwahl 26 fl. 26 Den. und die Exactoren für Zinsen-Mahnen 12 fl.

d) Einkünfte von städtischen Objecten.

Die Verwaltung der Stadtbeamten bezog sich zunächst auf die städtischen Objecte, deren aber Anfangs mehr waren, wie in den späteren Jahren. Laut den Auszügen aus allen Protokollen von 1439—1546 wiederholen sich Jahr ein Jahr aus die städ-

tischen Einnahmen aus einer „Rohrmühle" Molcedinum cala-
mis, was auch als Beweis für das Stadteigenthum der Rohrwiesen angeführt wurde. Ebenso erscheint noch 1519 ein „Pfann-
schmied - Hammer" am Leibitzbach in Thätigkeit, dessen Einkünfte in die Stadtkasse fliessen. Ein anderer Hammer befand
sich in der Gegend, die auch jetzt noch den Namen „Hammergrund" führt, wo auch Schlacken häufig gefunden werden. Noch
zu Anfang dieses Jahrhunderts weiss Bredetzky in seiner Topographie Ungarns von einem Stollen zu berichten, den die
Leibitzer in ein Flössgebirge geschlagen haben. [1]

Zu den wesentlichsten Verwaltungs-Agenden der städtischen
Beamten gehörte der Haushalt mit dem Eigenthum der Stadt,
über welches jährlich Rechnung gelegt wurde. Alle derartige
vorzufindende Rechnungen zu reproduciren, würde zu weit führen,
wir müssen uns auf einige charakteristische Beispiele beschränken:

„Verzeichnis der jährlichen Verrechnung so jeglicher Richter
nach Verwesung seines Amptes einen ehrsamen Rath pfleget
zu geben. Anno 1586 den 31 Jonnarij hat der Ehrsamme Herr
David Frickal vor dem Ehrsamen Herrn Servatio jonä altem
Richter, mit Getreid, Wein, alten und neuen Schulden mit
quintanzen und parem Geld empfangen in einer Summe zusammen gerechnet 1818 fl. 86 Den., welche rathung ein Ehrsamer Rath angenommen und gemelten Servatium darüber frey
und quit gesprochen hat".[2]

Zehn Jahr später 156 den 31. Januar hat der Ehrsame
Nahmhaffte undt weise Herr Servatius Fleischer am Ende seiner
Richterschaft seine ordentliche Rechnung dem Ehrsamen und
wohlweisen Herren Newen und verordneten Richter Herrn
Adamo Huthener und seinen Eidesverwandten als Herrn Ambrosio
Hon, Georgio Olmützer, Christophoro Fleischer und Casparo
Roth an Getreidt, Wein, alten und neueren Schulden über-
antwortet und ganz quittiret worden 3933 fl. 73 Den.

In den Jahren 1598 stiegen die Einnahmen auf 4143 fl.
13 Den., 1598 auf 4360 fl. 37 Den., 1599 auf 5605 fl. und 26 Den.
Das war die höchste materielle Kraft nach dem heutigen Gelde
mit mehr den 50000 fl. zu beziffern. Von hier sank das Einkommen unter den schädlichen Einflüssen der Pest, des Krieges,

---

[1] Bredetzky, Topographie von Ungarn II, 140
[2] Wie schon erwähnt, muss das Geld im 16., 17., auch zum 18. Jahrhundert
im zehnfachen Werthe von dem heutigen Geldwerth angenommen werden.

der Erpressungen und in Unglücksfällen, wie dies auch noch weitere Rechnungen bekunden:

„Im Jahr 1615 Deczember hat der Ehrsame Namhafte weise Herr Servatius Graf alter Richter seyne ordentliche Rathung gethan, wie hier Vnden zu sehen: Korn sind eyner Summa 265 Kübel à 45 Den., Gersten 223 K. à 45 Den., Hafer 151 K. à 25 Den., item 2 Kuffen wein im Werth von 52 fl., Weinschuld beim Herrn Grafen 51 fl. 36 Den., im Landregister 289 fl. 14 Den., in Quietanzen von dem Weinessig 12 fl. 22 Den.. Summe Summarum, was an barschafft. item Gemein-schult ist alles zusammen 1073 fl. 88 Den."

Ein armes Jahr war 1622. „Hatt der Ehrsame N. W. Herr Andreas Roth alsz alter Richter am Ende seines Richterambtes mit seynen zugethanen Herren alsz Alberto Schneiders. Laurentio Roth, Tobiä Lauerth undt Jakobo Graff ihre ordentliche Ratung gethan, Gott wolle geben dass ihre Haushaltung zu Seynes Namens Ehre undt erbauung dieser vnszer armen Gemein gelangen und gereichen möge. Amen. Korn 100 Kübel frey, Gerste 50 Kübel frey, Gerste ungerechnet 26 K. à 1 fl. 50 Den.. thut Summa 39 fl., Haber 212 K. ungerechnet 162 K. à 60 Den.. facit 97 fl. 20 Den., im alle Register 45 fl., Peter Norkfers hofgeld 20 fl., Clement Neubehler 10 fl., im Landregister 518 fl., Summa facit 747 fl."

„Im Jahre Christi 1631 den 20 Marty hat abermanhl obbenannter H. alter Richter mit seinen damals gewesenen Beysitzern eine richtige und öffentliche Rathung gethan im Beysein des Ehrsamen Gerichts, undt übergibt also H. alter Richter im Getreydt und im Paaren Geldt in allem 1309 fl. und bleibt nichts hinterständig".

1644 den 9. November: Korn 242 Kübel per 63 Den., Gerst 250 K. per 54 Den. und Hafer 216 K. per 30 Den., alles in allem 1717.

1650 den 5. April: Korn 100 Kübel, Gerste 194 K., Hafer 323 K., im Ganzen 1918 fl.

1655 1. Mai: Korn 174 Kübel à 84 Den., Gerste 234 à 60 Den., Hafer 274 K. à 50 Den., im Ganzen 1667 fl. eingekommen.

1664 3. April: Korn 100 Kübel, Gerste 226 K., Hafer 126 K., für alles getreyd 284 fl. 40 Den. dazu das Landregister. macht in allen 570 fl. 65 Den.

1671 gestalteten sich die Gemeinde-Einnahmen nachstehends:
„die Mark-Mühl hat getragen 111 fl. 25 Den., die Niedermühl
56 fl. 46 D., die Weydenmühl 40 fl., die Scheyer-Herrn 114 fl.
78 D., die Mayerhöfer auff die deutschen Völker geben 30 fl.,
für den Berg die Mayerhöfer geben 24 fl., ihre Zinsz 13 fl., für
die Weyde im Donnerschlag 13 fl. Menharder für die Weyde
22 fl., für den Garten 8 fl., von Merten Zimmermanns-Haus 25 fl.,
von des Wentzels Haus 13 fl., die Hunsdorffer vor den Wald
15 fl., die Kreutzer für Wald 5 fl., die Sz.-Girgner 3 fl., der
Holló-Lomnitzer Pfarrer 1 fl., unsere Säge-Zinss 7 fl., Fleischbank-
Zins 5 fl., die Menharder geben für den . . . Schlag 1 fl. 80,
in allem zusammengerechnet 549 fl. 80 D.[1])

1676 heisst's: „der Weinschank hat getragen 573 fl. 22 D.,
die Niedermühl 156 fl. 29 D., die Markmühl 142 fl. 33 D., die
Scheyer-Herren gaben ab 40 fl. 28 D., die Menharder zahlten
32 fl., Meyerhöffer-Zinss 13 fl., für den Berg gaben sie 23 fl.,
ihr Mühlzinss 8 fl., die Kreutzer vors Holz 1 fl. 50 kr., die Haders-
dorffer für Holz 3 fl., die Neerer für Holtz 3 fl., unser Seegzinss
7 fl., Fleischbankzinss 5 fl., Gangreissgeld von den Handwerkern
14 fl., für des Andreas Schmidts Acker 15 fl., von den Mühl-
Rossen 12 fl., vor des Tobias Riszdorffers Acker bleibt 8 fl.,
Summa 1056 fl. 53 D. Von den Einkünften der Weidenmühl
sind in Folge von Bauten in derselben nur 30 fl. übrig geblieben. Die Gemeinausgaben beliefen sich auf 936 fl. 52 D."

1686 betrugen die Einnahmen in Summa 663 fl. und zwar
brachte der Weinschank 253 fl., die Markmühl 119 fl. 12 D., die
Niedermühl 143 fl. 83 D., die Scheuer-Herrn 48 fl. 88 D., die
Menharder für den Garten 8 fl., für die Weide 23 fl., unsere
Weidenmühl 30 fl., unsere Säge-Zins 4 fl., die Fleischbänke 5 fl.,
Meyerhöfer-Zins 13 fl., ihr Mühlzins 8 fl., für den Berg 18 fl.,
Gangreisegeld 10 fl. 12 D. Bezeichnend ist die Schlussbemer-
kung zu diesem Jahr: Weil dasselbe Jahr ein recht Krieges
Jahr war, alss ist das Getreyd von der bihn im Rathhaus theils

---

[1]) Interessant ist ein Verzeichniss von 1699 „was man den Müller zu steuer
geben soll, wenn sie in der Mühl etwas bauen. Erstlicher wenn ein Müller in
New Rath als ein Kampffrath, wasserrath macht, soll ihm ein Ehrsam gemein Zu-
stewer geben 50 Den., item vor einen Stein aufszuarbeiten 50 Den., item zwo Kuh
vndt nicht mehr soll ein jeder miller halten, würde er darüber halten, so soll es
Ihnen von der gemein genommen werden. Dessgleichen soll jeder Miller nicht mehr
als 4—5 Schwein halten, wird er mehr darüber halten, soll er es verloren haben.
Die Mühlross sollen auch, auf beiden Unkosten der gemein und der Miller gehalten werden."

von den Keyserlichen, theils von den Räubern[1]) mit Gewalt weggenommen worden, nach rechtmässigen Anschlag und Rathung derer damaligen Scheyer-Herrn."

1696 stiegen die Einnahmen auf 867 fl. 82, da der Weinschank 454 also 200 fl. mehr brachte als 1686. Die übrigen Posten blieben dieselben. Am Schluss der Rechnung begegnen wir der traurigen Bemerkung: „In selbeten Jahr haben wir Ihre Fürstl. Durchlaucht 6 Pferde sambt allen dazugehörigen Reittzeug geben müssen, hat gekostet 315 fl. 90 D., dazu Lehnungsgeld in polnischen Geld 237 fl. 60 macht im Ganzen 553 fl. 50 Den."

1706 waren 953 fl. 14 D. Einnahmen, der Weinschank brachte schon 660 und 1707 gar 1000 fl. Die Rechnung legte der Richter Jakob Roth mit seinem meschworenen, Herrn Samuel Serpilli, Elias Homeister, Sebastian Kalix, Tobias Lendi im Vormund-Amt des Johannes Joni mit den 16 Herren. Zu welch' schönen, für alle Behörden als Leitsterne geltenden Grundsätzen sich diese Edlen bekannten, geht aus dem Gedichte hervor, das sie am Schlusse der Rechnung hinschrieben:

„Ich Spier dass es am End
Schwer ist zu Sein im Regiment,
Mutwill und Bossheit hat kein Ziel
Niemand sich weisen lassen will.

Darumb Kompts das bey Solcher Ehr
Die Sorgen Steigen immer Mehr.
Thut man gleich was man Weis und Kan,
So nimmts doch nicht ein An.

Hilff das ich nicht Gern nehm Geschenk
Noch auff den eigen Nutz Gedenk,
Nicht heimlich Auss has oder Neid
Jemand zuricht Ein Hertzen-Leid.

Gib mir ein Muth, dass ich drauff tracht,
Wie ich dem bösen Demff mit Macht,
Und das ich helff dem der ist Schwach
Wenn er nur hatt ein Gutte Sach.

Wohn dem auch bei Mit deiner Gnad,
So sitzen Neben mir im Raht,
Das wir als Brider Einig Sein
Vnd jeder sein Ampt treilich Mein
Lass Unss bedenken Allesampt
Dass dein, nicht unser ist das Ampt.

[1]) Unter Leopold I. die Aufstände Tökölyi's zu verstehen.

Und das wir ja vergessen nicht
Dass du bey unss bist im Gericht,
Auff das solch' Ampt nicht ewig währt,
Denn Wenn der Mensch von hinnen führt,
So muss er sein Ampt legen ab
Man gibt es ihm nicht mit ins Grab.

Du Herrscher über alle Welt,
Wenn ich werd für's Gericht Gestellt,
So Sprich mich von Verdammnis losa
Vnd nimm mich auff in's Himmels Schloss.

Lass mich nicht Ansehn die Person,
Noch trachten Nach Genüss und Lohn,
Denn Gaben machen Richter blind,
Dass sie zum Recht untüchtig Sind.

Da wird Manch Gutte Sach Verkehrt,
Dass man das Unrecht Lobt und Ehrt.
Hilff dass ich Nicht auff Feindschaft Seh,
Dadurch gescheh ein Andern Weh.

Lass mich nicht Achten Neid und Gunst,
Dadurch ich Macht ein Falschen Dunst.
Verleih das ich mög Vohrsprach Sein
Der Wittwen Und der Weiselein,
Das ich nicht Wissend und mit Fleiss
Das Schwarz-Unrecht Verkehr in Weiss.

Vielmehr wenn ich die Sach Versteh
Das ich hindurch mit Freuden geh.
Solt ich auch Umb der Wahrheit rein
In Noth gerathen und in Pein.

Dass mir mein treuer Dienst zuletzt
Mit Spott Vnd Schanden wird ersetzt,
So sag ich Deo gratias
Die Patientiam Auch fass!"

In den folgenden Jahren wechselten Einnahmen und Ausgaben beispielweise nachstehends 1719: Empfang 5810 Gulden
65 Denare, Auslagen 5995 Gulden 62 Denare, Defizit 184 Gulden
97 Denare; 1730: Empfang 2212 Gulden 80 Denare, Auslagen
3340 Gulden 22 Denare, Defizit 1127 Gulden 40 Denare; 1735:
Empfang 2047 Gulden 80 Denare, Auslagen 1691 Gulden 76 De-
nare, Ueberschuss 356 Gulden 4 Denare; 1742: Empfang 2613 Gul-
den 74 Denare, Ausgaben 2643 Gulden 28 Denare, Defizit 29 Gul-
den 54 Denare; 1748: Empfang 5544 Gulden, Ausgaben 5207 Gul-
den 45 Denare, Ueberschuss 336 Gulden 55 Denare.

e) Das Schatzgut.

Die angeführten Einnahmen erfolgten aus den städtischen Objecten; Weinschank, Mühlen, Holzverkauf, Stadtwirthschaft, Weidebenützung u. s. f. Diese Einnahmen wurden auch für städtische Zwecke verwendet. Für die Abgaben auf das Lublauer Schloss, die oft ganz willkührlich und bedeutend waren, oder für den Fall, dass die Einnahmen aus den städtischen Objecten nicht ausreichten, mussten sich die Bürger „schätzen“, d. h. eine Summe auswerfen, die auf jeden Einzelnen im Verhältnisse zum Eigenthum adrepartirt und eingehoben wurde. Als Einheit bei den Adrepartitionen wurde 1 Loth angenommen — 31 Netzig (Piletum) — 50 Denare = $\frac{1}{2}$ Gulden.

Später, 1736 am 10. December, wurden in Folge Provinzial-Beschluss und Bestätigung des Schlossregiments auf Lublau das Loth aufgehoben und der Polturaken $1\frac{1}{2}$ kr. als Steuereinheit angenommen. [1] Als Besteuerungsobjecte wurden angenommen: die Est-, Malzhaus-, Branntwein-Bräuhaus, Gärten, Felder; die Tuchmacher, Fleischer, Schneider, Schuhmacher-Zechen und Müller unterlagen auch der Besteuerung. Als Zweck der Besteuerung wurde angenommen: „Wachgeld, Mundirungsgeld, Nona — die 9. Garbe — auf das Schloss Lublau, die Zehnte wurde dem Pfarrer gegeben —, fürstliche Unkösten, Auffsatz. Doch auch ausser diesen amtlichen Steuerzwecken gab es am Schlosse Lublau hunderterlei Titel, unter denen die armen Bürger sich fort und fort „schätzen“, besteuern mussten.

Wie gering war kraft der Privilegien die Besteuerung und wie riesig wuchs sie an gleich einer Lawine, die im Sturze aus einem Schneeball zu einem ganzen Berge von Schnee und Eis heranwächst.

Bei der Verpfändung 1412 zahlten die XIII Städte im Ganzen 200 Mark nach Lublau. Von dieser Summe zahlte Leibitz unter allen Städten das Meiste, nähmlich 33 Mark und 7 Nessig, während z. B. die anderen grösseren Städte Bela 18, Iglo 28, Kirchdrauf 22 Mark „zinseten“. Auch damals war noch

---

[1] Siehe: „Neueingerichtetes Gemein-Haus- und Feldt-Protokollum, welches in unserer königl. priv. XIII Stadt Leibitz im Jahr nach der gnadenreichsten Geburt unseres Herrn und Heilands Jesu Christi 1737 und zwar unter währendem Richteramte des Wohledlen, Wohlweisen Herrn Johann Jony und seinen Mitgeschwornen Carl Gottfried Heeber, Johann Hohmeister, Johann Jony, Tobias Hellner juruct sen. auffgerichtet wurde.

Leibitz, die Stadt und das Gebiet betreffend, unter den Schwesterstädten die erste und bedeutendste.

1629 betrug schon die Schätzung, Zins für Leibitz allein 1192 und 1641 auch noch 1117 Gulden. Von nun stiegen diese Summen noch bedeutender. Sie wurden, weil sie auf einmal unerschwinglich gewesen wären, auf dreimal eingehoben und zwar zur Mitfasten-, Johanni- und Martini-Zeit. 1653 betrug der Mitfasten-Zins 1202 Gulden 50 Denare, der Johanni-Zins 1239 Gulden und der Martini-Zins 1165 Gulden, in Summa der Gesammtzins also nichts weniger als 3606 Gulden 50 Denare.

1656 betrug das „Schatzgut" zu Mitfasten 1625, auf Johanni 1495 und auf Martini 1657 Gulden 50 Denare, im Ganzen 4777 Gulden 50 Denare.

1660 wurde an „Schatzgut" eingehoben zu Mitfasten 1202 Gulden 50 Denare, auf Johanni 1417 Gulden 19 Denare, auf Martini 1292 Gulden 50 Denare, in Summa 3912 Gulden 19 Denare.

Das nächste Jahrhundert begann sehr traurig und verhängnissvoll für Leibitz zu werden. 1706 war das „Schatzgut" bis auf 697 Gulden gesunken. Zum Jahr 1708 wird im „Zinsbuche" bei einem Hause, welches als „Wüst" bezeichnet wird, die Bemerkung gemacht: „Hier in diesem Häusel ist aus Unvorsichtigkeit der Kinder in Abwesenheit der Eltern ein Feuer ausgekommen, welches mehr als die halbe Leibitz, Kirchen, Schulen, Mühlen, Brettsäge, den 9. August in Asche geleget hat. Gott behüte gnädiglich vor dergleichen bösen Gast!"

Dazu kam die grosse Pest vom Jahre 1710 mit ihren Verheerungen, so dass im nächsten Jahr 1711 168 Häuser als „wüst" neben 198 nicht wüsten Häusern angeführt werden. Und dennoch wurde auch in dieser Noth der Stadt 1712 zu Mitfasten 712, zu Johanni 683, zu Martini 1552, im Ganzen 2947 Gulden an Zins herausgepresst. 1713 ging es nicht viel besser, man fand noch 164 wüste und 219 bewohnte Häuser, die auf Mitfasten 913 Gulden 10 Denare, auf Johanni 643 Gulden 80 Denare und auf Martini 634 Gulden 70, im Ganzen 2191 Gulden 70 Kreuzer zahlen mussten.

1715 erhob man als „Schatzgut" in Summe 2182 Gulden 70 Denare; 1730: 2212 Gulden 80 Denare; [1]) 1735: 2047 Gulden

---

1) 1732 waren in der Stadt 393 katholische und 1045 evangelische Christen. Lieber memorabilium euae et parochiae Leibz.

80 Denare;[1] 1740: 2214 Gulden 14 Denare; 1745: 2524 Gulden 67 Denare.

1719 betrugen die Gesammteinnahmen also von den städtischen Objecten und dem Schatzgute zusammen 5810 Gulden 62 Denare und die Ausgaben 5995 Gulden 65 Denare, somit ergab sich ein Defizit von 184 Gulden 97 Denare; 1730: Einnahmen 2212 Gulden 80 Denare, Ausgaben 3340 Gulden 22 Denare, Defizit 1127 Gulden 40 Denare; 1735: Einnahmen 2047 Gulden 80 Denare, Ausgaben 1691 Gulden 76 Denare, Ueberschuss 356 Gulden 4 Denare; 1742: Einnahmen 2613 Gulden 74 Denare, Ausgaben 2643 Gulden 28 Denare, Defizit 29 Gulden 54 Denare; 1749: Einnahmen 4773 Gulden 4 Denare, Auslagen 5125 Gulden 84 Denare, somit ergibt sich ein Defizit von 352 Gulden 80 Denare.

f) Geschenke.

Es dürfte auffallen, wie die Geschenke unter den Abschnitt der Verwaltung vorkommen können. Und doch passen sie hieher, kommen sie doch als ganz bestimmte Auslagen im Budget vor, die ganz öffentlich dargebracht und erwartet wurden und so selbstverständlich waren, wie jede andere Post im Budget. Zur Illustration dieses Kapitels wollen wir uns auf einige Beispiele aus verschiedenen Jahrhunderten beschränken; sie vollständig wiederzugeben würde ganz voluminöse Bücher umfassen.

1561 und in dem ganzen 16. Jahrhundert scheint der „Leykauff", áldomás, ganz unerlässlich und in höchster Blüthe gewesen zu sein. Es wurde kein Haus, Acker, keine Wiese u. d. gl. gekauft oder verkauft, ohne dass nicht die mitwirkenden Rathsherrn mit Wein oder Bier erfreut worden wären. Dasselbe geschah bei Wahlen, Festlichkeiten jeder Art zu Gunsten des geringsten städtischen Dieners bis hinauf zum Provinzgrafen oder Schlosshauptmann in Lublau.

Hundert Jahre später erhielten im Stadtbudget die Geschenke schon viel greifbarere Formen.

1653—1654 lesen wir unter den städtischen Auslagen: „Auf eine Hochzeit verehrt 5 Gulden, eine Hochzeitsgabe 4 Gulden 50 Denare. drei Hochzeiten gespendet 4 Gulden. Als der Wachtmeister die Hering abgeholt 72 Denare.[2]

[1] Es wurden 1023 Loth angeschlagen und zwar 1 Loth 154 D., ½ L. 77, 1 Quenti = 39, ½ Quenti = 20, ¼ Quenti 10 Denare.

[2] Alljährlich wurden vom Schlosse Lublau aus den XIII Städten Heringe anfoktroirt, die sie oft mit Schaden verkaufen und vertheilen mussten, wie wir es später noch näher erfahren werden.

Als die Heringe verkauft wurden 39 Denare, als man die Heringe vertheilte, gingen auf 75 Denare. Die Colenda-Geschenk auff Herren Hauptmann 45 Gulden, anderen Schlossofficieren 20 Gulden. Auf die Münnich — Mönche - das ganze Jahr 20 Gulden. Als der Prediger erwählt wurde 28 Halbe Wein für 5 Gulden 13 Denare, dem Herrn Prediger verehrt 3 Gulden 60. Den Herrn Prediger Zehrgeld — auf der Herreise — 7 Gulden 30. Als der Prediger zum erstenmal gepredigt 2 Halben Wein, 36 Denare. Auff die Graffenwahl 24 Gulden 90 Denare. Den Rathsherrn verehrt 90 Denare. Bei Bestätigung des Gerichtes 90 Denare. Auf die Geschenke am h. Christtage 26 Halben Wein und 18 Denare à macht 4 Gulden 68 Denare. Dem Herrn Richter und den Ältesten verehrt 4 Gulden. Dem Herrn Grafen zum neuen Jahr verehrt 9 Gulden. Den Gefangenen u. Priestern geschenkt 2 Gulden. Den Kirchenbittenden 90 Denare. Bei der General-Congregation in Iglo aufgegangen 2 Gulden 24 Denare. An Osterfeiertagen für Kirchendiener und Beamte 26 Halben Wein, thut 6 Gulden 24 Denare. Als der Herr Pfarrer bei Gericht gewesen, verehrt 4. Das Geschenk am Pfingsttage, welches jährlich den Beamten-Personen geschickt wird, macht 26 Halben Wein. Einem vertriebenen Pfarrer gegeben 15 Denare. Dem Herrn Schlosshauptmann wegen der Rohrwies verehrt 28 Gulden. Item der fürstlichen Durchlaucht 25 Gulden. Als die Commission bei uns gewesen 98 Gulden. Auf Herrn Predigers Hochzeit ein 4-tel Rindfleisch verehrt 3 Gulden. Als die drei Personen in Kesmark sind hingerichtet worden 3 Gulden 48 Denare. Als die hundert Männer General-Congregation der provinz sind eingesetzt worden 2 Gulden 72 Denare."

Auch in dem nächsten Jahr 1655 war es den an der Spitze der Stadt stehenden Functionären nicht bange um Titel, unter welchem die verschiedensten Geschenke ausgetheilt und zu Ungunsten des Budget ausgetheilt wurden. „Als das Gericht aufgerichtet wurde 6 Gulden 48 Denare. Dem Schlossschreiber die Colenda 3 Gulden 60, der Frau ein Rchthlr, dem Sohn 1', Rchthlr, item 2 Metzen Korn, der Frau Flachs im Werthe von 48 Denare, allen Dienern 1 Gulden 26 Denare. Dasselbe erhielten auch der Schlosskapitän und der Burggraf. Der Frau Olmützer — die Frau des Provinzgrafen — einen Trunk verehrt 48 Denare. Hauptmanns Colenda im Ganzen 24 Gulden. Unterschiedliche Exulanten 67 Denare. Hirten-Leykauf 2 Gulden.

Auf die Richter-Mahlzeit 24 Gulden. Am Montag war eine Person beim Herrn Richter, aufgegangen an Speis und Trank 1 Gulden 29 Denare. Die Unkösten auf den Marktbrief 59 Gulden 40 Denare[1]. Nachause gebracht den Markbrief 28 Gulden. Den Andern 15 Gulden.

So geht es fort mit dem diversen áldomás zu kirchlichen und politischen Zwecken auch 1658: auf die Kirchenrechnung einen Trunk verehrt 1 Gulden 40 Denare. Die Tuchmacher-Zech im Weinhaus gewesen, verehrt 4 Halben Wein, thut 1 Gulden 20 Denare. Der Schulmeister beim Richter gewesen, aufgegangen 1 Gulden 20 Denare. Als der alte Richter seine Rathung gethan 6 Gulden 2 Denare. Auf das Ostergeschenk der Priesterschafft und anderer Beamten auffgegangen 34 Halben Wein, thut 10 Gulden 20 Denare. Als der Richter mit seinen Geschwornen hat Kobsamen säen lassen ein Trunk 6 Halben Wein. Auff diese Pfingsten das Geschenk in allem 27 Halbe Wein 8 Gulden 10 Denare.

1659 wurde an bemerkenswertheren Geschenken ausgetheilt: „Den Wybranzen   Soldaten-- Ausheber· verehrt in Geld 90 Denare. Zwei Gefangenen 24 Denare. Als man in Kabsdorf Wein eingekaufft, in Speis und Trank aufgegangen 1 Gulden. Auff Fastnacht nach altem Gebrauch eine Mahlzeit gehalten 1 Gulden, ein Trunk Wein dazu 2 Gulden 50 Denare. Dem Herrn Richter auff die Congregation aufgelegt 1 Gulden 40 Denare. Am Ostertag Geschenke auf Kirchen- und Beamten-Personen 6 Gulden 66 Denare. Ein neuer Prediger gepredigt, 2 Halben Wein 60 Denare.

Aus diesen bescheidenen Anfängen wuchsen in hundert Jahren die Geschenke zu einer solchen Höhe heran, dass sie beinahe sämmtliche städtische Einnahmen absorbirten. Die Geschenke z. B. vom Jahre 1749 wiederzugeben, hiesse ungefähr sämmtliche Auslagen der Stadt ausschreiben. Wir wollen uns desshalb blos auf einige charakteristische Beispiele beschränken: „Dem Herrn Dreissiger nach Keyszmark Discretion 8 Fuhren Holz 8 Gulden 16 Denare. Herrn Rector bey Auffwartung Ihro Magnificenz-Starosta auf Schloss Lublau nahmens Tag Discretion 7 Gulden 20 Denare. Am Richtertag vertrunkene Wein soll die Löbl Gemeinde zu zahlen 19 Gulden 26 Denare. Am Richter-

---

[1] 1655 erhielt Leibitz von Ferdinand III. ein Privilegium auf 3 Jahrmärkte.

tag dehnen Turmwächter Brodt, Bier, Brinse 18 Denare, dehnen
Pulsanten 1 Scheffel Bier, Brod etc. 51 Denare. An eben demselbigen Tage einer Löbl. Versammlung eine Collation geben
2 Gulden 24 Denare. Vorhero bey der Rechnung ebenfalls der
ganzen Versammlung eine Collation 1 Gulden 80. Denen Schul-
bedienthen laut Gewohnheit Herrn Rector 48, Herrn Cantor 48,
Herrn Glöckner 48, dehnen Turnern 48 Denare. Am selben
Tag den Wachmeister dto Käthen ein Mittags-Essen 36 Denare.
Kam Herr Kammerdiener Johannes vom Schloss speiste Abends,
Wein wurde genossen 36 Denare. Als er fortreisete genoss er
ein Frühstück 21 Denare.

Als man zur Richterinstallation nach Kirchdrauff verreisen
sollte, speisten vorhero laut altem Gebrauch die Herrn Geistlichen, Herr Vormundt und ein Löbl. Magistrat 3 Gulden 51 Denare. Wein wurde genossen 16 Halbe à 27 Denare 4 Gulden
97, als sie darauf aus der Richterinstallation kamen speisten
die M. Führer, 36 Denare. Herrn Vormund muss ich lassen mit
ein Glas Wein vergnügen, 75 Denare. Als der Nachrichter vom
Kapitel mit einer Relation zurück kam, genossen 2¹/₂ Halbe
Wein 48 Denare. Nach Pudlein Ihro Excellenz Herrn Administrator NN. 24 Stück Foreln 1 Gulden 44 Denare. Kam Herr
Graff, speiste mittags allhier, 1 Gulden 68 Denare, Wein wurde
genossen 7 Halbe à 24 Denare 1 Gulden 68 Denare. Bey Zins-
Register schreiben genoss das Löbliche Gericht 2 Halbe Wein
à 24 Denare, macht 48 Denare. Bey Halbfasten-Zinss Anschlag
genoss die Löbl. Versammlung Wein 14 Halbe à 24 Denare,
3 Gulden 36 Denare. Einen Reuther Ihro Excellenz zu essen
und zu trinken gegeben 9 Denare. Kam der Kammerdiener Johannes speiste allhier und genoss 2¹/₂ Halbe Wein, 36 Denare.
Als des Herrn Getreuth nach der Festung geliefert worden, dem
Schlossschreiber sein Praesent 1 Gulden 20 Denare, den Messern
36 Denare. Einem Dragoner Ihro Excellenz Bier, Brodt, Brinse
9 Denare. Zwei türkischen Gefangenen Almosen gegeben 42 Denare. Kam Herr Doctor Hampacher von Ihro Excellenz, speiste
Mittags allhier 48 Denare, Wein wurde genossen 2 Halben à
27 Denare, 54 Denare. Beim abnehmen der Brinse von Lublau
wurde mit dem Schreiber Wein genossen 54 Denare u. s. w."

Wenn die erwähnten Geschenke mehr auf Lublau und
seine Persönlichkeiten Bezug hatten, so wollen wir uns noch
manche Auslagen vergegenwärtigen, die in der Richtung in

der Gemeinde selbst verursacht wurden, z. B. beym Schulmeister
Korn-Schütten genossen diejenigen Herrn die dabei waren
8 Halbe Wein 2 Gulden 16 Denare. Für genossene Speisen
1 Gulden 71 Denare. Denen Schützen auf Pulver bey der
Auferstehung 1 Gulden 20 Kreuzer. Kommen mehrere Richter
zur Graffen-Installation, speisten hier 4 Gulden 60 Denare.
meine Umkösten 2 Gulden 83 Denare. Wein wurde genossen
10 Halbe à 27, 2 Gulden 70. Das gewöhnliche Osterpraesent
den Geistlichen und Beamten thut 10 Gulden 80 Denare.

Auch in culinarischer Beziehung haben die verschiedenen
Gaben als Tractationen auf städt. Kösten ein nicht geringes
Interesse, z. B.: Alss die Lösser ausgehoben wurden geruhte
eine Löbl. Versammlung zu essen 2 Schultern à 30 Denare
macht 60 Denare. Zwei rinderne Braten 12 Pfund 72 Denare.
Drei Dunstbrodt 27 Denare. Zwei Kohrene brodt 12 Denare.
Vorhero alss die Theil-Herren die Lösser machten gab und
sandte man ihnen in Wald 1 kalten Braten 24, 1 Rindbrathen
6 Pfund 36, zum Kochen Rindfleisch 6 Pfund 36, 1 Pfund
Speck 9, Krauth 6, 2 brodt 12, den zweiten Tag 1 Rindbrathen
6 Pfund 36, zum Kochen 36, Grütz 6, 2 brodt 12 Denare. Von
dehnen Lösser schlagen undt machen als man die Püsche be-
sichtigte ist mitgenommen worden in Wald 1 brathen à 6 Pfund
36, 1 broth 12 Denare.

Was gar am Frohnleichnamstag auf städtische Kösten
aufging, davon können wir uns sofort überzeugen:
Es wurden gekauft: Rindfleisch 26 Pfund à 5 Denare
1 Gulden 30 Denare, Kalbfleisch 22 Pfund à 5 Denare 1 Gulden
10 Denare, 2 Halben Schmandt 24 Denare, Butter 48 Denare.
4 Pfund Speck 48 Denare, Käse 27 Denare, Weissbrodt 6,
unterschiedlich gewürtz 48 Denare, 1 Paar Citron 30 Denare.
Grütz und Krauth 12 Denare, 1 Hasen 60 Denare, 4 Paar
Tauben 36 Denare, 2 Paar junge Hünerchen 36 Denare, Keel
30 Denare, Salath 24, Bier 48, Petersilie und Krän 6, 3 Ferkl
à 18 Denare, 54 Eyer 30, 1½ Lämmel 15 Denare. Vor ge-
nossenen Wein am Frohnleichnamstag kommt zu zahlen 28 Halben.
10 Gulden 8 Denare.

Selbst der Hirthen „Leykauff" absorbirte ganz gehörige
Quantitäten an Speisen und Getränken, z. B.: „Auf den gewöhnlichen Hirthen-Leykauff belauffen sich die Expensen 1 Fass
bier 9 Gulden, früh denen Hirten weibern brodt und branntwein

9 Denare. Für den I. Tag 2 Pfund Speck, 4 Dunstbrodt 48,
4 Kohrenbrodt 24, Grütz 12, Petersilie Krän Zwickl 18 Denare,
den II. Tag 8 brodt, Würst Gekräss 84, 10 Pfund Weiss Brätl
à 6 Denare 60, Mittags abermal Würst 48, früh und Mittags
4 Dunstbrodt 48, denen Hirten 3 brodt 18 Denare, denen die
da fasteten betrug die Speise 48, Abends gab es zwei Käschen
25, für 3½ halb Brandtwein 48 Denare."

Doch genug der Geschenke und Schmausereien! Kurzum
es wurde auf dieselben über 1000 Gulden im Laufe des Jahres
ausgegeben, wo doch die Gesammtausgaben für Gemeindezwecke
nur 1368 Gulden 16 Denare betrugen. Sapienti pauca!)

g) Verwaltungsreformen.

Verschiedene Missbräuche in der Verwaltung bestimmten
Sala de Grossa, Commissär Sr. königl. Majestät in Polen und
Churfürstliche Durchlaucht in Sachsen, zu verschiedenen Re-
formen in der Verwaltung, die in einem Schriftstücke vom 20.
December 1747 nachstehende Verfügungen enthalten:

„Nachdem Leibitz unter den XIII königl. Städten die erste
und vornehmste ist, muss sie in Beobachtung guter Ordnung in
jeder Beziehung ein gutes Beispiel geben. Wiederspenstige und
deren Rädelsführer sind unnachsichtig zu bestrafen. Bei der
Wahl der Beamten soll nicht die Confession, sondern die Tüch-
tigkeit derselben massgebend sein; die Ehrlichkeit und das
allgemeine Wohl sollen ihnen als Leitsterne dienen; zur jährlichen Rechnung sind sie verpflichtet und auch zufrieden mit
ihrem Gehalt. Das städtische Siegel sei in richtiger Verwahrung
und nur in Gegenwart des Notärs zu gebrauchen. Bei der
„Märtzelung", Schätzung der Gemeinde dürfen keine übermässige
Unkosten und keine Geschenke vorkommen. Ueber „Gangreisen" und sonstige Leistungen der Gemeinde muss ein Prae-
liminare gemacht und Rechnung geführt werden. Die Zahlungen für Aecker, die Kesmarker oder Majerhöfer auf dem Stadt-
Terrain der Stadt besitzen, fliessen auch in die städtische Kasse.
In den verfriedeten Stellen im Walde soll das Heu für die Gemeinde gemacht werden und die Beamten mögen mit den gewöhnlichen Lössern zufrieden sein. Bei Austheilung der Lösser
haben die übermässigen „Tractamente" wegzubleiben, das Rich-

---

¹) Sämmtliche diesbezüglichen Daten sind den Rechnungsbüchern dieser
Jahrhunderte entnommen.

ter-Loss habe wie früher zu verbleiben. Die Weingeschenke bei Beamten dürfen keine Veranlassung zum Missbrauch geben. Bei Adrepartionen und Rechnungslegungen kann wohl einige mässige Ergötzlichkeit vorkommen, doch ohne alle Uebertreibungen. Bei Graffenwahlen, Deputationen über Land, Congregationen müssen die ausgesetzten Diurnen ausreichen, Extra-Ausgaben sind verboten. Bezüglich des Koschars bleiben dieselben Einrichtungen massgebend. Die Schwefelbäder müssen für jedes Stück Vieh in die städtische Kasse zahlen, wenn sie mehr halten, als ihnen erlaubt ist. Der Weinkeller steht unter einer besonderen Inspection und muss im Licitations-Wege an den Meistbietenden verpachtet werden. Das bis jetzt übliche Getreide soll dem Richter auch fernerhin belassen werden. Doch sollen in der sogenannten letzten Woche des Richters unnöthige Gemeinde-Auslagen vermieden werden; auch die „Mühlen Zugänge"-Tractationen haben zu unterbleiben. Das „unzeitige Tanzen, Schwärmen und Schmausen" an den heiligen Tagen, besonders am ersten Feiertag, darf nicht gestattet werden, damit die Andacht und Gottesfurcht nicht Störungen erleide.

Im nächsten Jahr 1748 am 5. Februar erschien abermals vom Commissär Sala de Grossa ein Erlass, der manche Verwaltungsmassregeln ergänzt oder verschärft: Bei Vertheilung der Lösser in den Buschwäldern sind ohne Unterschied der Bürgerschaft Lose zu ziehen. Die Deputirten hiebei erhalten keinerlei „Discretion", höchstens „kalte Küche". Bei Kaufs- und Verkaufs-Angelegenheiten hat der „Leykauff" — áldomás — wegzubleiben und erhält bei der Zuschreibung eines Hauses der Richter und der Notär je 72 Denare. Bei Anmeldung eines Kaufes erhalten sie an gewöhnlichem „Wissgeld" ebenfalls 72 Denare. Uebrigens haben bei Verkäufen 2 Percent von der Verkaufssumme der betreffenden Magistrats-Person zuzuhalten. Die Stockäcker, Hofäcker, die zum Hause gehören, dürfen nicht verkauft werden. Die kleinen Häuser, die keine Aecker besitzen, dürfen nur je 2 Kühe halten und müssen beim Zugvieh für 1 Paar Ochsen 1 fl. in die Stadtkassa zahlen. Baufälige Häuser dürfen nicht geduldet werden. Der Leibitzer Magistrat habe aus 8 Senatoren und der 16 Stuhl aus 15 Assessoren zu bestehen. Auch sollen behufs besserer Ordnung „Nacht-Capitäns" bestellet werden. Die 16 Herren Stadtvertreter haben auf Wald und Feld ein wachsames Auge zu führen, worin sie durch zwei

Wald- und Feldhüter zu unterstützen sind. Gegen eine Belohnung von 48 fl. haben 4 Personen aus dem Magistrate und 4 Sechzehn-Herrn die Einkassirung der „Königlichen Zinsen" zu besorgen. Von nun ab sind im Rathhause ordentliche Protokolle zu führen, in welche die allgemeinen Acte, als Contracte, Testamente, Deliberationen, Klagen, Magistratual-Verordnungen, Käufe, Verkäufe, Theilungen, Intabulirungen und wichtige vor die Nachwelt zu kommende Ereignisse verzeichnet werden sollen." Das genannte Schriftstück ist in Leibitz in Gegenwart des ganzen Magistrates, der Sechzehn-Herren und der sämmtlichen Gemeinde abgefasst und durch Johann Barwolszky, Graff der XIII Städte, Tobias Jony, Richter von Iglo, Andreas Hass, Richter von Bela, und Andreas Hauser, Richter von Georgenberg unterfertigt.

h) Waisen-Angelegenheiten.

Wenn wir von Verwaltungsangelegenheiten sprechen, dürfen wir auch der Waisen nicht vergessen, die frühzeitig ihre Fürsorge im Magistrate fanden und ihr geringeres oder grösseres Vermögen gewissenhaften Beamten zur Verwaltung überliessen. Ein altes Protokoll gibt uns in der Beziehung genug Aufschluss und Orientirung. [1]) In Bezug auf die Waisenangelegenheiten selbst spricht der Titel des Buches folgendermassen:

„Im Jahr Christi 1604 Bey Graffen Ambt des Ehrsamen Namhafften vndt Wohlweisen Herrn Martino Piltz, auch der anderen 13 Herren Richter vndt hunderth Männer ist einhellig Vorwilliget und beschlossen worden, das in allen 13 Städten Tutores oder Vormundt, oder weissen herren der Vnmündigen vndt aller anderer derer Eltern mit Todt abgangen, verordnen vndt bestellen soll, damit den Armen weissen das Ihrige nicht verruckt, oder verschmellerth würde, sondern vielmehr erhalten

---

[1]) Ueber das Buch und seinen Ursprung finden wir die Bemerkung an der ersten Seite eingeschrieben: „Ex libris Zachariae Marcy Cass, et hacredum ejus. Constabat alba papyris una um compactum 1 fl. 75 D. Quintofory Scepusiosi, comparatum Anno 1596. Priedie ascensionis Christi in coelum, quae fuit 22 May, sedum correctionem novam. 1 Cor. 14 Omnia decenter et ordine fiunt. Pl. 96: Cantate Duo conticum novum. Cantate Domino omnis terra. Cantate Domino et benedicite nomini ejus, annunciate de die in diem salutare ejus" Das Buch des Zacharias Marcy und seiner Erben kostete mit dem weissen Papier und Einband 1 fl. 75 D., bereitet in Donnersmark in Zipsen im Jahre 1596 am Vortag der Himmelfahrt Christi, die am 22. Mai war, nach der neuen Verbesserung. 1 Cor. 14: Lasset Alles ehrlich und ordentlich zugehen. Ps. 96: Singet dem Herrn ein neues Lied, singet dem Herrn alle Welt. Singet dem Herrn und lobet seinen Namen, prediget von einem Tag zum andern sein Heil.

vndt gebesserth. Seien derowegen verordnet worden, von einem Ehrsamen Rath vndt Gericht, der Königl. XIII Stadt Leibitz der Ehrsamen Herren herr Andreas Roth, Hans Blässing, Servatius Scholtz vndt Tobias Faber zu der Zeit Notarius Ao et die ut supra. Omnia ad gloriam Dei — Alles zur Ehre Gott. Recte faciendo neminem timeas — thue recht, fürchte Gott und scheue Niemanden".

An der Spitze der Waisenangelegenheiten standen 4 Waisenväter, die durch den „Magistrat und die ganze versammelte Gemeinde" erwählet wurden. Anfangs leisteten sie keinen Eid. von 1676 angefangen wurden sie zu dem Eid verpflichtet, den wir bereits früher unter den Amtseiden angeführt haben. Bei der Wahl selbst wurde ihnen zu ihrer Amtirung der fromme Wunsch mitgegeben: „Der getrewe barmherzige Gott vndt Vater gebe sein gedeyen, das durch Sie zuförderst seine göttliche Ehre gesuchet, der Armen Waysen Ihr Vorrath vermehrt werde, vndt gedachte Personen hier zeitlich einen guten Namen, dort aber in alle Ewigkeit die Krone des ewigen Lebens davontragen mögen". Es wurde ihnen zur strengen Pflicht gemacht, dass sie „nach den Vorgeschriebenen Rechten und secundum jus consvetudinarium (Gewohnheitsrecht, oder derer XIII Städte Willkühr ¹) den Armen Verlassenen Wittwen und Waysen sollen fürstehen und Ihre Sache und Anverlassenschafft nach Möglichkeit Vertheidigen, verwahren und vermehren".

Die Waisenverhandlungen und Aufnahmen reichen in dem besprochenen Waisenprotokolle von 1604—1776, waren Anfangs sehr knapp und kurz, später umfangreicher und eingehender gehalten. Da diese Waisenangelegenheiten auf die Besitzverhältnisse, auf die Einrichtungsgegenstände der Häuser und Zimmer, auf die Kleidungsstücke, Preise und Werthe der dahinschwindenden Jahrhunderte gar helle Streiflichter werfen, wollen wir uns zur Charakteristik einige solche Verlassenschafts-Verhandlungen vergegenwärtigen.

In dem patriarchalischen Verhältniss, wie es früher bestand, wurde der gute Dienstbote als zum Kreis der Familie angehörig betrachtet, behandelt und auch versorget:

„Ao 1605 den 26. Aprilis des Michel Heintz vndt seyner verlassenen Widfrewen Erbguth mit Ihren Vater Egidio Heintz

---

¹) Im I. Theil näher geschildert.

geteilet in der Condition wie folget. Erstlichen das Haus ist
Taxiret worden fl. 300. Erstgelt 112 fl. Davon soll der Meidt,
als der Marinen dieweil sie Unversorget 12 fl. aus dem Erstgelt
gegeben werden, wie dann auch geschehen. Die Marine aber hat
es Ihrer Mutter gelihen, so lang bis sie es bedorffen wirdt, als
die Tochter soll es Ihr die Mutter herausgeben. Item ein Stürck,
2 Ziegen mit den Jungen soll auch die Marine bevor nehmen.
Item Einen Ertoch von 6 Kübl so die Mutter die hellfft nimmt,
soll auch die Marine Ihr Dochter die andere hellfft zu empfahen
haben; Gelanget aber, wen Gott der Allmechtige geben wird,
das die Marine Ihres gleichen bekommen wirdt, so soll die
Mutter mit Ehrlich beth Kleidern vndt Ehrlich Hochzeit ver-
sorgen; Ein Ross soll die Michel Heintzin bevor nehmen, desgleichen auch die Marine das Jüngst, die Andern 6 haben sie
mit einander geteilet, das brey geschirr soll auch beim Haus
bleiben, ein halber Wagen, ein Pflug mit Eisen Item ein Zug
Siehlen, bleibet auch beim Haus"

Wie gering der Preis eines Hauses mit allen Wirthschafts-
Einrichtungsstücken war, geht aus nachstehender Theilung hervor:

„Ao 1609 den 21 Juny das verlauffene Haus des Griger
Graff verkauft, denn Ehrsamen Hans horeith mit bürger auf
den Gergenbergk verkauft in der Summe vor hunderth vndt
Siebenzig fl. Erstgelt Sieben Neuntzig fl., Jargelt soll er auff
Künftig fassnacht des Lauffenden 1610 Jahres 42 fl. erlegen, vnd
hernach Jar Jarlichen auff fassnacht soll er zu 4 fl. abgeben, so
lang biess die 73 fl. werden bezahlet sein, beim Haus lest man
ihnen alles breygeschirr alss Kessel, Meischbieth, Wirtzkompen,
Fenster, Kupfern Ofen-Topf, Ein Klein schweinchen mit Feikel,
den Mist vollkommlichen" . . . . . .

Wenn die Waisenväter auch über geringe Summen verfügten,
so sorgten sie doch gewissenhaft für die Waisen:

„Girgs Meyers Tochter Susane genanndt Vathertheil vnd
Muttertheil 1647. Erstlich bleibt die Neybehlers Anna diesem
Mayde schuldig 8 fl. 19 D. Item kompt demselben Mayde anstatt
des Vater vnd Muttertheils das hoffgeld, so in der Leütsch zu
fordern beym H. Casper Fleischer, namlich fl. 33 D. 50. In diesem
1647 Jahr soll sie empfangen fl. 16 auf Ostern. Die Stiefmutter
nämlich die Orthen soll ihr anstatt des silbernen Gürtels geben
10 fl. vnd auszahlen. Obgedachte Stiefmutter bleibt dem Mayde fürs

Getreidt schuldig fl. 5 D. 25. Item ihr Vater Matz Keyl verbleibt ihr schuldig — dem Mayde — vmb 4 Kübl Korn 3 fl."

Auch durch Adoptirung sorgte gegebenen Falles das Waisengericht für das Wohl der Waisen.

„Ao 1651 die 21 Februarii ist nach dem traurigen Fall des in Gott ruhenden vndt entleibten Toms Konigs, welcher Mörderlicher weise alss ein Armer Wächter in abwesen des Piettels von einem Übelthäter in der Diener Stueb des Todtengräbers Sohn mit einer Axt ermordet worden, welcher nach der Flucht in Kaysmarkt ertapffet vndt allda nach Verdienst mit dem Rath gerichtet worden. Sein Verlassenschafft ist auff Besichtigung dieses so folget gefunden vndt allhero eingezeichnet worden, so künftig seine arme hinterlassene Waise nahmens Sophia zu gewerten soll haben. Welche Wayse Herr Michel Demitter zu sich genommen alss sein leibeigen Kindt zu erziehen, vndt wo sie sich fromm vndt ehrlich verhalten will, soll Er sie Ehrlicher Weise ausstatten nach seinem Vermögen, nebenst den andern Kleidern geben wir Ihm zur stayer 3 Reichsthaler zu einem Peltz". Ausserdem übernahm noch der Adoptiv-Vater ausser einigen Bettenwand vnd Hausgeräth, eine Stircke, die nicht zurückzugeben war vnd eine Kuh, die wiedererstattet werden sollte, dann 4 Schafe um 3 Reichsthaler".

Die Waisengelder wurden gewöhnlich in kleineren Beträgen an Private gegen Interessen ausgeliehen, deren Höhe nicht überall angedeutet wurde, die aber gewöhnlich in 6°/₀ bestanden. So lesen wir z. B.: „In des Görge Böss Waysengelder sindt schuldig in diesem Jahr 1652, die 22 Marty folgende Personen", deren 25 an der Zahl aufgezählet werden, während der höchste Betrag, den sie aufgenommen, in 18 fl. bestand.

Aus einer Theilung, die 1677 den 10. Februar nach dem Absterben des Herrn Bartholomäus Connopeus zwischen seinen Kindern vorgenommen wurde, kann auf die Kleidertracht der Mädchen und Frauen ein Schluss gezogen werden. Seine Tochter erhielt nämlich:

„Einen rothen Rock mit 9¹/₂ Paaren silbernen Hefftel vndt einer grünen Wist. Item einen braunen Rock mit 9¹/₂ Paaren silbernen Hefftel vndt einer grünen Sammet Wist. It. 7 Stück Bettkleider, 3 Bettfütter, 3 Twiel vnd 1 Polster. 1 Bettfitt Zich. 3 Twiel Zichen. 1 Bettfitt Zich von schlechten Trillich. 1 Twiel Zich. 2 gebildete Tischtücher. 2 Leiltucher. 4 Handtücher. 7

Hembder. 7 Haupttücher. 2 Kotschtücher. 1 Weissfürtuch. 4 Zwillich-
Zachen. 1 Alt Leiltuch. 4 Pfund gestrockts in ein Leiltuch. 1 Paar
Hosen. 4 Rocken Flachs. 1 Zinnern · Schissel. 1 Weibergestell".

In der Theilung 1694 am 9. December zwischen Herrn
Tobias Kottler und seinen Kindern nach ihrer Mutters Tod finden
wir Preise angegeben, die bezeichnend sind: Pferde bester Qualität
ein brauner Wallach kostet 16 und ein Schimmel-Wallach 11 fl.
Ein Metzen Weitzen wird mit 1 fl. 89, und ein M. Korn mit
1 fl. 50 D. gezahlt.

Der Tod raffte 1704 auch den alten Patricier Simon Hellner
weg. Am 18. März wurde eine Richtigkeit getroffen zwischen
seinen Kindern und auch der Witfrau. In der reichen Hinter-
lassenschaft an baarem Geld und Aeckern finden wir unter Anderem auch Kleider, die zu den theuersten der damaligen Zeit
zählten:

„Von Kleidern bekommt, der Johannes einen Fiolfarbenen
Rock mit silbernen Knöpfen vor 36 fl. und einen alten seidenen
Girtel von 6 fl. Der Knab Kasper bekommt eine Menteg von
feinen Tuch mit Fuchsrücken gefüttert, zusammen vor 46 fl. Der
Knab Simon bekommt einen zobelnen ut und auch den grossen
seidenen Gürtel, zusammen von 38 fl. Das zinnerne, kupferne,
metallene, eiserne und thönerne Gefäss hat die F. Mutter mit
den Kindern auff die Hälft getheilet. „Der Knab Kasper bekommt
von Zihn eine pinten Kann, eine Mittel Schissel und eine Scheib
wiegen zusammen 6', Pfund. Item ein Krigl mit einem Deckel
und nocheins ohne Deckel wie auch eine wiedertauferische Schissel.
Dem Simon kommen von Zihn zwo Schisseln, drey Scheiben,
wiegen 7 Pfund. Item ein Kriegel mit einem Deckel und noch
eins ohne Deckel und eine wiedertauferische Schissel, ist alles bei
der Frau Mutter". Die Zinngefässe sind also noch im allgemeinen
Gebrauche.

Auch die Leichenkösten sind aus den Hinterlassenschafts-
verhandlungen mitunter zu ersehen:

„1720 den 30 Juni ist von Leutschau eine Magd Namens
Judith kommen, welche die Nachricht gebracht, dass der Knab
Mathias Grenzner in der Leim Grueb verfallen und todt geblieben
ist, praetendiret auf desselben Leichen Unkösten, als folget: dem
Todten-Gräber 90 und dem Herrn Pater 90 D., vor die Truhe
1 fl. 80 D., dem Leichenbesteller 36 D., vors Tuch zum Sterb

Hembd und Strümpfe 72 D., zusammen 4 fl. 68." Dies waren sammtliche Leichenkösten.

Sehr niedere Werthe und Preise finden wir auch noch 1738 bei Ordnung der Waisenangelegenheiten nach dem Tode des Herrn Daniel Roth:

„Das Hauss welches gelegen in andern Viertel zwischen Michael Turner und Jacob Homeister hat vor accodirter angenommen der Sohn Jacob nebst allen dazu gehörigen Mauer, Erdt und naglfesten vor 50 fl., ein Pferdt 7 fl., eine Kuh 6 fl., 2 Kübl Erbs 3 fl. 15 D., 15 Kübl Gerst 14 fl. 85 D., 42 Pfund Flacks à 9 D.. 3 fl. 78 D., von 2¼ Wintersaat 3 fl., 1 Mörser mit Stössl 2 fl. 85 D., 1 Flint 1 fl. 20 D., 2 Pfund Zinn 84 D. u. 1 Sabl 60 D.

Mitunter finden wir bei den Hinterlassenschafts-Verhandlungen auch ganz bedeutende bürgerliche Besitzverhältnisse auftauchen. Johann Droschl segnete das Zeitliche und hinterliess eine Witwe Rosina wie auch 2 Knaben, Jakob von 10 und Johann von 8 Jahren. 1741 am 1. November wurde für die genannten Waisen das väterliche Erbtheil erhoben und entfielen auf sie mit werthvollen Kleidern, 70 Metzen Aeckern, Alles im Baaren geschätzt 5488 fl., was nach dem heutigen Geldwerth wenigstens 60 - 70.000 fl. betragen würde.

Wie sich noch am Ausgang unseres Abschnittes die Preise gestalteten, sehen wir aus einer „Richtigkeit, die Mathias Meyerhoffer mit seinem Stiefsohn Johann Scholtz und seinen 6 eigenen Kindern 1769, 4 Oktober getroffen hat." Darnach wurden geschätzt:

„Drey Kühe à 8 fl. macht 24 fl., drey Ochsen 33 fl., zwey Pferdt 30 fl., eine Stiercke 5 fl., drey S. v. Schweine 5 fl., vier melcke Schaff à 1 fl. 20 Den. macht 4 fl. 80 D., drey Ziegen à 1 fl. 20 D., gibt 3 fl. 60 D., einen und ½ Wagen mit allem dazugehör 20 fl., Pflug-Hack-Egen, Karr und dazugehörige Eysen 3 fl., der übrige Hausrath und Gerath 8 fl. An Früchten 7 Kübl Weitzen à 2 fl. 16 D. beträgt 15 fl. 12 D., 10 K. Korn à 1 fl. 54 D., macht 15 fl. 40 D., 48 K. Gerste 48 fl., 8 K. Polovnik à 72 D. gibt 5 fl. 76 D., 20 K. Haber à 60 D. 12 fl. Für Kleidungstücke ein Schwartzer franz Peltz mit Hasen gebremt 8 fl., ein franzblauer Peltz mit alten Kösten 8 fl., ein brauner gefaltener Weiberrock 7 fl., 4 schlechte bleuerne Teller 1 fl. 50 D".

Im letzten Jahr unseres Abschnittes 1772 am 1. Mai legten

die allen Waisenherren ihre Rechnungen und es wurden mit
Uebernahme der Waisenlade zu diesem Amte erwählt: Elias
Helner, Gottfried Roth, Johann Friedrich Lindner, Notär, und
Johann Meltzer. Mit dem bekannten Eide der Waisenherren
und mit dem Wunsche, dass sie ihre Amt mit Weisheit und
Gewissenhaftigkeit zu Gottes Ehre, der Witwen und Waisen
Wohl und zum eigenen bleibenden Ruhme verwalten mögen.

i) Rechtsquellen.

Wie wir schon oben erwähnten, war bis in die neueste Zeit
die Verwaltung von der Gerichtspflege nicht getrennt, sondern
derselbe Magistrat, der an der Spitze der städtischen Verwaltung
stand, war auch zugleich Richter, der die Urtheile zu fällen berufen war. Schon im ersten Abschnitte sind Rechtsbücher und
Rechtsquellen erwähnt, nach welchen der Richter urtheilte.

Hier soll noch auf ein Rechtsbuch aufmerksam gemacht
werden, welches aus dem 17. Jahrhundert stammt und unter
dem Titel erschien: „Collectane Allerley Nutzlicher Vnd noth-
wendiger Regeln des Rechtens beydes aus dem göttlichenn sowol
auch kayserlichenn Rechtenn Vnd sonderlich am dem Sachsenspiegel vnd anderer vornehmen Authoribus vnd Rechtsbüchern,
so in den XIII Städten in Zips üblichen mit allem Fleiss ex-
cerpiret vnd nach alphabetischer Ordnung sub certos citulos und
in locos communes redigiret durch Balthasarum Apellem Notarium p. t. Opp. Waraliae. Anno Christi M: D: C: XXIIX
— 1628 —.

Wir haben es hier mit einem Rechtsbuch der 13 Städte
zu thun, das auch heute Eigenthum der Stadt Kirchdrauf ist
und nachstehenden Inhalt hat. Zur ersten Gruppe gehört der
Sachsenspiegel in 56 Titeln, ähnlich der Sachsen-Willkühr, die
wir bereits besprachen, dann folgt das Magdeburger Recht in
22 Artikeln: Anklage vor Gericht, Apelliren, Aufruhr, Banckart,
Beschlaffen, Depositum, Ehebrecher, Erbschafft, Brückenzoll,
Marktzoll, Meineyd, Notarien, Obrigkeyt, Pfand, Procurator,
Richter, Schuldt, Straff, Tacendum, Testament, Uebelthäter, Ver-
räther, Verbot. Ausserdem gehört noch hieher „Deutsches Recht,
Kayserrecht oder Landrecht, das Leipziger Schöppengericht und
das Landrecht der Siebenbürger Deutschen — jus Transsylvaniae.
In der zweiten Gruppe wird die Bibel in den Artikeln Ehe-
scheidung — Deuteron. 22, 24, Blutschande — Exod. 15, 18,

20, Mörder — Numeri 35, Richter - Esaiae 5, Deut. 27, Syrach, Wahrsager — Exod. 18, 20, irrige Sachen und Pfand - Regentenbuch, „Wer eyn Frommer Mann — Ezech 18. angezogen. Das neue Testament erscheint bei Ehescheidung — Corinth. 7. Math. 19 und Eid — Hebr. 6 — citirt. Das canonische und römische Recht findet hier auch in einigen Titeln Anwendung. Zur dritten Gruppe gehören die Citate aus: Ben. Carpzov. jurisprudentia forensis; Jakob Ayrer, And. Perneder, Bucerus, Hemming und König. Ausser diesen drei Gruppen befindet sich im Anhange des höchst interessanten Rechtsbuches 1. Tractus von den Richtern wie sie ihre ämpter treulich vnd mit fleuss verrichten sollen, authore Mathia Hertelio L. L. studioso anno 1624; 2. Oppignoratio Tredecim oppidorum Scepusiensium. Hier finden sich die bezüglichen Urkunden dieser Verpfändungsgeschichte verzeichnet; 3. Eine Vorladung der XIII Zipser Städte nach Lublau in Steuerangelegenheiten von Seiten der Hauptmannschaft Ao 1629 f. V. in vig. festi Si. Math. Apl et Evang., unterzeichnet Woia Kowics und Cristov Wieloglovszky als Vicecapitäne; 4. Privilegium XIII Oppidorum de libera tam comitum et ludi cum quam et Pastorum electione 1271, es ist dies der Freiheitsbrief Stephan des IV. für die Zipser Sachen; dann folgen noch mehrere Bestätigungen der Sachsenprivilegien unter verschiedenen Königen. [1]

Dieses Rechtsbuch fand nicht nur in den einzelnen Städten Anwendung, sondern es wurde auch in der Provinz, im königlichen Stuhl mit seinen Bestimmungen als Richtschnur beachtet. Seine Hauptbestimmungen finden wir auch zum Schlusse des Maleficbüchleins abgedruckt, wo die Verbrecher von 1534—1597 abgeurtheilt erscheinen. [2)

Auf diesen Rechtsquellen fussend, war speciell für Leibitz in Bezug auf Obrigkeit und deren Richtersprüche Manches massgebend, wie es in einem Protokolle verzeichnet ist, welches überhaupt als Quelle in unseren Darstellungen zur Gerichtspflege benützt wurde.[3)

[1) Deutsche Geschichts- und Rechtsquellen aus Oberungarn von Dr. Franz Xaver Kroner, Wien aus der k. k. Hof- und Staatsdruckerei. In Commission bei Karl Gerold Sohn, Buchhändler der kaiserlichen Akademie der Wissenschaften.
[2) Provinz-Protokoll im Zipser Comitats-Archive 1534—1594.
[3) Der Titel dieses Protokolles lautet: „Protokollum Reipublicae Leibiczensis, das ist deutsch: Eine kurze und eiligst abgefasste Verzeichnüss aller und jeder Höndel, so in diesem königl. Markt Leibitz. Anno 1676 im Richterampt M. Joannis Marci Leibiczensis p. t. Scholae Rectoris und in Ampt derer Herrn des

Zur Darnachrichtung und Orientirung wird gleich in der
Einleitung dem Gerichte Nachstehendes mitgetheilt:
„Im Namen Jesu! Amen!"

„Weltliche Origkeit ist ein Stand von Gott geordnet und
mit dem eusserlichen Sshwerdt begabet zur Erhaltung gutter
Zucht nach dem zweyen Taffeln des Gebotes Gottes, wie auch
zum Schutz des gemeinen Friedens. Welches sindt die für-
nehmsten Aempter der Weltlichen Obrigkeit? Viere: das erste
ist. Beyde Taffeln der zehn Geboth, so viel eusserliche Zucht
anlanget fleissig in acht zu nehmen. Das andere ist: Nützliche
Gesetze und Ordnungen zu machen, so dem göttlichen und
natürlichen Rechten gemäss seyn, und in bürgerlichen und
häusslichen Wesen gehalten werden sollen. Das dritte ist:
fleissig acht zu haben, dass die gemachten Ordnungen exequirt
und vollzogen werden. Das vierdte ist: die Verbrecher nach
Beschaffenheit ihrer Unthaten gebührlich strafen, die Frommen
aber und Gehorsamen lieben und belohnen.

* * *

„Der Stand der Weltlichen Obrigkeit befestiget, erstlich
Gottes Befehl, Deut. 16,18: Richter und Amptleut sollen die
setzen in allen deinen Thoren, dass sie das Volk richten mit
rechtem Gericht. Den Gehorsam aber, so mann der Obrigkeit
schuldig ist, befiehlet der Apostel Röm 13, 1--2: Jedermann
sey unterthan der Obrigkeit die Gewalt über ihn hat, denn wer
sich wider die Obrigkeit setzt, der widerstrebet Gottes Ordnung.
Mag auch Jemand für Gericht seine Sache ausüben? Das solches
erlaubet sey, erscheint aus dem Exempel Christi selbst, Joh.
18,23 und Paulus Acta 23,3 der sich auf das römische Recht
beruffet Acta 23,25 und an den Kaiser appeliert Acta 25,11.
Ists auch Recht das arme Sünder mit dem Schwerdt hingerichtet
werden? Ja, und solches beweiset wiederum der Apostel Röm
13,4: Thust du Böses, so fürchte dich, denn die Obrigkeit trägt
das Schwerdt nicht vergebens und umssonst, sie ist Gottes
Dienerin, eine Rächerin über den der Böses thut. - Soll ein
Christ auch einen Eyde thun? Dass der Eyd, Schwur dem
Christen nicht verboten sey, ist offenbar, dass Gott selbst zuvor
verkündigt, diess werde auch ein Merk- und Kennzeichen seyn
der Bürger des Reiches Christi, dass sie im Namen Gottes

Raths H. Johannis Droschels alten Richters, H. Tobiae Starks, H. Tobiae Joni
Organisten, H. Samuelis Serpilii sind fürgehalten und deciditret worden.

schwören werden: Esai, 63,15; Jer. 4,2; Ja, Gott hat selbst geboten, du sollst den Herrn deinen Gott fürchten und bei seinem Namen schwören Deut. 6,13. Soll man der Obrigkeit in allen Stücken gehorchen? Es sollen die Christen Ihrer von Gott vorgesetzten Obrigkeit und derselben Ordnungen in allen Dingen schuldigen Gehorsam leisten. Es sey denn, dass sie etwas wider Gott und sein Wort gebieten wollte. Da heisst es dann wie Petrus sagt, man muss Gott mehr gehorchen als den Menschen Acta 5,29. Tacitus de Tiberio Imperatore refert: Legibus etiam Reges obtemperent ⚊ Guten Gesetzen und Statuten sollen auch Könige gehorchen. Severus et Antonius Imperatores decreverunt: Tametsi legibus soluti sumus tamen secundum illas vivimus ⚊ Obwohl wir von diesen Gesetzen frey seyen, gleichwohl aber leben wir nach denselben. Aristoteles lib. 4, Polit. c. 1: Non minus negotü est Rempublicam emendare, quam ab initio constituere ⚊ Es ist nicht geringere Mühe die Policey zu verbessern, als dieselbe aufs neue einzurichten und zu bestellen."

k) Provinzcongregationen.

Leibitz als die erste unter den XIII Städten und oft der Sitz des Provinz-Grafen, war oft auch der Vorort der Congregationen, deren wir uns einige vergegenwärtigen wollen.

Gyrianus, ev. Pfarrer von Murány, wird nach Felka gewählt, aber nicht ganz regelrecht. Ohne den Vocator in den Händen zu haben, resignirt er seine Stelle und kommt nach Felka, wo man ihn aber nicht will. Er klagt gegen die Felkaer Gemeinde, die aber 1581 ferie 4-te ante festum Michaeli auf der Congregation in Leibitz freigesprochen wurde, freilich mit Genehmigung des Schlosses Lublau.

Auch Todesurtheile fällte die Congregation der XIII Städte in Leibitz: 1602 am 23. April erschien Herr Erbes Fleischer vor dem königl. „Stuel" in Leibitz und erzählte, dass zwei Weiber von Winschendorf bei ihm erschienen seien, die eine war Elisabetha, deren Vater Janusch und die Mutter Ursula hiess, die andere Bertha v. Backseifen. Beide übernachteten in Leibitz. Elisabetha wurde Mutter eines Kindes, „erwürgte" es, ging in den Hof und vergrub es daselbst. Nach geschehener Missethat rief sie die Begleiterin und beide gingen weg. Die Schweine entdeckten und frassen das Kind. Als die Einwohner das sahen, machten sie die Anzeige und Elisabetha wurde in Riszdorf

gefangen und zum abscheulichen Exempel mit einem Pfahl
durchschlagen und lebendig begraben". — Von den Todes-
urtheilen, die in Leibitz die XIII Städte fällten, zeugt auch bis
heute „der Galgenberg", der sich gegen Durand auf Leibitzer
Terrain erhebt, wo zum abschreckenden Beispiele so mancher
Missethäter wochenlang am Galgen baumelte.[1]

Auch in Bezug auf die Sonntagsfeier wurden von Seite
der Provinz in Leibitz strenge Beschlüsse gefasst: „Soll alles
Volk an Sonntag und an allen anderen von der Kirche ge-
bothenen Feiertagen fleissig zur Kirche gehen, Gottes Wort
andächtig und inbrünstig anhören und die h. Sacramente öfters
gebrauchen, unterdessen sollen alle brandtwein- und bierhäuser
geschlossen sein; soll man weder Brandtwein, noch andere
Waahr unter der Predigt und Gottesdienst feil haben, bei verliehrung alles dessen, so man feil hat" . . . . . .

Gegen falsche Maasse, Missbräuche der Dienstboten, dann
gegen den Luxus und die Uebertreibungen bei Lustbarkeiten
einigte sich die Congregation der XIII Städte in Leibitz in
nachstehenden, bemerkenswerthen Artikeln:

„A. B. C. D."

„Ein- Müthig- bewilligter Beschluss derer sämmtlich versammelten Hundert-Männer von den königlichen 13 Städten,
so in Leibitz bei gehaltener Graffen-Wahl stabilieret worden
sind und lauten wie hier folget:"

„1. Alss mit hochen bedacht beschlossen worden, dass in
allen 13 Städten einerley und zwar recht Gevicht, Ellen, Maass
und Pfund soll gehalten werden und dieses ins werk zu bringen,
soll des Herrn Graffens und aller H. H. Richter grösste Sorge
seyn.

2. Dass die Land-Artikel und wol sollen observiret werden,
besonders wegen den Dienstboten, so zur Unzeit aus dem Dienst
treten, das Ende des Dienstes soll seyn am neuen Jahrestage
und nicht auff weynachten; die Neujahrsgeschenke der Dienstboten sind hirbey gänzlich inhibiret und eingestellet.

3. Dass kein Knecht sich unterfangen soll zobelne Hütte zu
tragen, die Mägde aber keine zweymal verschamerirte Fürtücher,
keine Schwanztüchel und Czischen, worbey auch ingemein allen
sowol Bürgern, als Bürgerin und Kindern die Kleiderpracht wider
den Stand bei grosser Straffe verbothen werden muss.

---

[1] Malefiz-Buch der XVI Städte im Zipser Comitats-Archiv

4. Das schändliche Karten- und würfel-Spiel, das lange Sitzen und Sauffen, das Tantzen und Springen, das nechtliche Geschrey und tumultiren auff der Gassen, das Tabak-schmauchen und ander verbotenes Unwesen, soll von nun an in allen 13 Städten abgeschafft werden.

Uiber diese Punkte sollen alle 13 Herren Richter fleissige Obsicht haben, damit sie unverbrüchlich mögen observiret und gehalten werden, wer dawider Handeln wird, soll des Königl. Stuhls-Strafe unterworfen seyn. Und dies alles von Rechtswegen. Leibitz den 10 Januarii anno 1693.[1]

b) Urtheils- und Strafarten.

In den vorhergehenden Urtheilen und Rechtssprüchen wollten wir darthun, dass nicht nur die Provinz-Grafen häufig ihren Sitz in Leibitz hatten, sondern dass auch die Congregationen der Provinz daselbst tagten und ihre Beschlüsse fassten.

Im Nachfolgenden wollen wir uns an einige Urtheile erinnern, wie sie durch das Gericht in Leibitz gefällt wurden, auch der Strafart gedenkend, die damals üblich war.

Eine der empfindlichsten Strafen war die Verbannung vom Gebiete der XIII Städte, bei welcher Gelegenheit der Verurtheilte schwören musste, sich nicht zu rächen und auch das Gebiet der XIII Städte nie wieder zu betreten: Am 2. Aug. 1676 wurde Lorencz Marksch, ein Honigdieb, verurtheilt, 3 Tag mit allen Diebswerkzeugen öffentlich im Stock zu liegen. Sein Compagnon sass drei Tage mit dem Raub- und den Diebswerkzeugen auf dem Esel. Beide mussten schwören, sich nicht zu rächen und die XIII Städte auf ewige Zeiten zu meiden. Die vorgeschriebene Eidesformel vom Jahre 1662 lautete folgendermassen:

Ich N. N. schwöre bei der hochgelobten heiligen Dreifaltigkeit enen hochtheuren Eyd, dass ich mich für ewige Zeiten nicht sehen noch finden lassen will auff der XIII Städte grundt und Boden, so lang mir Gott das Leben gönnen wird, mich an keinen Menschen, oder Flecken der 13 Städte will unterstehen zu machen, viel weniger dasselbe einem Andern, oder der meinigen von meinertwegen zu thun bey Verlierung meines Lebens, welches mir anjetzo auff vielfältiges Interveniren geschenket worden, u. so ich dem zuwider thun würde, so soll das gestränge Gericht Gottes

[1] S. Weber: Geschichte der Stadt Bela 1892 S. 72.

über mich ergehen und soll beraubt seyn der Gemeinschaft aller
Engel u. auserwählten Kinder Gottes u. des ewigen Lebens, so
wahr mir Gott helfe an meinem letzten Ende. Amen!"[1])

Das Sitzen auf dem Esel oder in der Fiedel am öffentlichen Platze vor den Augen aller Einwohner war eine Art
Pranger, an den der Verurtheilte ausgestellt wurde. So geschah
es am 20. August 1676, dass den XVI Herrn in der Stadt
strenge aufgetragen wurde, dass sie die am Sonn- und Feiertag
in den Wald laufenden Rüben-, Raubeern-, Wein- und Himbeer-
Sammler als Verächter der Kirchen und des göttlichen Wortes
auf den Esel, oder in die Fiedel setzen sollen. Dasselbe Schicksal, auf dem Esel 3 Tage sitzen zu müssen, ereilte auch den
Schaarhüter zu Leibitz, weil er den Jährling des Kesmarker Hen-
kers ohne Meldung auf die Weide genommen hatte.

In Bezug auf die Heilighaltung der Sonn- und Festtage
intervenirte auch der Geistliche in strenger Weise: am 29. September 1676 z. B. hat am Michaelisfeste ein armer Mann etliche
Schindeln auf das Dach befestigt, damit ihm der strömende
Regen sich nicht ins Haus ergiesse; der Geistliche liess ihn
dafür einsperren.

Die Strafen mit Wachs, besonders zu Gunsten der Kirche,
die Wachskerzen brauchte, fand auch Anwendung: Am 13. November 1676 sind diejenigen Bürger, die auf Martini nach Kesmark mit Holz fuhren, zu 3 Pfund Wachs zu Gunsten der Kirche
bestraft worden, ausserdem wurden ihnen auch noch die Ketten
von den Wägen weggenommen.

Der Aberglaube spielte auch noch eine wichtige Rolle.
Am 20. December 1676 musste noch „das heidnische und laster-
volle Glück-Probiren am Christi- und Weihnachtsabend eingestellet werden, damit Niemand um Mitternacht in Wald fahre,
sondern man soll warten, bis früh um 3 Uhr geklingelt wird.

Auch im nächsten Jahr 1677 finden wir manche interes-
santere Urtheilssprüche und Strafarten verzeichnet.

Das Sitzen im Stocke war auch nicht selten, wo die Füsse
in horizontaler Richtung in Holzöffnungen eingeschoben wurden, während der Körper auf einer Holzbank in gleicher Richtung ruhte:

---

[1]) Protokoll der XVI Zipser Städte im Comitats-Archive vom Jahre 1601 bis
1617, Verurtheilungen enthaltend. (Malefizbüchlein.)

„Am 14. Juli ist der Schaarhüter Matzko Pollak in den Stok gestecket worden, weil er des Herrn Richters Plo — Kotzen — u. Zäune verhalten hat. Auch am 20. Juli sind Lorenz Bennerts zwei Söhne im Stock gesessen und wurden ausserdem mit den gestohlenen Aepfeln im Tornister von den Schergen, oder Bittel durch die Stadt geführt".

Auch Geldstrafen kamen zur Anwendung. Am 7. Juni 1677 wurde Caspar Rasch zum Gefängniss und 8 Rchthlr. verurtheilt, weil er am zweiten Pfingstfeiertag einmeischte und am dritten Pfingstfeiertag einen Topf Brandwein brannte. Auch am Michaelisfeste sind viele Leute als Kirchenverächter zu Geldstrafen verurtheilt worden, weil sie, statt in die Kirche zu gehen, Rüben und Nüsse sammelten. Die Geldstrafe fiel zu einer Hälfte der Kirche, zur andern dem Indicio zu.

Auf dem Esel sassen noch 1677, 9. August, ein Riszdorfer durch drei Stunden, den die Leibitzer 16 Herrn in den Schotten - Erbsen — ertappten, und Kloss Weib auch durch 3 Stunden, da sie im Thiergarten erwischt wurde, als sie entliche Häupter Kraut in Fremden Gärten abschnitt.

Das Vergehen gegen das sechste Gebot wurde immer sehr ernst genommen und strenge gestraft. Die Tochter des Paul Kromer wurde desshalb in das Gefängniss geworfen und der Vater musste nachstehende Bürgschaft leisten :

„Ich Paul Kromer Bürger und Schneider in Leibitz bürge hiemit u. caviere für meine Leibliche incarcerirte Tochter, welche aus Verführung des bösen Geistes das sechste Gebot übertretten und also nicht allein Zeitliche, sondern auch ewige Straffe verdiente, weil nun solche Sünde von Geistlicher u. Weltlicher Obrigkeit soll und muss gestraffet werden und aber die incarcerirte Person nicht tanti ist, dass Sie die Straffe alsobald erlegen soll, wil ich wie oben gedacht, mich mit meinem gantzen Hauss und Gutt völlig für Sie inzwischen verschreiben, mit dieser condition, dass wofern Meine Tochter nicht solte mit Ihrem flüchtigen Mann die künfftig u. itzt denominirte Straffe abzahlen, so soll die Geistliche und Weltliche Obrigkeit dieselbe pöen an meinen Hauss u. Gutt gäntzlich zu suchen haben. Sie aber die Tochter soll zur Versicherung Ihre Kleider zum Pfand allhier lassen. Zu dessen Glaubwürdigkeit ich diese meine Obligation schriftlich durch Herrn Girg Hoffmann als einen Zeugen und wissmann den Ehrenvesten Magistrat überreichen will. Leibitz am 29 Juni 1676".

Auf die Sonntagsfeier wurde strenge geachtet und 1624, als noch die Evangelischen die Oberhand hatten, angeordnet: „1. Soll man weder Brandtwein, weder andere Waahr unter der Predigt u. Gotteswort feil haben bei verliehrung alles dessen, so man feil hat. 2. Wenn man zu Mittag, oder auch zum Abend die Glocken pro Pace, das ist: umb einen gnädigen Frieden läutet, so soll ein Jeder auf seine Kniee niederfallen u. soll den Allmächtigen um einen erwünschten lieben Frieden anrufen u. bitten. 3. Soll alles Fluchen, schelten und Lästern bei Gottes Namen, bei den Wunden Christi, bei seinen Hochwürdigen Sakramenten u. seinen Heiligen Verdiensten, gantz ernstlich und scharf verboten seien. Wer wieder diese Artikel sündigen wird, soll hoch und theuer gestrafet werden. Inmassen auch Gott der Herr denselben nicht will ungestrafe lassen, der seinen Nahmen entheiliget u. missbrauchet".

Die übrigen Artikel dieses Beschlusses beziehen sich auf die Missbräuche in den Rockenstuben, die Aufnahme fremden Gesindels, das gefährliche Schiessen, das nächtliche Lärmen, das Kaufschlagen über das Vermögen, das Heirathen ohne Geburtsschein, die Streitigkeiten und die Anstellung von 4 Waisen-Herren.

Nach der Durchführung der Gegenreformation wurde namentlich darauf gesehen, dass die katholischen Feste allgemein und mit allen Feierlichkeiten begangen werden. In dem Sinne ordnet der Schlosskapitän von Lublau Andreas Ludovicus Moszynski Nachstehendes an:

„Wir Andreas Ludovicus Moszynszki Oberster Horodolenser Vorsteher derer Zipserischen entbiethen allen und jeden, denen es darangelegen, insonderheit aber denen Wol-Weisen und Vorsichtigen Herren Grafen, Richtern, derer Zipserischen XIII Städte und allen Gemeinen unsere Gnade nebst wünschung aller wohlfahrt zuvor! Wiewohl wir schuldig seyn alle und jede in der Kirchen Gottes gewöhnliche Festtage mit aller möglichen Ehre und Embsigkeit zu bedienen, jedoch so sollen wir nothwendig des instehenden und herzunahenden Festes des Heiligen Fron-Leichnams Jesu Christi und der unaussprechlichen Liebe und Güttigkeit (aus welcher Er sich in dem Hochwürdigsten Sacrament uns zu geniessen gegeben) Gedächtniss mit der allergrössten Reverenz celebriren und begehen. Welche grosse Festivität (wie wir uns besorget)) damit Sie nicht

---

¹) Weil die Städte ausser den Amtspersonen noch durchweg evangelisch waren.

von denen XIII Städtern hintenangesetzet und verachtet werde, haben wir mit diesen unseren offenen Universal den Herrn Grafen und alle Richter ermahnen wollen, dass sie ernstlich invigiliren und denen Gemeinen in den Städten anbefehlen, damit alle und jede bürger und Haussgesinde nach den in den rechten Kirchen gewöhnlichen Gebrauch in der Procession alle Tage durch die gantze Octav mit angezündeten Wachs-Kertzen herumb gehen, es sey denn dass jemanden eine richtige und rechtmässige Ursach oder ration excusirete, dadurch er verhindert würde, dass Er diesem Hochwürdigen Sacrament die gebührende Ehre nicht erweisen könnte. Wer anders thun sollte und welche Gemeine sich widerspänstig erzeigen wird, soll 50 Dukaten zur Straff erlegen. Dieses begehren wir von Euch alles zu observiren, welches wir auch mit unserer Hand nebst anbefohlener Aufdrückung unsers Sigills unterschrieben haben. Dat. auff d. Festung Lublo. Ao 1676 d. 27. Mai (L. S.) ¹)

m) Poetische Form der Urtheile.

Eigenthümlich und gewiss von ausserordentlich heilsamen Wirkungen auf das Leben war der Umstand, dass man sich nicht mit der auferlegten Strafe begnügte, sondern in der Motivirung und Ausführung des Urtheils immer auf das Gemüth des Uebelthäters zu wirken suchte, damit er zur Reue und zur Besserung gelange, auf diese Weise von seinem bösen Wege ablasse und für die Gesellschaft gerettet werde. Das Urtheil selbst wurde dann nicht selten auch auf den Ausspruch eines alten Classikers gestützt und auch noch, wie in einem Brennpunkt, in einen Vers zusammengefasst, der dem Betreffenden seine Unthat recht eindringlich zu Gemüthe führen sollte. Derartige Beispiele finden wir im Archive der Stadt Leibitz der Nachwelt aufbewahrt, von denen wir einige hiemit wiedergeben.

Am 5. Feber 1675 klagte eine arme Witwe von Kesmark den Lorenz Roth von Leibitz an, dass er von ihrem treulosen Sohne einen Pelz kaufte. Das Gericht machte den unrechtmässigen Kauf rückgängig, räumte der Mutter das Recht ein, ihren „ungehorsamen Sohn alls einen unzeutigen Handels-Mann zu bestraffen". Roth aber erhält einen derben Verweis, indem ihm bedeutet wird:

---

¹) Protokoll vom Jahre 1676.

„Mit Kindern handle nimmermehr,
Sonst wird das Handeln dir zu schwer.
Der Kinder Willen ist nicht frey,
Drum meide ihre Kluplerey,
Damit die Eltern gar nicht klagen,
Noch etwas arges dir nachsagen.

Sunt pueri, pueri, pueri puerilia tractant. Die Knaben sind
Knaben, die Knaben treiben Knabenhaftes."
Am 13. Feber 1676 sind vier „Rocken-Mägde" zu 1½
Tag Gefängniss verurtheilt worden, weil sie in Leichtsinnigkeit
mit einem brennenden Tüchel sich die Rocken anzündeten.
Dem Urtheil wurde die Mahnung angefügt:

„Die Rocken-Stuben sind nicht frey,
Weil drinn geschicht viel Büberey,
Drumb sieh' ein jeder Richter zu,
Dass er dieselben gar abthu."

Den 24. Feber 1676 wurde ein Palmsdorfer, Melchior
Feix, eingebracht und angeklagt, ein Paar Messer gestohlen
zu haben. Im Verhör stellte sich jedoch heraus, dass er ein
corruptum cerebrum und eine obfuscata phantasia habe, d. h.
dass er närrisch sei. Er wurde mit einer „scharfen Admonition"
aber ohne Strafe entlassen; denn:

„Ein Narr bleibt närrisch, tumm und toll,
Drumb man ihn auch nicht strafen soll;
Er bleibt ein Narr, acht keine Lehr',
Und wenn man ihn noch schlüg so sehr,
Dass Haut und Beine sollten krachen,
Noch wird er endlich dich verlachen."

Am 2. März 1676 wurden die Fleischhauer verständigt, dass
sie die Schöpsen und Schafe nicht aushacken durften, weil sie
„krankenverdächtig" erschienen:

„Die Schöpsen schicke man nur fort,
Sie stehen nicht für ein gut Wort;
Sie haben zuviel Mäntelitzen,
Die in den Magen heftig pitschen."

Am 6. Mai 1676 begleiteten einige Tuchmacher-Altgesellen
ihre Genossen aus der Stadt und schossen in gefährlicher Weise
ihre Büchsen ab. Zur Verantwortung gezogen, entschuldigten
sie sich mit der alten Gepflogenheit. Die Entschuldigung wurde
nicht angenommen; denn: inveterata mala consvetudo non condit
legem, d. h. „Eine alte, schlechte Gewohnheit begründet noch

kein Gesetz." Die Gesellen wurden zur Abbitte vor dem Gericht und zum Versprechen der Besserung angehalten, die Mahnung mitnehmend:

> „Altgesell, nimm dich in Acht,
> Nach dem Pulver gar nicht tracht.
> Lass die Büchsen nur zu Hauss,
> Denn du richtest gar nichts aus,
> Als dass du die Leute schreckst
> Und manch' Unheil dir erweckst.
> Denke auch, dass Büchsen-Freud
> Bringet öfters Herze-Leid,
> Ach, wie manchen armen Mann
> Hat die Büchsen Schad' gethan;
> Drumb lasst bleiben solches Spiel,
> Thu nichts, was dein Narr-Kopf will."

Am 24. Mai 1676 war der heilige Pfingsttag, an welchem bei Samuel Loisch Feuer herauskam, das aber sofort gedämpft wurde. Aus Rücksicht der sonstigen Unbescholtenheit wurde er zu zwei Thalern Strafe verurtheilt; das Gefängniss aber wurde „in Folge der Fürsprecher" erlassen, mit der Warnung:

> „Feuer ist ein böser Gast,
> Lässet keine Ruh' noch Rast,
> Bis es nicht im Grund verdirbt,
> Was man nur jemals erwirbt.
> Seh' ein jeder Bürger drein
> Dass er möge wachsam sein,
> Wenn er gehet aus dem Haus,
> Damit nicht was kommet aus;
> So der ganzen Bürgerschaft
> Haus und Güter plötzlich rafft."

Den 6. Juni 1676 liess Hans Roth etliche „schimpfliche und garstige Reden" gegen Magistratspersonen hören; er wurde zu etlichen Tagen Gefängniss und zu vier Thalern Geldstrafe verurtheilt mit der wohlgemeinten Lehre:

> „Mein guter Freund, halt' du das Maul,
> Sei nicht ein ungeschliffener Gaul,
> Bedenke alle deine Wort,
> Es sey nun gleich an welchem Ort;
> Ehr' Gott und deine Obrigkeit,
> Mach' auch kein' Ungelegenheit."

Den 9. Juni 1676 „ist ein christlicher Vertrag zwischen zweyen Frauen geschehen, welche sich auf öffentlicher Gassen, wegen etlicher in der Predigt, vom Tit. Herrn Pater geredeten

Worte hefftig entzweyet haben, also zwar, dass eine auff sehr
scharfe Ehren-Worte gekommen: das Judicium hat dahin mit
allen Rechten getrachtet und operiret, dass pars offendens partem
offensam, d. h. der beleidigende Theil den beleidigten Theil mit
freundlichen Worten angelanget und coram sede judicaira, d. h.
vor dem Gerichts-Stuhl derselben gebührend depreciret, d. h.
abgebeten hat." Das Gericht konnte die warnende Bemerkung
nicht unterlassen:

> „Frauen haben langes Haar,
> Kurzen Sinn, drumb ist Gefahr,
> Wenn sie Zorn und Eyfer trifft,
> Dass sie trefflich sehr vergifft,
> Dass man genug zu schaffen hat,
> Biss mann sie stillt mit gutem Raht."

Am 16. Juni 1676 „haben drei Spitzbuben, oder dass ich
sie deutlich nenne: Mäussköpffe, unter welchen einer ein rechter,
ausserlesener, wol exercirter und in der Dieberey-Kunst er-
fahrener Vogel war, welcher den Lufft-Arrest am Galgen wol
zieren könnte, etlichen Holzschnittern bey Nacht Äxte, Schuh,
Fleisch, Brod und Butter gestohlen" . . . Sie wurden zu zwei
Thalern, zu Gefängniss und zum Sitzen im Stock und auf dem
neuen Esel verurtheilt und mit der Mahnung entlassen:

> „Das Stehlen ist ein arges Joch,
> Es ist kein Haus, kein Wald, kein Loch,
> Da nicht das Raub- und Diebsgesind
> Zum Stehlen sich gar bald einfind,
> Die Schnitter haben in den Wald
> Vor Dieben keinen Aufenthalt;
> Sie stehlen ihnen Fleisch und Brodt
> Und was sonst dienet ihrer Noth,
> Bis endlich die Aufsichtigkeit
> Erhaschet solche Diebes-Leut
> Und sie für das Gericht hinstellt,
> Dass man die Rechtsstraff auff sie fällt."

Am 17. Juni 1676 wurde einem Schuldner, der nicht zahlen
wollte, der äusserste Termin von 14 Tagen zum Zahlen gestellt,
widrigenfalls man gegen ihn prodeciren, müsste „sub poena
duplici et contumacia notoria, d. h. unter doppelter Strafe und
notorischer Verurtheilung." Die aus dieser Veranlassung gegebene Warnung ist gewiss beachtenswerth:

> „Ein Jeder sey darauff bedacht,
> Wenn er bey Jemand Schulden macht.
> Dass er zur rechten Zeit bezahl
> Und nicht sag': komm' ein andersmahl.
> Bedenk' was Jesus Sirach spricht,
> Dich stets nach seiner Regel richt."

Am 28. Juni 1676 „sind etliche Kaysersmarker Studenten und Musikanten allhier in Leibitz zu einer Recreation kommen: indessen hat sich einer verspätet und bis um 12 Uhr des Nachts beym Türmer getrunken." Als er nach Hause ging, schlug er auf der Gasse Lärm, wurde auffgegriffen und zum Richter gebracht; weil aber keine „genüge Ursache war, dem Studiosum zu incarcerirem, wurde er honeste dimitiret" mit der Lehre:

> „Studenten haben frisches Blut,
> Dabey auch unerschrocknen Muth,
> Doch sind sie auch nicht allezeit
> Geneigt der lieben Ehrbarkeit.
> Drum straffet man sie auch zur Zeit
> Nach Recht und Rechts-Gelegenheit."

So wechseln die Rechtssprüche vor 200 Jahren kaleidoskopartig in bunter Verschiedenheit mit einander ab, je nachdem sich die Fälle aus dem Leben ergaben, mit der unverkennbaren Absicht jedoch, neben der Strafe auch die Mahnung zur Besserung nicht unterlassen zu wollen.

Fünfter Abschnitt.

Die Kirche.

a) Die römisch-katholische Kirche zur h. Maria.

Die Klosteranlagen wurden in den Hussitenstürmen 1433, 1441, 1444 weggefegt und auf ihren Trümmern entstanden die neuen Schöpfungen der Kirche und der Parochie. Die Erbauung im gothischen Style fällt in die Jahre 1460—1486. Für diese Jahre sprechen zwei eherne Zeugen, der Taufstein vom Jahre 1463 und die grössere Glocke mit der Jahreszahl 1473. Zur Verschönerung der Kirche und der Parochie trug das meiste 1772 der Pfarrer Antonius Visnievszky bei, dessen Bildniss

Die Kirche.

...ch-katholische Kirche zur h. Maria.

rschönerung der Kirche und der Parochie trug da
1772 der Pfarrer Antonius Visnievszky bei, dessen Bildni

Die römisch-katholische Kirche. S. No.

auf der Mauer bei der Thüre mit dankbarem Sinne gemalt
erscheint.

Die Kirche hat im Innern verschiedene Bestandtheile und
Einrichtungsgegenstände aufzuweisen.

Am grösseren Haupt-Altar ist die Statue der h. Maria mit
dem Jesuskinde, beide in silberner Krone sichtbar. Zur Rechten
dieser Statue ist die Figur des h. Joachim und zur Linken die
der h. Anna.

Im Seitenaltar des h. Thomas ist das Bildniss dieses
Apostels zu sehen, wie er seine Hand in die Seite des Herrn legt.

Am Altar des Apostel Paulus ist auch das Bild dieses
Jüngers Jesu wahrnehmbar. Die Seiten-Statuen sind: zur Rechten
der Evangelist Johannes, zur Linken aber Mathaeus. Beide liess der
Pfarrer Antonius Visnievszky 1766 auf eigene Kösten so wie auch
1767 die Kanzel herstellen und zwar im Style der beiden Seiten-
Altäre und umgeben von den Engeln des Glaubens, der Liebe und
der Hoffnung, oben mit dem Bildniss des Erlösers, der in seiner
Linken den Text hält: „Qui eclesiam non audierit sit Tibi sicut Ethni-
cus et Publicanus" ▬ „Höret er die Gemeine nicht, so halte ihn als
einen Heiden und Zöllner, Math. 18, 17."

Im h. Grabe stehen zwei abgebildete Frauen, wie sie Salben
herbeibringen, und auch die Bildnisse der Apostel Peter und
Johannes.

Die Sakristei schliesst sich in gothischer Struktur an die
Nordseite der Kirche an und enthält mehrere Einrichtungs-
stücke. Ueber dem Waschbecken — lavatorium — stehen die
Worte: „Emundate manus et purificate corda ▬ „Jak. 4, 8:
Reiniget die Hände, ihr Sünder, und machet eure Herzen keusch,
ihr Wankelmüthigen".

Der Chor ist von Holz und befindet sich auf demselben eine
schöne, grosse Orgel mit 16 Mutationen, einem Pedal und Positiv.

Der Taufstein ist aus Glockenerz gegossen mit dieser gothischen Inschrift: Anno millesimo quadringentesimo sexagesimo
tertio, in honorem nativitatis Mariae — 1463 zu Ehren der Geburt Marias, und auf dem Deckel: „Lasset die Kleinen zu mir kommen, denn solcher ist das Himmelreich, Marc. 10."

Im Sanctuarium der Kirche befinden sich zwei zierliche
Bänke — einstige Richterbänke — für die Honoratioren bestimmt.
Die Wände der Bänke enthalten mehrere sinnreiche Inschriften,
Bilder und Symbole. Ober den Bänken sind die Büsten von

vier Kirchenlehrern und an der Seite gegen die Sakristei: die Päpste: der Heilige Gregor und der Heilige Augustinus, und auf der anderen Seite die Päpste: der Heilige Hieronymus und der Heilige Ambrosius.

Im Schiffe der Kirche sind folgende Epitaphien: Johannes Olmützer vom Jahr 1653, Tobias Jony vom Jahr 1657 und Tobias Demiany vom Jahre 1645.

An Inschriften zur Geschichte der Kirche lesen wir nur die Jahreszahl 1764 über der äusseren Thüre der Sakristei, in welchem Jahre Visnievszky hier eine Verbesserung anbrachte.

Im Thurme befinden sich drei Glocken. Die grösste zeigt die gothische Inschrift: „Anno Domini millesimo quadringentesimo septvagesimo quinto ad honorem gloriosissimae Virginis Mariae factum est hoc opus per Magistrum Paulum et Johannem de villa nova" · · Im Jahre des Herrn 1475 zu ehren der ruhmreichsten Jungfrau Maria ist dieses Werk gemacht durch den Meister Paulus und Johannes in Neudorf. — Die mittlere: „Haec campano refusa est in honorem B. M. V. in Coelos assumptae et S. Joannis Baptiste sumptibus Excellentissimi Domini Michaelis Vodiczky Pro-Cancellarii Regni Poloniae, Parochi Loci et Ecclesiae ac Civitatis expensis, sub Vicariatu Adm. Reverendi Domini Caroli Hornlack, Judice: Perillustri Domino Joanne Brüderlein, Tribuno Domino Joanne Jony, Vice-Judice et Notario: Perillustri Deo Balthasare Ribiczey, Ass. D. Tobia Olmitzer, D. Elia Hencz, D. Godefrido Roth, D. Michaele Gloss, D. Spodnik, D. Georgio Christiani Anno 1757. Fudit me Eperiessini: Sebastianus Lecherer". Mit den Gestalten der Heiligen Dreieinigkeit, mit der gekrönten Jungfrau Maria, dem Gekreuzigten und Joannes Baptista. Ausser den Namen ist der Sinn der Inschrift, dass die mittlere Glocke zu Ehren der himmelfahrenden Jungfrau Maria und des Heiligen Johannes Baptista auf Kösten des Local-Pfarrers Vodiczky der Kirche und der Stadt 1757 in Eperies durch Sebastian Lecherer übergossen wurde. — Die kleinere Glocke hat die Inschrift: „Campanae sonitus cunctos vocat: Venite ergo, auditum verbi Dogmata pura Ded. 1624 Mense Julio usui Sacro fusa. Joanne Sepilio Pastore, Joanne Olmützer ord. Judice, Alberto Sortore Aedituo existente. Als Figuren erscheinen der Gekreuzigte mit einem Engel als Hüter. Diese Glocke stammt aus der Zeit, wo die Evangelischen Kirche und Thurm innehatten und auch den Guss veranlassten.

Die Kirche befand sich mit Allem was dazu gehört: Thurm und Glocken, Pfarrgebäude und Schule sammt dem dazugehörenden Einkommen vom Jahre 1548 bis 1674 im Besitze der Evangelischen.

Mehrere Feuersbrünste schädigten die genannten Gebäude, unter anderen verbrannten am 9. August 1708 ausser 190 Häusern auch die katholische Kirche sammt Thurm und Schule.

b) Die römisch-katholische Kirche zum heiligen Geiste.

Ihr Ursprung fällt, wie schon im früheren Abschnitt erwähnt wurde, in die ersten Zeiten der Brüderschaft der 24 Städte, zu welcher auch der Pleban von Leibitz 1239 schon gehörte.

Ein Altar ist der heiligen Anna und der andere dem heiligen Erzengel Michael mit den betreffenden Figuren geweiht. Hier wurde auch die Jahreszahl 1521 entdeckt, die auf die Zeit der Schaffung der Altäre schliessen lässt.

Die Kanzel wird mit den vier gemalten Evangelisten geziert mit den Inschriften des heiligen Augustinus: Beatus qui verbum Dei audit, beatior qui illud intelligit et beatistimus qui ei obedit — Selig wer Gottes Wort hört, seliger wer es versteht, am seligsten wer ihm gehorcht; des heiligen Gregor: Conditoris auribus illa maxime commendatur oratio, qua pro inimicis quoque intercedere nitimur — den Ohren des Urhebers wird namentlich jene Rede empfohlen, durch welche wir auch für die Feinde uns zu verwenden angespornt werden; des heiligen Ambrosius: Libere et sine adulatione veritatem praedicantes et gestae pravae vitae arguentes, gratiam non habere apud populum — frei und ohne Schmeichelei die Wahrheit verkündend und die Thaten des bösen Lebens missbilligend, wirst keinen Dank bei dem Volke haben.

Die Sakristei befindet sich gegen Norden mit zwei Schränken. In dem längeren ist die Inschrift vom heiligen Thomas von Kempis zu lesen Lib. 3. c. 5: Quando Sacerdos celebrat, Deum honorat, Angelos laetificat, Ecclesiam aedificat, viros adjuvat, Defunctis requiem prästat et se omnium Bonorum participem efficit — Wenn der Priester Gottesdienst hält, ehrt er Gott, erfreut die Engel, baut die Kirche, hilft den Lebenden, verleiht den Todten Ruhe und macht sich selbst alles Guten theilhaftig.

Am hölzernen Chor befindet sich eine Orgel von 5 Mutationen.

Diese Kirche wurde am 26. August 1671 den Katholiken wieder eingeräumt.

Bei der Feuersbrunst 1708 am 9. August brannte auch diese Kirche ab, die Glocke schmolz und wurde im nächsten Jahre umgegossen.

c) Die Marien-Statue

gehört zu den schönsten in Zipsen und wurde in den Jahren 1725—1726 hergestellt. Die von Theodor Lubomirszky, der auch in den übrigen XIII Städten Statuen veranlasste, selbst verfassten Inschriften lauteten:[1]

1. Von der Südseite:

O Virgo! o Mater Dei Maria! Quibus te laudibus efferam? nescio! Omnia gloriosa sunt in te! Beatam merito te dicant omnes Generationes; Dei Genetrix — Domina Mundi — Regina Coeli — Quae omnibus generationibus – Vitam et gloriam genuisti; — In te Angeli laetiam; — Justi Gloriam — Peccatores veniam inveniunt ▪ O Jungfrau, Mutter Gottes Maria! Mit welchem Lob soll ich dich würdigen? Ich weiss es nicht! Aller Ruhm ist in dir! Mit Recht nennen dich alle Generationen glückselig; Mutter Gottes, Herrin der Welt, Königin des Himmels, die du allen Generationen Leben und Ruhm hervorbrachtest; In dir finden die Engel Freude, die Gerechten Ruhm, die Sünder Vergebung.

2. Auf der Ostseite:

Merito inte respiciunt oculi totius creaturae — Quia per Te, et in Te et de Te — Benigna manus Omnipontentis — quidquid creavit recreavit, — Tu vera Urbs Refugü — Portus Naufragorum — Et solatium omnium in Te sperantium — Tu Gloria Jerusalem — Tu laetitia Israel — Tu honorificentia Populi nostri — Tu spes universae Terrae es ▪ Mit Recht blicken auf dich die Augen aller Creatur, weil durch dich und in dir und vor dir die gütige Hand des Allmächtigen, alles was du

---

[1] Die Veranlassung zu diesen Statuen war folgende: Der genannte Starosta verehelichte sich mit einer englischen evangelischen Frau, nachdem sie früher katholisch geworden war. Er gelobte dafür, in den XIII Städten Marienstatuen zu bauen, hat aber thatsächlich nur je 100 Thaler gegeben, während die Städte das Uebrige geben mussten. Nach lib. mem. soll er in Leibitz 200 Imperialen gegeben haben, wobei die Stadt jedenfalls noch bedeutend grössere Auslagen gehabt haben wird. In seinem Werke von 1895 unter dem Titel: „A XXII kir. plébános testvérülete és a reformátio a Szepességen" S. 334 meint Josef Hradssky, er wisse nicht die Quelle, woraus ich die Behauptung von den 100 Thalern geschöpft habe. Die Quelle ist: „Kirchl. Nachrichten v. J. Scholtz, III B. S. 171."

geschaffen, wiedergeboren hat. Du wahre Stadt der Zuflucht, Hafen der Schiffbrüchigen und Trost aller auf dich Hoffenden. Du Ruhm Jerusalems, du Freude Israels, du Ehre unseres Volkes, du Hoffnung der ganzen Erde.

3. Auf der westlichen Seite: Ad Tui memoriam Recreantur et hilarescunt fideles animae — Suscipe ergo o Mater Sanctistima hanc Imaginem — Immaculatae Conceptionis Nomini — Tuo extructam in perpetuam nostrae — Devotionis erga Te, memoriam; — quam Deo ter optimo Maximo — Per Te offerimus — Cui sit per omne aevum — Laus, Gloria, Honor et Benedictio — Maria = Im Gedächtniss an dich werden wiedergeboren und erfreut die gläubigen Seelen. Empfange daher, o heiligste Mutter, dieses Bild, dem Namen deiner unbefleckten Empfängniss und dem ewigen Gedächtniss unserer Ehrerbietung gegen dich erbaut; das wir dem dreimal besten und grössten Gott durch dich darbringen, welchem sei durch alle Jahrhunderte Lob, Rum, Ehre und Segen — Maria.

Die gegenwärtigen Aufschriften sind von Westen: Erecta 1726; von Osten: Renovata 1853; von Süden: 1873.

d) Das Parochial-Gebäude.

Wie schon oben erwähnt, war es einst der Sitz eines religiösen Ordens, worauf auch die ganze Anlage des ausgedehnten Gebäudes schliessen lässt. Als der Pfarrer Michael de Granow Vodiczky 1729 einen ganz gründlichen Umbau des Hauses vornehmen liess, fand er auch noch den Speisesaal und das Waschzimmer — refectorium et lavatorium — wie dies bei den religiösen Orden vorgefunden wird. Jedoch wurden auch diese Anlagen in den Hussiten-Stürmen vernichtet. Nicht nur Vodiczky widmete sich dem Ausbau und der Herrichtung der Parochie, sondern auch noch im erhöhteren Massstabe der Pfarrer Antonius Visnievszky[1]. Er sparte keine Mühe und auch keine Auslagen, um den ansehnlichen Bau zurecht zu bringen, und liess auch in der Beziehung eine Mahnung auf einer Marmor-Tafel, die am Gang hinaufzu sichtbar wird, anbringen:

Ad futurum Parochum:

Non tot flamma armis, ac seri dentibus aevi
Neglectu Domini quot periere domus,

---

[1] Lib. mem . . . . . pag. 19, 20, 21.

Si non aedifices, tum conservare memento,
Sic successuris et mihi gratuseris
1772 A. V. e. S. P.

Nicht so sehr durch Flammen, Waffen und den ernsten Zahn der Zeit, als vielmehr durch die Vernachlässigung des Herrn gehen die Häuser unter. Bedenke, wenn du nicht baust, so erhalte, so wirst du den Nachfolgern und mir angenehm sein.

1772 Antonius Visnievszky vom Orden der Piaristen.

e) Die katholischen Pfarrer.

In diesem Zeitraume begegnen wir schon regelmässigen Aufzeichnungen der römisch-katholischen Pfarrer.

1. 1427 erscheint Anton de Lypscha — Leibitz — als Pleban und Notär einer Commission, die in Angelegenheit des Cathedraticums entsendet wurde, welches die 24städter Pfarrer jährlich am heiligen Andreastage — 30. November — zu zahlen hatten. [1]

2. Johannes, Pfarrer von Leibitz, hinterliess aus dem 15. Jahrhundert ein Manuscript mit reichem theologischen Inhalt. [2]

3. Matheus starb 1474 den 22. Dec. [3]

4. Christophorus Jakobi de Váralja lebte als Pleban von Leibitz vom Jahre 1494.

5. Hermolaus starb 1500 am 28. Mai am Himmelfahrt-Christi-Fest.

6. Benedictus von 1510.

7. Mathaeus von 1518.

8. Jakobus Fritz von 1522.

9. Georgius von 1525.

10. Jakobus von 1538.

11. Georgius von 1543.

12. Salamon von 1545; in diesem Jahre hielt Stanislaus, Bischof von Fünfkirchen, nachdem er die Zipser Probstei erhielt, zu Kirchdrauf eine Synode ab. [4]

Mit Beginn der Reformation in Leibitz vom Jahre 1548 bis zur Besitzergreifung der katholischen Kirche 1674, also durch 126 Jahre, finden wir hier keinen katholischen Pfarrer und auch keinen Gottesdienst in dieser Konfession.

---

[1] Hradzky J. a 24 kir. pléb. 30 Anal. Scep. II. 223.
[2] Hradzky J. u. v. 111.
[3] Auch die übrigen Pfarrer nach: Liber Memorabilium ecclesiae et parochiae Leibiczensis.
[4] Anal. Sc. II. 375.

1671 am 26. August wurde die Kirche zum heiligen Geist, oder auch Spitalkirche genannt, durch den Fürsten Lubomirszki selbst, der zugegen war, den Katholiken wieder eingeräumt. Am 20. December predigte zum erstenmal in derselben Pater Glycerius, ein Piarist.

1674 zu Pfingsten   14. Mai   hielt P. Benedictus vom Pauliner Orden und Prediger zu Kesmark die erste Predigt in der grossen Kirche zur heiligen Maria, worauf auch sogleich die Anstellung der katholischen Geistlichen in folgender Reihenfolge geschah:

1. Im Jahr 1674, 26. Juni, wurde angestellt Joseph Bernhard Zebrzydowski de Zebrzydowice, Krakauer Domherr u. s. w. Nach Uebernahme der Kirchenschlüssel kam am 14. Juli Bischof Bársony und Probst von Zipsen in Leibitz an und weihte Tags darauf die Kirche ein, bei welcher Gelegenheit Pater Leo Steindorfer vom Orden der Karmeliter die Predigt hielt.

2. Auf Zebrzydowski folgte im Amte der vorgenannte P. Leo, der Karmeliter, der die Kirche zum katholischen Ritus adaptirte, Thüren zum Todtengarten herstellen und zwei Wiesen in Gebrauch nehmen liess, die in der früheren Zeit abhanden kamen.

3. Am 1. November 1674 bezog die Pfarre Ferdinandus Antonius, Abt und Baron von Luppini, der bis 1682 lebte und der Kirche vorstand. Am 8. November wurde er auf Befehl des Bischofs von Grosswardein und Zipser Probst Barsony in das Amt feierlich eingeführt. Am 11. November nahm er mit Leo vereint auf Befehl des Fürsten Lubomirszki die Kirchen in Menhard und Durand für die Katholiken in Besitz.

4. Der vierte Pleban war in das Amt seines Vorgängers 1682 in der Person des Antonius Podolski gefolgt, der vom Reichsmarschall und Lublauer Schloss-Kapitän Stanislaus Lubomirszki mit Generalvollmacht zur Ausrottung der letzten Reste des evangelischen Gottesdienstes versehen war, der wieder 1703 von Theodor Lubomirszki gänzlich aufgehoben wurde, nachdem er um das Jahr 1695 einigermassen zur Geltung gekommen war.

5. 1709 nach dem Tode Podolskis folgte ihm Georg Rayscher im Amte, der auch die Menharder Pfarre versah. Seine Gelehrsamkeit und Munificenz wird viel gerühmt. Er stiftete unter Anderem den grösseren Altar und hinterliess im Testamente 2000 fl. zu dessen Vergoldung.

6. Als Rayscher 1718 starb, übernahm in demselben Jahre Johann Morzkowski, Abt von Gran, das Pfarramt. Er stand der Kirche auch zu Iglo und Poprad bis zum Jahr 1726 vor und verbesserte auch Manches am Parochialgebäude.

7. 1727 am 25. Januar wurde Michael de Granow Wodzicki, Cathedral-Domherr zu Krakau, vom Zipser Probst Johann Peltz in sein Amt eingeführt. Auch er opferte viel für Bauten und Reparaturen in der Kirche und im Pfarrgebäude. Als er 1761 Bischof von Premysl wurde, übernahm die Administratur der Pfarre zu Leibitz Pater Antonius Wisniewski, Piarist, der auch

8. 1762 am 15. Juni vom Bischof und Zipser Probst Joseph Carl Zbisko unter grossen Feierlichkeiten in sein Amt als Pfarrer von Leibitz eingeführt wurde.

In diesem ganzen Zeitraum von der Verpfändung der Städte an Polen bis zur Wiedereinverleibung unter Maria Theresia 1412—1772 waren den Pfarrern auch immer Vicare zur Seite zur Erleichterung der Amtsgeschäfte.

f) Die evangelische Kirche.

Als mit dem Jahre 1546 die Reformation in Leibitz festen Fuss fasste und die ganze Gemeinde zur evangelischen Lehre sich bekannte, benutzte sie auch die bisherigen katholischen Kirchen zum heiligen Geiste und zur heiligen Maria in ungestörter Weise bei ihren gottesdienstlichen Verrichtungen. Ebenso wurde auch die Schule und das Pfarrhaus wie auch die mit der katholischen Kirche verbundenen Einkünfte in ungestörter Weise bis 1671, also durch 125 Jahre benützt.

Zuerst wurde am 26. August 1671 die kleinere Kirche zum heiligen Geiste der entstehenden katholischen Gemeinde eingeräumt.

Die Sturmeswolken zogen sich über den Evangelischen drohend zusammen.

Stanislaus Heraclius Lubomirszky setzte am 30. April 1674 ein „Judicium Delegatum" in Kirchdrauf zusammen, welches aus folgenden Mitgliedern bestand: David Beleváry, Commissär des Königs Leopold, Gabor Berthóty Jurat, Peter Mráz, Advokat, als Vertreter des Comitates; von Seite Polens Christoph Suhodolszki, Bevollmächtigter Lubomirszki's, Lazinszky und Thomas Abrahamovicz und endlich Johann Olmützer, Graf der XIII Städte. Das Präsidium übernahm Georg Bársony Probst, von Zipsen

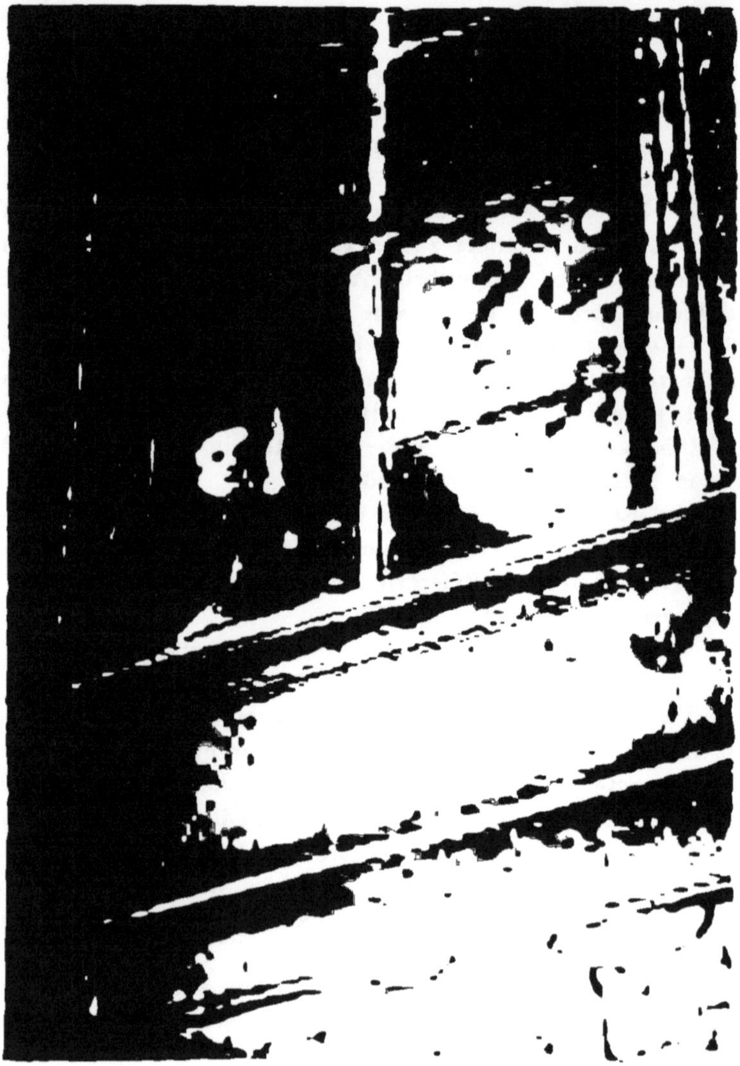

[illegible]

und Bischof von Grosswardein. Vor diesem Gericht erschienen
41 evangelische Pfarrer und Diakonen. Nachdem man ihren
erwählten Vertheidiger Pfarrer Johann Bayer von Kirchdrauf
verwarf und sie hoch und theuer für ihre Unschuld Zeugniss
ablegten, wurden sie alle in contumatiam der Rebellion gegen
den König verurtheilt und mit ihren Familien des Landes ver-
wiesen. Hierauf wurden alle Kirchen in den XIII Städten rasch für
die Katholiken bis 13. Mai occupirt.[1] In Leibitz wurde am 14.
Mai auf Pfingsten in der grossen Kirche die erste katholische
Predigt gehalten.

Da am 4. März 1676 St. Heraclin Lubomirszky den Befehl
erliess, dass alle Evangelischen der XIII Städte in der bevor-
stehenden Osterbeichte ihren Glauben zu verlassen und in den
Schoss der katholischen Kirche zurückzukehren haben, blieben
auch in Leibitz die Anhänger Luthers 20 Jahre hindurch nicht
nur ohne öffentliche Gottesverehrung, sondern sie wurden auch
durch Geld- und körperliche Strafen zum Besuche des katholischen Gottesdienstes gezwungen. Das Stadtarchiv hat hiefür
viele Belege, deren wir nur aus einem Jahre 1677 einige erwähnen.

Am 31. März 1677 wurden die Evangelischen Kaspar Hartsch
und Paul Risch durch den Hauptmann Andreas Ludvig Mossgeszky auf das Schloss Lublau citirt, weil sie in der Fastenzeit
Fleisch gegessen haben. Risch wurde zu 5 Thalern Strafe verurtheilt, deren eine Hälfte der katholischen Kirche, die andere
dem Stadtmagistrat zu bezahlen war. Seine Frau, die dem Klä-
ger und katholischen Vikar Edmund — Jesuit — das Fleisch
aus der Hand gerissen, verunehrte dadurch letzteren und wurde
verurtheilt, ihm am nächsten Sonntag in der Mitte der Kirche
unter dem Kreuze Abbitte zu thun. Hartsch wurde als unschul-
dig erklärt, weil er das Fleisch für seine im Wochenbette dar-
niederliegende Frau holte, die dazu um Erlaubniss einkam.[2]

Am 7. April verurtheilt St. H. Lubomirszky die Stadt
Leibitz zu 100 Dukaten Strafe, weil sie gegen sein im vorigen
Herbst erschienenes Mandat drei Geschworne und den Stadthauptmann aus der Reihe der Evangelischen wählte. Die Gewählten selbst mussten andere 100 Dukaten Strafe zahlen. Soll-

[1] S. Weber: Monographie der ev. Gemeinde Bela, 1886 S. 15 . . .
S. Weber: Zipser Gesch.- und Zeitbilder 1880, S. 111 . . .
Hradszky: a XXIV kir. város testvérülete 1895 S. 289 . . .
[2] Beilage XII.

ten diese Strafgelder nicht erlegt werden. so sollen ausserdem 600 andere Dukaten durch die Schloss-Executive erhoben werden.[1]

Am 19. April ordnet Mossgeszky an. dass das mobile Vermögen der evangelischen Beamten insolange sequestrirt werde. bis sie nicht den Glauben der römisch-katholischen Kirche annehmen.

An demselben Tage citirte Hauptmann Mossynszky auf das Schloss zu Lublau die Beamten und Erwählten Tobias Weisz, Johann Schimenszky, Johann Jachmann. Johann Witti. Johann Rost junior. Johann Knöffler, Jakob Witti. Johann Bartsch und Tobias Scholtz, um sich vor dem öffentlichen Ankläger zu verantworten, da sie noch immer nicht den katholischen Glauben angenommen haben. Das Schlossurtheil vom Tage des Heiligen Evangelisten lautete: „Nachdem zur Genüge bekannt wurde, dass die Genannten dem Richter die Hoffnung des Uebertrittes gaben und dann nicht übertraten und den Richter betrogen, werden sie von den Aemtern amovirt und zu 100 Dukaten verurtheilt. die in zwei Wochen zu bezahlen sind. Inwiefern aber Tobias Weisz, Johann Jachmann, Johann Rost jun. als die Hauptübelthäter erscheinen, indem sie auch andere überredeten, im lutherischen Glauben zu verbleiben, werden sie noch ausserdem in Fesseln 6 Wochen lang im Schlossthurm zu Lublau zu sitzen haben.[2]

Da es mit dem Uebertritte der Beamten zur katholischen Kirche trotz solcher Strafen nicht gehen wollte, erliess der Schlosshauptmann am 17. Mai 1677 eine General-Citation. wornach sich alle vor dem Ankläger wegen ihrem Beharren im evangelischen Glauben zu verantworten haben.[3]

Trotz ihrer damaligen Ambition. im Stadtamte zu sein, verliessen die Beamten lieber ihre Stellen und blieben ihrem evangelischen Glauben treu.

Unter solchen bedrückten Verhältnissen konnte nach der Uebergabe der Kirchen an die Katholiken. von einem Gotteshaus für evangelische Zwecke nicht die Rede sein.

Erst am 20. Mai 1685. also nach 20 Jahren, gestattete der Schlosskapitän von Lublau den Evangelischen freie Religionsausübung in einem Hause. Doch wurde schon im nächsten

---

[1] Beilage XIII.
[2] Beilage XIV, XV, XVI.
[3] Beilage XVII, XVIII.

Jahre am 19. August diese Freiheit dahin eingeschränkt, dass
der evangelische Gottesdienst im Privathause nur nach dem
katholischen Gottesdienst, und zwar ohne Orgel und lauten Gesang,
ohne Kanzel, Geistlichen und Katechisation abgehalten werden
durfte.

Zu solchem Privat - Gottesdienste wurde besonders das
Jäger'sche Haus benützt (Haus-No. 238), welches später in die
Hände eines gewissen Graff kam, dann der Familie Hellner an-
gehörte und gegenwärtig zu einem Rathhause adaptirt wurde.

Am 29. Juli 1694 gestattete endlich St. H. Lubomirszky
auch die Errichtung eines Bethauses und die freie Religionsübung in demselben. Bei den Begräbnissen dürfen die Evangelischen auch den Gesang und das Geläute gebrauchen, doch
müsse die Taufe und die Trauung den Katholiken überlassen
bleiben.

Von dem Rechte, ein Bethaus errichten zu dürfen, Gebrauch machend, wurde ein solches aus Holz in dem Hofe eines
Hauses erbaut, welches eine fromme Witwe der Gemeinde geschenkt hatte. Dieses Haus, gegenwärtig Eigenthum der Frau
Ernestine Grodkofszky, bildete die obere Nachbarschaft des
nachherigen evangelischen Pfarrhauses, jetzigen Baron Beust-
schen Hauses, und wurde das Cantorat genannt, weil es den
Cantoren der Gemeinde zur Wohnung diente.

Die Erlaubniss zum Bau eines würdigen Gotteshauses erfolgte erst in dem nächsten Zeitabschnitt.

g) Die evangelischen Pfarrer.

1. Nach dem Tode des letzten katholischen Pfarrers Jakob
Fritz 1542 wurde der erste evangelische Pfarrer in demselben
Jahre in der Person des Georg Lewdischer angestellt. Damit
der Probst Johann Horvath die Wahl bestätige, wurde ihm ein
Geschenk von drei Dukaten dargebracht und die Intervention
eines einflussreichen Adeligen in Leutschau. Johann Bobest,
wirkte auch zur Bestätigung der Wahl mit. In der Matrikel
der XXIV Städter Pfarrer entstand hierauf der Vers:

>Munera, crede mihi, placant homines deosque
Placatur donis Jupiter ipse datis›[1])

---

[1]) Matricula Moleriana 271 S. Hradszky J. 21 k. vär. pleb. testv. 133, 151,
282. Visitations-Prot. der evangelischen Gemeinde zu Leibitz, auch sonst als Quelle
verwendet.

Glaube mir, Geschenke besänftigen Menschen und Götter,
Selbst Jupiter wird durch dargebrachte Gaben milder ge-
stimmt.

2. Bleibend wurde erst Salomon Regner 1546 angestellt.
Er bekleidete auch das Amt eines Seniors vom 12. Mai 1555 bis
5. Mai 1557. Unter seiner Amtirung wurden alle Privilegien
und Urkunden der XXIV Städter Pfarrer bei einer Feuersbrunst
zu Menhard am 29. September 1556 vernichtet und unter König
Ferdinand wurde die Erneuerung derselben erbeten. Viel verdient
um die Erstarkung der evangelischen Lehre starb er in Leibitz
1563.[1])

3. Laurentius Serpili oder Quendel, war Rector in seiner
Vaterstadt Béla, begleitete den adeligen jungen Herrn Marcus
Horvath nach Wittenberg, um Luther zu hören, und war auch
1530 in Augsburg zugegen, als die Evangelischen dort Kaiser
Karl V. ihr Glaubensbekenntniss einreichten. Nachdem er 1545
in Béla die Reformation verbreitet hatte und das Pfarramt ver-
waltete, wirkte er in gleicher Eigenschaft auch in Leibitz durch
acht Jahre (1564—1572), nachdem er früher auch in Leutschau
angestellt war und auch die Würde eines Seniors bekleidete.
Seinen Leichnam soll sein Sohn in Leutschau in der Kirche
haben bestatten lassen.[2])

4. Valentin Hortensius von Lublau und Pfarrer zu
Krakau bekleidete hier dasselbe Amt bis 1597.

5. Peter Türk — Turcus — Sohn des Leutschauer Rectors Türk und Pfarrer zu Wagendrüssel 1587, wirkte in derselben Eigenschaft allhier bis zu seinem Tode 1599.

6. Johann Serpilius, Sohn des früher genannten Serpili
und Schwiegersohn des Hortensius. Nachdem er in Leibitz zuerst Rector, dann Diacon und in Wagendrüssel Pfarrer gewesen
war, wurde er in derselben Eigenschaft 1599 in seiner Vaterstadt Leibitz angestellt. Er hatte ein sehr wechselvolles Leben
und schwankendes Schicksal. 1607 wurde er Consenior. Das
Senioral-Amt bekleidete er zweimal: 1619, 30. December, bis
1620, 20. December und 1630, 13. November bis 1632. 1610
am 30. November nahm er mit anderen 65 Geistlichen und 8
Weltlichen in Leutschau an einer Versammlung Theil. die nach
der Synode zu Sillein behufs Organisirung der Gemeinden zu-

---

[1]) Hradszky J. 161, Wag. II 257, 258, 259.

[2]) Monographie der evangelischen Gemeinde Bela von S. Weber, S. 32. . .

sammengerufen wurde. 1613 war er Mitglied der Commission, die der jungen Fürstin Lubomirszky im Namen der XXIV Städter Pfarrer einen werthvollen Kelch als Hochzeitsgeschenk in Podolin übergab. Später, 1616, fand unter seiner Amtirung in Leibitz eine wichtige Versammlung statt, wo die Kirchen-Angelegenheit Kniesens verhandelt wurde. 1635 wurde er des Kryptoralvinismus verdächtigt und seines Amtes entsetzt und starb im Elend an der Pest 1644.

7. Ihm folgte 1636 im Amte J o h a n n H e l l n e r, ein Kesmarker von Geburt, wo er auch die Stelle eines Diacons bekleidet hatte.

8. M a t h ä u s V i t i, von Béla gebürtig, wurde 1643 aus Gross-Lomnitz nach Leibitz berufen und starb allhier 1663.

9. Noch in demselben Jahre wurde hier A b r a h a m E c k a r d in sein Amt als Geistlicher eingeführt. Er stammte aus Bernstadt in Schlesien und war früher Pfarrer in Eperies. Wie alle seine Collegen in der Zips wurde auch er, wie schon erwähnt, 1674 ins Exil getrieben. Mit seinem Diacon Johann Grosz, mit Weib und Kind zog er nach Breslau, wo er, mit bitteren Sorgen kämpfend, 1682 starb. Der Scheidende schrieb lateinisch in die Matrikel zum Abschied diese Worte: »Im Jahre 1674 am 2. Mai wurde allen Seelsorgern der XIII Städte das Exil verkündet, auch mir. Lasst uns daher gehen. Denn die Erde ist Gottes und überall sind wir unter dem Schutze des Himmels. Die Hilfe des Exilirten wird der sein, welcher auch verbannt war. Ein Verbannter war Christus, es ziemt uns, die Gefährten dessen zu sein, an welchem wir auch Glieder sind. Segne euch Gott der Herre, ihr Vielgeliebten mein! Trauert nicht allzusehre über den Abschied mein. Beständig bleibt im Glauben! Wir werden in kurzer Zeit einander wieder schauen, dort in der Ewigkeit! Amen! Adde, nun seid gesegnet, was euch jetzt begegnet, ist Andern auch gescheh'n. Viel' müssen's noch erfahren, nun Gott woll' euch bewahren, dort wollen wir uns wiederseh'n!«

Decennien hindurch durfte dann kein Pfarrer hier angestellt werden. Erst als Strachan, Vicehauptmann von Lublau, mittelst Decret vom 14. Juni 1700 den Predigern in den XIII Städten freien Aufenthalt und am 10. Mai 1701 auch private freie Religionsübung gestattet, treffen wir in Leibitz wieder evangelische Geistliche an [1]) und zwar:

---

[1]) S. Weber, Monographie der evangelischen Gemeinde, S. 19. . ,

10. Elias Sartorius aus Neusohl, war früher in Kesmark deutsch-slavischer Pfarrer; starb 1702.

11. Ihm folgte Daniel Truner, der 1709 nach Eisdorf abging.

12. Johann Virgil Freiseisen aus Kremnitz, starb 1732 und wurde in der hölzernen Kirche begraben.

13. Johann Simonides, ging nach drei Jahren nach Kremnitz.

14. Andreas Holvaj, Sohn eines Predigers von Ober-Szlana, starb schon nach einer halbjährigen Wirksamkeit.

15. Friedrich Lindner 1735—1772. Er war ein Sachse und Hauslehrer eines Officiers der damals in der Zips garnisonirenden sächsischen Miliz. Er wirkte zuerst in Menhard, dann in Leibitz als Pfarrer.[1])

Mit welchen Drangsalen die Exilirung Eckard's für ihn und die Gemeinde verbunden war, geht aus einem Zeugnisse hervor, welches die Stadt Leibitz seinem Sohne folgendermassen ausstattete:

»Machen beyerbenst kundt u. wiszendt, dasz vor uns kommen u. erschienen sey der WohlEhrenfeste u. Hochgeachte H. Andreas Eccardt ausz der Königl. Frey-Stadt Kaysers-Mark freundlichst-bittende, wir möchten geruhen Ihnen eine Schriftliche Attestation Zuertheilen, wasz es vor eine Beschaffenheit mit seiner Alten Mutter vormahls allhier in Leibitz gehabt habe. Als haben wir ihm solches nicht denegiren können. Sondern bezeugen hiemit, so viel unsz an Eydes Statt geziemet, dasz nachdeme die Lutherischen Pfarrer sindt von Ihren Aemptern amoviret worden, unter welchen auch bemeldeter HEn. Andreae Eccardts Herr Vater, Abraham Eccardt Pfarrer zu Leibitz gewesen. Ist auff Sie welche in denen XIII Städten wohneten eine gewisse Taxe geleget worden. Undt weilen dann gedachten HE. Abrahami Eccardts Mutter der sowohl immobilien als mobilien sindt geschätzet und verkaufft worden, sich nicht erstrebet, jenige Taxa obzustatten, derowegen hat noch darzu hiesige Gemein nahe bisz zwey hundert fl. Ungrisch vor Ihn zahlen und erlegen müssen. Zu mehrer Glaubwürdigkeit haben

---

[1]) Friedrich August, Churfürst von Sachsen, wurde in Polen 1734 von einer, Stanislaus von der anderen Partei zum König gewählt. Zur Unterstützung des ersteren rückte die Miliz in die Zips ein. Siehe Näheres: Fürstenbesuche.

wir dieses mit auffdruckung unseres Gemein Insigill bekräftigen
wollen, so geschehen Leibitz, den 20. Aug. Ao. 1688.[1]
Interessant ist noch aus diesem Zeitabschnitt zu erfahren,
welches Gehalt die evangelischen Pfarrer hatten, als ihre Anstellung wieder gestattet wurde. Der genannte Johannes Simonides bezog wöchentlich 2 fl., jährlich 16 Metzen Korn, 18
Metzen Weizen, 20 Metzen Hafer, 30 Wagen Holz; für Leichen
1 Thaler bis einen Ducaten, bei kleinen 1 fl. Die Besuche der
Kranken brachten 1 fl. oder mehr. Die vier Opfer im Jahr betrugen 24 fl. Ausserdem hatte der Pfarrer ein Haus aus Stein
gebaut, Aecker, Wiesen und Gärten, welche die Gemeinde be-
baute und die einen Nutzen von 36 fl. brachten. Für die Bewilligung der Wahl eines Pfarrers zahlte die Gemeinde 100
Ducaten.[2]

h) Die römisch-katholische Schule.

Wer die katholischen Lehrer vor der Reformation in Leibitz
gewesen, welche Schul-Einrichtungen und Bestimmungen vorhanden waren, ist nirgends zu ersehen und fehlen dafür die
nothwendigen Daten. Mit der Herrschaft der Reformation hörte
in Leibitz nicht nur die katholische Kirche mit ihrem Gottesdienst, sondern auch die katholische Schule mit ihrem Unter-
richte auf. Als aber 1674 mit dem Siege der Gegenreformation
die evangelische Kirche mit dem evangelischen Cultus nicht gestattet wurde, musste auch der Unterricht in der evangelischen
Schule aufhören und die katholische Schule war allein berech-
tigt sowohl zum Unterricht der katholischen als auch der evangelischen Kinder. Der betreffende Erlass des Vicecapitäns Andreas Ludwig Moschinszky von Lublau, dto. 24. April 1675,
lautet: >Dass die Schulmeister der Dissidenten in den XIII
Städten abgeschafft werden müssen, da sie den Saamen der
Ketzerey in die Herzen der zarten Jugend ausstreuen< und die
evangelischen Kinder mögen die katholischen Schulen besuchen.[3]
So bestand hier also beinahe bis zum Toleranz-Patente Josef II.
nur eine einzige römisch-katholische Schule als vollberechtigt da.
Jedoch sind uns nur einige Individuen bekannt, die in dieser
Periode an der römisch-katholischen Schule wirkten:

[1] Stadt-Protokoll von Leibitz 1676.
[2] Liber Gnalis eccl. Leibicensis in quo conti praecepta et expensa.
[3] S, Weber, Monographie der evangelischen Gemeinde Béla 1886, S. 125.

M. Johann Marci war Schulrector und Richter zugleich 1676.

Balthazar Javorski 1688.

Florian Ginter wird 1727 in das Amt eines Schulrectors berufen.

Franciscus Strauch wirkte bis 1736 als Cantor und bezog dann eine bessere Stelle.[1])

Wie diese Schule in Leibitz beschaffen war, darüber finden wir ganz genaue Aufklärungen.[2]) Es lauten die Bestimmungen in wortgetreuer Uebersetzung aus dem Lateinischen wie folgt:

Die Schullehrer 1732.

1. Der Schul-Rector wird von der ganzen Stadtgemeinde berufen und erhält von jedem Hause einen Metzen Weizen. Auch hat er von allen Cantationen und Festivationen wie auch von allen Leichen und anderen Accidentien die Hälfte, die andere aber soll gleichmässig unter den Cantor und Campanator getheilt werden. Von dem, aus dem Absingen der Litaneien bei der Statue der heiligen Jungfrau Maria entspringenden Einkommen wird er mit den anderen Schullehrern gleichmässig Theil nehmen.

Pflichten des Schulrectors:

1. Seinen Mithelfern, nämlich dem Cantor wird er 18. dem Campanator 12 Metzen Korn jährlich geben.

2. Von allen Festivationen, Cantationen, Leichen und anderen Accidenzien wird er seinen Mithelfern die Hälfte geben.

3. Von dem Holze, welches sowohl per Wagen, als auch durch die Knaben täglich gebracht wird, soll er ausser der zurückbehaltenen einen Hälfte zum Heizen des Auditoriums der Schule, die andere Hälfte mit den Mithelfern gleichmässig theilen.

4. Die auf Quadragesima — Fasten — üblichen Spenden sollen gleichmässig vertheilt werden.

5. Die Mendicationen wie auch das wöchentlich durch die Bürger gegebene Brod soll allein den Mithelfern des Schulrectors zukommen, welches sie untereinander gleichmässig theilen sollen.

6. Die Cantation am Martinstag kommt allein dem Cantor zu, die zurückgelassene Discretion ist für den Campanator — Läuter —.

---

[1]) Stadtprotokoll 1676.
[2]) Lib. gnalis eccl. Leibiciensis in quo continentor praecepta 1731.

7. Die Hostiation zum neuen Jahr gehört dem Läuter.

8. Der Cantor, nicht aber der Rector, wird die Mädchen unterrichten, dem auch die Gebühr von ihnen zukommt.

9. Der Schulrector aber wird die Knaben nicht nur in den zu lehrenden Wissenschaften, im Lesen und Schreiben, sondern auch in der Musik unterrichten und wird auch andere, in den Landschulen vorkommende Wissenschaften der Jugend mittheilen.

10. Wenn aber der Schulrector nicht mit Frucht, sondern in Geld von der Stadtgemeinde gezahlt würde, wie es früher üblich war, dann ist der Rector zu Folgendem verpflichtet:

Er zahlt dem Cantor 14, dem Läuter auch 14 ungarische Gulden und ausserdem gehören seinen Mithelfern alle Cantationen (ausser einer bei der Kirchweihe, der General-Visitation und der Bestimmung gemäss, die von dem hochwürdigsten Stephan Matyasofszky seit 1717 besteht). Die Leichen und die Mendicationen mit ihren Accidenzien überlässt er ihnen auch. Von den Festivationen aber wird er seinen Mithelfern blos die Discretionen geben.

Wie zu sehen ist, sind in dieser Visitation alle diese Bestimmungen vom hochwürdigsten Herrn Stephan Matyasofszky.«

Schon fünf Jahre früher 1727 begegnen wir einer Rectors-Berufung im Geiste obiger Bestimmungen, nur mit dem Unterschiede, dass er, statt der Metzen Korn aus jedem Hause, 100 Reichsthaler erhält, was bei den damaligen Verhältnissen so ziemlich denselben Werth bedeutete.

Die Rector-Vocation lautete folgendermassen:

»Eine Leybitzer Rectors-Vocation.

Wohlvorsichtiger, Wohlgelehrter und Kunsterfahrener Herr Ginter!

Wir wünschen insgesammt von Herzen auch noch ferner, dass sie allemahl sich in einem vergnügten Zustande befinden möchten. Wann Ihnen aber Wohlwissend und bis dato sehr gutt bekanndt, dass unser Leibitzer Gemein von einer geraumen Zeit ohne Schul-Rectori sich sehr schlecht bevor aus beim Kirchendienst hat, aufhalten u. contentiren müssen, welches zwar enter hatte sein können; Wann aber unterschiedliche Verhinderung solches zugelassen, als hatt ein Löbl. Gericht vor allem andern resolvirt den Wohlvorsichtigen HErrn Florian Ginter zu solcher Funktion des Leibitzer Rectorates zu berufen. Wie Wir dann auch solches hiedurch in allen Ernst Unsern Herrn uud werthen Freund wollen conferiret haben, keinesweges Zweifelnde, diese u - sere abgeschickte Vocation Willig undt gerne auf und anzunehmen. Was dass Jährige Salarium anbetrifft, so hat sich eine Löbl. Ge- mein resolvirt Quartalweiss solches auszuzahlen, und zwar jedes Quartal 25 Reichsthaler, zusammen 100 Rthlr. austragendt, solche von einem Löbl. Magistrat abzunehmen u. zu fordern sein werden. Ueber dieses ein gewisses Acker ohnweit der sogenannten Weyden- Muhl von 4 Cubl, auch zu der Schul en gehorigen Krautgarten nach Belieben zu geniessen, dass Holz so von denen Schulk aben getragen, oder Fuderweiss gefuhret wird, mit denen anderen Prae- ceptoribus zu vertheilen, u. dieses Alles soll zu denen oben ge- nannten 100 Rthlrn paarem Gelde gehörig sein. Da übrigens des Herren Rectors Ampt sein wird, die Kirchen und Schulen fleissig abzuwarten, den Gottesdienst nimmer Muthwillig zu versäumen, die Kinder in der Lateinischen Sprachen, in der Rechenkunst, im schreiben u. lesen, auch in der Musik, so viel nur möglich aufs beste zu informiren, welches Alles einem qualificirten u. wohl- meritirten Schul-Rectori von Rechtswegen zu kommt. Ueber welch unser überschickte Vocation Wir insgesammt eine cathegorische resolution u. antwort erwarten werden, die Wir indessen nebst empfehlung Gottes Providenz allstets sind u. verbleiben Unseres Wohlvorsichtigen HE

Leybitz, 19. Nov. 1727.   Richter u. Rath

undt gantze Gemein.•

(L. S.)

Was die Obliegenheiten und Emolumente eines Cantors an der katholischen Kirche in dieser Zeit waren, erfahren wir gleich- falls aus einem Berufungsschreiben wie folgt:

•Wohlehrenvester, Kunsterfahrner, sonderswerthgeschätzter Herr u. Freund!

Nebstanwunschung allen an Seel u. Leib erspriessiichen Wohl- ergehen, sindt unsern bereitwillige Dienste anvorne. Es muss WhEf sonder Zweifel bekanndt sein, dass unserem bissdato fleissig gewesenen HErrn Franciscum Strauch als wohlemeritirter Organist bey hiesiger Pfarrkirchen ein besseres gluck vorgekommen, dass er die Stelle mit seiner abreyse an unserer Kirche vacant ge- macht hat. Da uns aber auss schuldiger Amtspflicht oblieget, an- statt seiner einen anderen Qualifizirten undt erfarnen, friedfertigen zu erwählen, als hat unsere löbl. Gemeine ihre insgesamte undt einstimmige vot ι auf WhlE geworffen, in Hoffnung stehend, selbiger unserer Meinung nicht entgegen sein, sondern vielmehr diese authentische Schrift stadt einer rechtmässigen Vocation auf u. annehme. Wir verstehen uns darneben, dass selbiger nicht nur allein die Sonn- und festlichen, sondern auch die wöchentlichen Gottesdienste mit seiner Kunst zieren wirdt helfen, nicht weniger auch ohne erhebliche uhrsache muthwillig die Leichen versäumen; in specie aber möge selbiger in keiner bey unserer Löbl. Gemein Geschäfte u. Policeyen sich vermengen, sondern einzig u. allein bey seinem Amte treulich und friedlich sich aufführen. Wir dagegen verobligiren uns vor gehabte Mühe mit 50 Ungfl., sage fünfzig ungrisch Gulden und absonderlich dem Calcanten auch mit 6 fl. jährlich zu salarisiren. Von diesem gedachten Salario wirdt Er auff Halbfasten, da so ist den 7. Maertz die Hälfft, undt dass Uibrige auf Joanni den 24. Juni jeder Zeit zu empfangen haben. Vom Holz würde Ihnen auch annuatim auf Halbfasten von Meyerhoffen 16 Fuder undt zur Zeit der Heu-Erndte 1 Fuder Heu admini Privat werden. Im Uibrigen zweifeln wir an WhlE seiner Aufführung gar im geringsten nicht, sondern hoffen vielmehr auff unsere Vocation eine categorische resolution, der göttl. Obhut Uns undt Ihn anbefehlendt, verbleiben WhlEf

Leybitz den 24 Aprill 1736   Richter u. Rath

alda.»[1])

i) Die evangelische Schule.

Mit der Reformation gelangte auch das Schulwesen in den XIII Städten zu einer besonderen Blüthe. Besonders in den Städten Igló, Kirchdrauf, Matheócz, Georgenberg, Béla und Leibitz kamen in den Schulen bereits auch theoretische und philosophische Gegenstände vor, in welchen auch Disputationen abgehalten wurden.[2]) Auf dieses höhere Niveau der Schule in Leibitz bezieht sich auch ein Zeugniss, das einem Leibitzer Studenten, Andreas Demitter, am 28. April 1676 ausgestellt wurde. Hier heisst der Besitzer des Zeugnisses ein Musenfreund — philomusus — der mehr als fünf Jahre in Leibitz studirte, in den Wissenschaften und in der Tugend vorzüglich, bescheiden und ergeben gegen seine Vorgesetzten war, der auch für das Aus-

---

[1]) Protokoll 1676.
[2]) Hist. eccl. ev. A. H. in Hung. univ. et praecipne scro in XIII opp. Szep. 1830 p. 230.
S. Weber, Monographie der evangelischen Gemeinde Béla S. 121.

land warm empfohlen wurde. Selbstverständlich bezieht sich ein solches Zeugniss nicht auf einen Schüler einer gewöhnlichen Volksschule, sondern einer höheren wissenschaftlichen Anstalt, wie sie hier angetroffen wurde.[1])

Gewöhnlich standen drei Lehrkräfte in Verwendung, ein Rector, der immer an einer deutschen Universität gebildet wurde, ein Collega und ein Cantor, der auch mit Gesang und Kirchendienst betraut war. Solche Lehrer treffen wir nachstehends an:

1. Johann Serpilius I. 1590 Rector und Diacon. Wie schon bemerkt, war er auch Pfarrer in Wagendrüssel und Leibitz.[2])

2. Johann Fröhlich, diesen erwähnt das Stadtprotokoll 1595; er stand auch der Schule zu Kirchdrauf 7, der hiesigen 15 und der Kesmarker 8 Jahre vor.

3. Joseph Praetorius aus Rokusz, war 1620 hier Rector, später Diacon zu Béla und 1635—1646 Pfarrer in Wagendrüssel.

4. Johann Serpilius II., ein Sohn des Johann Serpilius I., geboren in Wagendrüssel 1596; er war hier Rector, später Diacon seines Vaters und wurde 1624 nach Kesmark berufen·

5. Gregor Arelt, Sohn des Georgenberger Pfarrers Johann Arelt, stand der hiesigen Schule vom 18. Mai bis 6. Juli 1624 vor, wurde dann Pfarrer in Rokusz und noch in demselben Jahre in Felka und wirkte dann von 1640 in Georgenberg, wo er 1645 an der Pest starb.

6. Melchior Birnstein aus Matheócz, unterrichtete hier die Jugend bis 1631, in welchem Jahre er vom Superintendenten Peter Zabler zum Diacon von Felka ordinirt wurde, kam dann 1638 in derselben Eigenschaft wieder nach Leibitz und wirkte endlich vom Jahre 1646—1653 als Pfarrer in Wagendrüssel.

7. Michael Erhardi wirkte um das Jahr 1638, 1640.

8. Venceslaus Ritzmann aus Teschen, wirkte hier als Lehrer 1661—69 und wurde in letzterem Jahre als Seelsorger von Göllnitz angestellt.

9. M. Johann Marci, Nachfolger des Ritzmann. Als 1674 die evangelischen Pfarrer ins Exil getrieben wurden und mit dem evangelischen Cultus auch die evangelische Schule aufhörte, wurde Marci katholisch und blieb Schul-Rector und als

---

[1]) Protokoll der Stadt Leibitz 1676.
[2]) In hazai és külföldi oktatás a 16 században von Franke Vilmos wird Seite 121 der erste evangelische Lehrer 1576 als Adam Hutter bezeichnet.

solcher bekleidete er auch das Richteramt in Leibitz. Später soll er Rector an der katholischen Schule zu Igló geworden sein.[1])

10. **Johann Martin Meissner** aus Coburg, wirkte neben Marci als Conrector.

11. **Bartholomäus Koneopaeus**, war damals Cantor.

Mit diesen Lehrern hörte die evangelische Schule gänzlich auf, die evangelischen Kinder mussten die katholische Schule so besuchen, wie die erwachsenen Evangelischen die katholische Kirche zu besuchen gezwungen wurden. Nur die evangelischen Cantoren fanden hie und da Gelegenheit, auch die evangelischen Kinder zu unterrichten. Derartige Cantoren fanden wir hier

1. **Esaias Koneopaeus**, Sohn des oben genannten Koneopaeus, wurde 1700 von Toporcz berufen.

2. **Martin Thann sen.**, 1730 von Georgenberg berufen.

3. **Martin Thann jun.**, Sohn des vorigen und dessen Nachfolger im Amte, starb 1773.

4. **Martin Lumtzer**, Cantor und Privatlehrer bis 1777. Mit ihm wirkte

5. **Samuel Alexy** fünf Jahre hindurch.

6. **Mathias Bredeczky**, Sohn des 1812 in Lemberg verstorbenen Superintendenten Samuel Bredeczky, wurde in seiner Jugend mit seinen Eltern aus Siebenlinden im Scharoscher Comitat des Glaubens wegen vertrieben und 1777 von der Lehrerstelle in Jakubjan hieher als Cantor und Privatlehrer berufen. Er starb 1812.

Nach einem Intimat vom 22. März 1784 wurde der Leibitzer Gemeinde gestattet, eine Trivialschule zu errichten und es wurden noch als zweite Lehrer angestellt:

7. **Martin Höntz**, ein geborener Leibitzer und Hauslehrer in der Familie Mariássy zu Botzdorf. Als er 1786 als Pfarrer nach Riszdorf berufen wurde, trat an seine Stelle

8. **Daniel Lang** aus Béla, der von Holló-Lomnitz berufen wurde und schon 1788 eine Lehrerstelle in seiner Vaterstadt antrat.

Das Berufungsschreiben des genannten Cantors Thann jun. liegt uns im Wortlaute vor, welches wir zur Charakterisirung der Verhältsisse hier wiedergeben:

---

[1]) Stadt-Protokoll 1676. Visitations-Protokoll der evangelischen Gemeinde 1886.

•Vocation des Cantoris beim Evang. Beth-Hauss.

Ehrenvester und Kunsterfahrner sonderswerthgeehrtester Herr
Thann!

Es ist bekannt, dass dem grossen Gott in öffentlieher Gemeine nicht nur mit Verkündigung und anhörung des göttl. Wortes
und andächtigen Gebeth, sondern auch mit allerhandt Gesängen
und geistl. lieblichen Liedern gedient u. sein herrlicher Nahme
dadurch verherrlicht werden muss, weilen man nun dazu auch in
der Music erfahrene Personen nöthig hatt, sie denen gläubigen in
der Kirchen mit ihrer Stimme vorgehen können. Uns aber unser
bishero gewesener Cantor Mittelst einer anderen Profitableren
vocation entnommen worden, so sindt wir gesonnen dieses ambt
eines Cantoris durch ein anderweitiges tüchtiges Subject zu ersetzen. Da wir nun wissen, dass WEhlf dieser Function würdig
vorstehen kann, als haben wir denselben mit Consen und Vor-
beruffung Unser sämtl Evangelischen Gemeinde zum Cantoren bey
unserem Bethhauss vociren u. beruffen wollen, nicht zweifelnde.
Er werde sich zur Annehmung dieses Ihm aufgetragenen Amtes
willig entschliessen, es auch mit aller bestmöglichen Treue, Fleiss
u. in Dexteritaet verwalten. Weilen auch das Löbliche Kirchen-
Patronath ernstlich beschlossen hatt, dass hinführo die zu den Sonn-
u. festtäglichen, ein gleichen zu den wöchentlichen Gottesdienst
bestimmte Zeit undt stunden, auf das allergenaueste soll beobachtet
werden, so wirdt sich auch derselbe gefallen lassen, zur erhaltung
dieses nöthigen entzwecks mit unseren Glöckner gemeinschaftlich
die Kirche zur rechten Zeit aufzuschliessen, damit der Gottesdienst
zur rechten Zeit angefangen werde, als wozu derselbe obligirt sein
wirdt. — Weilen aber ein arbeitter seines Lohnes allerdings werth
ist, so melden Wir zur nachricht, dass Er vor seine Bemuhung
in unserem Bethhauss jährlich haben wird 18 ung. fl. paar gulden.
20 Cübl Gerst, undt 6 C. Korn, neben d'eses an denen hohen
Festtägen drey Offertorio, undt jeden Sonntag so oft Communi-
kanten sindt eine Station (?) in der Kirche mit dem glöckner gemeinschaftlich zu geniessen. — Im Uibrigen wünschen wir dass
Gott demselben zur verwaltung des Ihm aufgetragenen ambtes be-
ständige Gesundheit verleihen wolle, empfehlende Ihn Gottes Providenz. Zu mehrerer Glaubwürdigkeit dessen haben wir Endes-
unterschriebene diese ordentliche u. authentische vocation unterschrieben und mit unserem gewöhnlichen Insigill bekräftigen wollen.
Geschehen Leybitz den 12 Xten 1746.

Sechster Abschnitt.

Das Handwerk.

Die Zeit unter der Polenherrschaft ist die classische Zeit des Handwerks, wo es der schönsten Blüthe und des mächtigsten Aufschwunges entgegenging. Die Zünfte bildeten sozusagen den Mittelpunkt des Lebens, woher materielles Wohl und auch intellectuelle Anregungen und Fertigkeiten mit ihren sittlich-religiösen Bestrebungen reichlich entsprangen. Die Zünfte waren die Depositeure aller schätzbaren Documente und culturhistorischer Aufzeichnungen, sie gaben für ihre Fächer Lehrund Bildungsanstalten ab, sie huldigten dem Ernst der Arbeit und verfügten über mehr oder weniger materielle Mittel zur Erreichung ihrer Zwecke. Die Zünfte waren es, die Jugendvereine in den Gesellenvereinen zu Stande brachten, sie übten Wohlthätigkeit und verabreichten Unterstützungen, sie huldigten der Heiterkeit und Fröhlichkeit, waren aber auch Hüter, Wächter und Förderer des religiösen und kirchlichen Sinnes.

So treffen wir es auch in Leibitz an.

In der Tuchmacherzunft, die zu den grössten und ansehnlichsten zählte, deren Zunftvater dem Richter gleichgehalten wurde und bei Streitigkeiten und Hatterungen sich des allgemeinen Vertrauens erfreute, finden wir eines der ältesten Zunftstatute vom Jahre 1480, welches die wichtigsten Bestimmungen enthält. Für die Erlernung des Handwerks, für das Meisterstück, für Religiösität und liebevolle Theilnahme, für richtige Waare, für die Reinhaltung der Familie, für richtigen Kauf und Verkauf, für die Strafen bei Uebertretungen, für Alles wird vorsichtig gesorgt, was zum Gedeihen des Handwerks nothwendig und erforderlich war.

Der Wortlaut dieses wichtigen Documentes ist folgender:

Wir Johannes Schaller, Graf der König: dreizen Städte sammt den Richter derselbigen Städte öffentlichen bekennen mit diesem gegenwärtigen Brief, allen und ein jeglicher der ihn sehen od. lesen hören wird, wie die Ehrbaren Meister, die Tuchmacher von der Leibitz vor uns kommen sein, und haben mit ihnen gebracht einen Brief, der ihn gegeben ist worden von den Land-Grafen, und von den 24 Richtern, zur Gerechtigkeit ihres Handwerkes, und haben uns gebeten, dass wir ihnen denselben bestättigen   Auch sind sie gewesen bei den Herrn seiner Gnaden, und wir bekümmert in unseren Rath, auch noch Rath unseres Grossmäcł tigen Herren Petri Kmitta, auf dieselbige Zeit ein Herr und Hauptmann auf Lublau, Pudlein, und der König: 13 Stadt ist es bewilliget worden; auch haben wir das erkannt in unseren Rath, dass solches ist nützbar vor das Land, und haben ihn bestättiget Ihren Brief, welcher von Wort zu Wort also lautet.

Im Namen der Dreifaltigkeit. Amen.

Höhret ihr Meister alle, die da sind Gewandmacher in dem Zips zu unseres selbst geliebte, die wir gemeiniglich geliebt haben. So haben wir Graf Jokos und die 24 Richter in dem Lande das Recht.   Wer daher kommt aus Fremden Landen, und sich zwischen uns nähren will, der soll ein Zeugniss seiner ehrlichen Geburth mit sich bringen, oder aber auch 4 Jahr gelernet hat, und sich sonst ehrlich und redlich verhalten.   Hernach aber, so er unser Zechmitgenoss sein und bleiben will, so soll er der ehrbaren Zech 10 fl. erlegen.   Item 4 Pfund Wachs, Mehr 2 Pint Wein, vor allen aber soll er ein Tuch zum Meisterstück machen, damit eine ehrbare Zech, sehen merken und spüren möge, ob er das Handwerk wohl gelernet, auch in seiner Meisterschaft bestehen wird können und mögen.   So er aber nicht bestehet so muss er ein Jahr wandern, und das Handwerk besser lernen.   Hernach aber, so er wieder kommt, muss er abermahl, der Zechgerechtigkeit gewinnen, bestehet er dan mit seinen Meisterstück, so soll er den Meistern eine ehrliche Mahlzeit zu halten schuldig sein.   Wo er aber nicht, so soll er 8 fl. und 2 Pinten Wein den Meistern zu geben verpflichtet sein.   Wenn ein Lehrjung aufgenommen wird, soll er vollkommlichen 4 Jahr lernen, und alda soll der Lehrmeister ein Pint Wein, und der Lehrjung auch eine geben, auch soll der Jung ehe dann er aufgenommen 2 fl. zu geben schuldig sein.   Und wenn er diese 4 Jahr ehrlich ausgelernet und ausgestanden hat, soll ihm der Meister neue Kleider kaufen von Märischen Tuch.   Auch soll sich kein Lehrjung in seinen Lehrjahren verheirathen.   Item wenn ein Knab, er sei ein fremder od. ein einheimischer hieher kommt, und will sich in die Zech einrichten, so soll keiner ehe zugelassen werden, es sei denn er hat 2 Jahr bei seinen Meister gearbeitet, also dan soll er zugelassen werden.   Welcher Meister, der ein Tuch machen will, und will es ganz und gar verkaufen, der soll es auf 30 Elen in die Länge machen auf die Breite zwei Ele weniger ein halb viertel.

Item der da macht ein faltsch Tuch, der soll peinlicher vor Gericht angeklagt werden, und das Tuch soll man nach Erkenntniss Gerichtes entweder verbrennen des oder ja armen Leuten austheilen lassen. Item bei welchem Meister die Ascher wohl erfunden wird, und das er Tuch davon macht, den soll gleicherweise das Tuch genommen werden und dasselbe den Spitalleuten oder ja armen Schülern geben. Auch wer bei und neben uns dieses Handwerk haben und treiben will, der soll haben sein ehrliches Eheweib, und nicht ausserhalb einen losen Schlepsack. Auch wo ein Tuchknab untreu befunden wird bei seinen Meister, soll gleicherfals als ein anderer Misshandler angeklagt werden. Auch wenn ein Gesell od. Lehrknecht seines Meisters Haus befleckt, mit Unzucht und Hurerei, derselbe soll keinen Theil zum Handwerk haben. Wenn einer, der da hier bei uns gelernet hat, und wer sich in die Zech einrichten, der soll der ehrbaren Zech geben 6 fl. und 4 Pfund Wachs und 2 Pinten Wein. Item, wenn ein Knabe, der da eines Meisters Sohn bleibt, nach des Vaters Tod, der da Lust hätte das Handwerk zu lernen, der soll lernen 3 Jahr lang, ist er aber bei seinen Kräften und das Handwerk noch allerdings nicht begriffen, bei Lebetagen seines Vaters, der soll noch ein Jahr bei einem Meister dienen. Item. So eines Meisters Sohn heirathen wolte, auch Zechgerechtigkeit gewinnen wolte, der soll geben 1 fl. und 2 Pfund Wachs auch 2 Pinten Wein, nimmt er aber eines Meisters Tochter, so soll er nur 4 Pfund Wachs und 2 Pinten Wein geben. Wir haben dieses auch zum Recht, dass Niemand darf Wolle oder Warften kaufen, es sei dan, er kann es selber verarbeiten, und das Handwerk wohl gelernet, auch der Zechgerechtigkeit gewonnen. Mehr haben wir dieses auch zum Recht zum wehren auf unseren 13 Städten, also nähmlich die schmalen Lipter Tücher, auch sonderlichen die Walochischen Gunen Tücher, feil zu haben und zu verkaufen. Item fremde Leute, so etwan hereinkommen möchten Wolle zu kaufen, die soll ein ehrbare Zech warnen lassen, damit sie von solchen Wohlkauf abstehen, wo nicht, so soll ihnen die Wolle genommen werden. Item. Dem Leutschern Meistern unsers Handwerks haben wir zu wehren, damit sie die gekauften Tücher auf unsern Märkten nicht verkaufen. Es sei dan ihre eigene Arbeit. Item. Wir haben auch zum Rechten fremdes Tuch zu messen, desgleichen auch die Elen, und die Gewicht zu wägen; wird Jemand unrecht befunden, der soll nach Erkenntniss der ehrbaren Zech gestraft werden. Item, es soll auch keiner kein fremdes Tuch auf den Markt bringen, es sei dan auf den Jahrmarkt. Item. Es soll auch kein Meister noch Tuchknab aus unseren Markt anderswo Tuch kaufen, und in unseren Markt führen zu verkaufen, bei der ehrbaren Zechstraf, es sei dan ein ganz Tuch. Item. Es soll kein Meister dem anderen keine Wolle, noch etwa andere Sachen auskaufen, bei grosser Straf. Item. Es soll kein Weib, die ihrem lebendigen Mann hat herumlaufen, Wolle aufzukaufen, oder Tuch. Es sei dan eine Witfrau. Item. Wenn ein Tuch einen Mangel hat, sollen es die Meister besehen, ist es feilbar, so soll derselbe nach Erkenntniss der Meister gestraft werden. Es soll auch ein jeder Meister sein Zeichen auf den ersten Ort legen, zu Bewehrung des Meisters und guter Leute kaufen. Item. Es soll kein Meister ein Tuch ohne Zeichen in die Walkmühle tragen, und wo eines ohne Zeichen erfunden wird, das soll man in die Zech nehmen, und damit machen, was Zechgerechtigkeit mitbringet. Desgleichen soll auch ein jeglichen Meister sein Ziel haben lang und breit zu scheren und zu wirken, auch mit Gewicht und Wage gleich sein. Uud so einer anders in solchen Fällen erfunden wird, der soll seine Straf nicht wissen. Item. Es soll kein Meister dieses löbliche Handwerk ohne Erlaubniss der ehrbaren Zech Jahr und Tag aussen bleiben, und so er meinet seine Verbesserung anderswo zu bekommen, und es nicht haben könnte, und in anderen Jahr wiederkame, so soll er sein ehrlich Zeugniss mitbringen, wie er sich alda verhalten habe, und das nicht irgend gestockert, oder sonst unehrliche Handtierung getrieben, hernach soll er die Zech auf ein Neues gewinnen. Auch ein Meister den andern etwas schuldig und wolte nicht zahlen, soll er ihm ehe vor dem Zechmeister fordern lassen, ehe dan er ihm vor Gericht citiren lässt. So sich Jemand gemelt es unseres Handwerks der Tuchmeister kriget, es sei beim Bier, Wein od. Spiel und derselbe des ältesten Zechmeisters Geboth und Befehl sich nicht gehorsamlicht erzeigen, vornehmlich so das Zeichen umgangen, der soll straffällig sein, 2 Pfund Wachs, wo er sich aber wiederte und dasselbige nicht geben wollte, so soll ihn die ehrliche Zech vor Gericht verklagen und sehen lassen, es wäre dann, er hätte genügsame Ursache, seiner Entschuldigung. Item. Wenn das Zeichen herumgeht und einem unseres Handwerks begreift und nicht in die Zech kommt, derselbig ist straffällig ein Pfund Wachs. Desgleichen so ein Meister oder ja eine Meisterin stirbt, soll ein jeder Meister und Meisterin in ihr Ruhebett helfen begleiten, bei einem Pfund Wachs, so aber eines Meisters Kind stirbt, so soll aus jedem Haus eines mit der Leich gehen. Wenn einer in die Gangreis nicht kommt, ist seine Strafe 1 Pfund Wachs. Die Gesellen sollen auch dem Zechmeister oder dem ältesten einem Gesellen, vor den andern Meistern allen sehen, wo ferne er einen begehret und bedurfet. Wenn ein Meister ein streflich Tuch machet, vor einen jedem Streifen 1 Pfund Wachs. Item. Welcher Meister an dem H. Sonntag od. Feiertag, mutwillig od. gutwillig die Predigt göttlichem Wortes versäumet ist straffällig 1 Pfund Wachs. Letztlichen was in der Zech vorwilliget und beschlossen wird, auch mit einem Urtheil eingebracht, das soll einer wie der andere unverbrechlich halten. Als wir Graf und Richter der 13 Städte diesen Brief bestattiget, das ist geschehen in dem Jahre, da man schrieb Tausend Vierhundert und Achtzig Jahr. Zu einem wahren Zeugniss haben wir unser Landsiegel der 13 Städte daran gehangen. Datum zu Iglo an dem Mitwoch der heiligen Dreikönigtage. Nachdem die ehrbare Zech der Tuchmacher dieses königlichen mittels Leibitz vermerket, das ihre gegebene Handfest und Freiheit, so sie von dem 24 Richtern bekommen zimmlich alt, sind sie einhellig vor dem Königstuhl gekommen mit ihrer alten Freiheit und Zechgerechtigkeit, und haben treulich angehalten und gebeten, damit der Königstuhl aufs Neue mit des Landes grössern Insiegel bekräftigen und confirmiren möge. Welcher die weil es der Billigkeit gemäss, haben es die Herrn Richter ihnen nicht abschlagen können noch mögen. Actumo Leibicz dem 25. Tag May. Im Jahre Christi 1609.

Dieses Statut wurde auch durch den polnischen König Ladislaus IV. im März 1629 bestätigt.[1])

Ein Beweis dafür, welches Ansehen die Zeche der Tuchmacher in Leibitz genoss, ist auch der Umstand, dass auch anderer Städte Zunftgenossen sich an diese Zunft mit der Bitte wendeten, ihnen ihre Statuten zur Abschrift und Darnachrichtung überlassen zu wollen. So baten am Donnerstag nach Ostern 1566 die Tuchmacher von Kirchdrauf um das Zechstatut von Leibitz in folgenden ehrenden Zeilen :

Vnseren dankwilligen allzeit bereiten Dienst mit Wunschung viel Glücks vndt heils bevor Ersame gonstige Liebe Herrn Nachbarem vndt Freundt. Nachdem die Erbare Zech der Tuchmacher

[1]) Leibitzer Zunft-Acten.

N

allhier vor vns erschienen ist, anzeigendt wie sie bei sich beschlossen hätten vndt bedacht weren zu besserer Förderung Ihres
handwerks, bey vnd under Euch Zechgerechtigkeit zu holen vndt
zu begeren, vns derwegen angelangt, wir wollen ihnen ein für-
schrifft an Euch derhalben mittheilen, welchs wir zu der gebir
noch nicht abschlagen haben können, vndt wollet solanget derwegen an Euch gonstige liebe Nachbarn Elteste Zechmeister vndt
alle Meister des Tuchmacher Handwerks vnss freundliche Nach-
barliche vleissige bitt, wollen von wegen guter Nachbarschafft vndt
die weil wir vnder Eine herrschafft, obrigkeit vndt dition sindt,
vnssere Mittwohner Eurs handwerks gegenwertige briffzeiger Euch
lassen benoth sein vndt Eure Zechgerechtigkeit wie sie E: Lieb
hat bekommen gern willig, vndt onn beschwernis mittheilen, damit
sie der Freiheit vndt gerechtigkeit, wie ihr sambt Ihren Nachkommen Mögen geniessen, Den sie versprechen, sagen zu vndt
geloben, wider Euch vndt Eure Zechgerechtigkeit Im geringsten
etwas weder zu handeln noch zu thun, vndt sich dermassen zu
verhalten, alls Zechgenossen Anverwandt Handwerkern geziemt
vndt gebürt, versehen vns auch gegen Euch alls vnsere liebe
Nachbaren, Ihr werdet vns vnsern bit nicht abschlagen, sondern
Euch gegen vnseren Tuchmachern alls gutwillig erzeigen, das sie
erfahren mögen: Es hat vnsere Vorschrift Ihrenthalben viel aus-
gericht, Solchs wollen wir gegen Euch alle vndt jeden sunderlich
Inngleichen oder ander in Zahl oder Segen die Eurigen zu ver-
schulden, vndt zuverdienen erpittig sein. Damit thun wir Euch
alle Got dem allmechtigen, im seinen göttlichen Schutz vndt vns
inn Eure gunst sambt vnseren Mitwohnern Eurs Handwerks be-
velhen. Kirchdorff den Donnerstag nach Ostern, Anno Dnj 1566

Ei gautz-

willige

Richter u. Rath

daselbst zu Kirchdroff.

Adresse:

An En Ersamen vndt Namhafften Gestrengen Eltesten
Zechmeister vndt anderen in der Ehrbaren Zech der Tuchmacher
in den Leubits vnseren günstigen Lieben Freunden vndt Nachbar t
zuhauf.[1]

<hr>

[1] Zunft-Acten in Leibitz.

Welche Zeugnisse die Tuchmacher-Innung einem Lehrling ausstellt, darüber liegt uns im Wortlaute die Urkunde vor:

Wir Geschwornen Zechmeister u. Elteste der Löblichen Zunft und Zechen derer Tuchmacher in der Königlich dreyzehen Stadt Leibitz im Zieps benanntlich: Simon Helner, Tobias Joni, Johannes Schemenszky und Casparus Hartsch: Entbiethen allen und jeden Einsehern, verlesern oder verlesend anhörern wes Standes, Herkommens und Nahmens dieselbeten seyen, unsern gebührlichen Ehren-Gruss nebst wünschung aller Seelen gedeulicher und Leibes annehmlicher Prosperität anvorne! Machen hiemit kund und thun zu wissen, wie dass vor uns erschienen u. kommen sey, der Ehrbare Johannes Droschel freundlich anhaltend, wir möchten geruhen, Ihm ein öffentliches Zeugniss seines Ehrlichen Handwerks und Lehrjahrn herauss zu geben, welchem billichen anbringen u. bitten wir auch williges Gehör geleistet. Bezeugen demnach Kraft unseres Eides und Ehren-Amptes, dass obbemelter Johannes Droschel das Löbliche Tuchmacherhandwerk bey unserem Mitmeister Casparus Roxer ganzer 4 Jahre gelehrnet u. ausgelehrnet hat, u. nach ordentlichem Freysprechen nicht allein gegen seinen Meister, sondern auch in specie gegen einen jedweden unter unss sich allezeit der Gebühr nach erhalten. Weil er dann sein Glück anderswo suchen wil, welches wir Ihm gerne gönnen, alss wollen wir zu vörderst denselben allen ins gemein und dann auch sonderlich unseren Handwerksgenossen zum besten recommandiret haben, dienstfreundlich bittende, sie wollen diesen Ehrbaren Johannes bestermassen behilflich sein u. fördern, welche Gunstgewogenheit wir in dergleichen u. anderen fürfallenden Occasionen abzudienen u. freundlich zu erwiedern an unss nichts wollen mangeln lassen. Zu mehrer sicherung u. Glaubwürdigkeit dessen, haben wir gegenwärtigem Testimonis unserer Löblichen Zechen Insigill ertheilet. Geschehen Leibitz Ao 1680 am 19 Feb.[1])

Auch den Gesellen folgten die Tuchmacher ähnliche Zeugnisse aus, die sie schützen und empfehlen sollten. Ein solches Zeugniss lautet wörtlich wie folgt:

Wir N. N. Eltesten und geschworne Zechmeister der Löblichen u. Ehrlichen Zechen derer Tuchmacher in der Königlichen Dreyzehen Stadt Leibitz entbiethen allen in'sgemein, sonderlich aber denen es daran gelegen unseren Christlich schuldigen Ehren-Gruss

---

[1]) Stadt-Protokoll 1676.

8*

nebenst Herzlicher Wünschung Seelen - gedeylicher u. Leibes-
annehmlicher Prosperitet benoran!

Urkunden und thun zu wissen, dass gegenwärtiger Brieff-
zeiger der Wohlgeachten u. Ehrliche Laurentius Pater für uns und
eine gesampte Ehrhaffte Zunfft und Zeche kommen sey, demüthigst
bittende, wir wollen geruhen Ihm ein öffentliches Zeugniss seines
Gewerbes, oder Ehrlichen Handwerkes willigst herauszugeben,
welches wir Ihm in beobachtung der selbsten billigkeit keines
weges haben versagen können. Bezeugen dannehero frey u. ge-
wissenhafft, dass obgedachter Laurentius Pater in d. Keyserlich
u. Königl. Freystadt Leutschau im Ober-Ungarischen Kreyss Zips
gelegen, bey dem Ehren-Wolgeachten und Namhafften Herrn
Andream Patern, seinem III. Brudern das Ehrliche Tuchmacher
Handwerk fleissig und aufrichtig, wie sichs Kraft unserer Artikel
u. Statuten gebühret, völlig gelernet und ausgelernet hat; darbey
als er durch Schikung des Allerhöchsten sich bei uns eine Zeit
lang eingelassen und sein Gewerb fleissig geflogen hat, Er sich
ganz sittsam, Christlich-Erlich u. aufrichtig erzeiget, also, dass
wir keine Klage wider Ihn und die Seinigen führen können. Vnd
massen Er sein Glück bey diesen schweren Zeiten anderweit in
d. Fremde suchen wil, welches wir Ihm gerne gönnen, als bitten
wir unterdienst-freundlich alle u. jede Einseher Hohes und Niedriges
Standes, Sie wollen diesem Laurentio Patern u. dem Seinigen in
Ansehung des Wolverhältnisses u. Christlichen Wandels allerley
Gunst Gewogenheit erweisen. die Belohnung vom Himmel er-
wartende, wir wollen sothane Liebe und Christliche Wolneigung
mit stetter Dienstgefliessenheit gegen alle u. Jede beförderer u.
Wohlthäter aliberecit revangiren u. Mensch - möglichst ersetzen.
Zu dessen Glaubbahren Versicherung wir diesem Zeugniss unser
Zech-Insigill ertheilen wollen. Leibitz den 30. Januarii Ao 1676.[1]

Zu den bestgeordneten Innungen gehörte auch die Brüderschaft der Melzer und Bierbräuer. Unter der Polenherrschaft
1676 entstanden. gelang sie bald zur Blüthe und führte ein
»Melzer-Buch«, das von anerkennenswerther Intelligenz spricht.
sich nicht nur auf die internen Angelegenheiten beschränkt.
sondern Notizen von Leibitz und der ganzen Zips enthält. die
von nicht geringer culturhistorischer Bedeutung sind. Der Wortlaut des ersten Statutes lautet nachstehends:

----

[1] Stadt-Protokoll 1676.

Melzer-Brüderschaft in Leibitz.

Sie entstand seit 1676 im Monath März und setzt sich folgende Ordnung und Artikel fest: Weil der höchst Monarch Himmels und der Erde Gott der Herr in Erschaffung dieser grossen Welt Kreise u. Aller andern sichtbaren Dinge eine Ewig gemeinsame Ordnung gehalten hat u. auch solche annoch in Erhaltung dessen confirmieret u. in allen Christlichen policeyen durch kluge und weise Regenten, publice u. Privatim propaginirt oder Fortpflanzet: Als will sichs gebühren, dass solch eine Ordnung nicht alllein in communi republica, sondern auch in jedwedem Stand u. Wandel täglich möge observirt werden. Zu dem Ende hat eine löblich. u. wohl verbundene Genossenschaft denen Herren Melzern in der königl. Markt Leibitz sich bemühen wollen wie sie in solchen ihrem Stand, gutte Ordnung nicht allein stiften sondern auch solche durch höhere Obrigkeit Confirmirung Ihren lieben Nachkommen hinterlassen mögen. Und dieses haben sie aus keiner anderen Ursache thun wollen, als einzig u. allein darum weil sie gesehen, dass Viele in Ihrer Gemein wider alle Billigkeit, in Ihren Stand sich bis dato unterstanden zum endlichen Ruin und Untergang der bier-Genossenschaft Malz zu machen, u. durch dessen Handel die tägliche Nahrung nebst denen gewöhnlichen Steuern u. Zinsen Ihnen zu schmälern u. zu entziehen, theils weil sie gesehen, dass gutte Ordnung alles zieret, in dem sie aller Dinge Seele ist, Ohne welche auch kein Stand in dem flore kann erhalten werden. Nun sind ohne weiteren Umschweif Ihre Ordnungs-Artikel u. puncta einhellig folgends beschrieben u. verzeichnet worden:

1. Sollen alle Melzer-Brüder insgesammt Gott u. sein heiliges Wort lieben und alle Sonn- u. Feyertage fleissig zur Kirche gehen u. die Predigt andächtig anhören damit hier der Segen des Höchsten reichlich überkommen möge.

. 2. Soll kein Melzer-Bruder an denen v. d. Kirche gebetenen Feyertägen die Sonntäge nicht ausgenommen im Maltz freventlich auftragen, vielweniger dasselbe trocknen bey Strafe nach Erkenntniss der Brüderschaft.

3. Soll keiner ausser den ordentlichen Melzerbrüdern es sey ein Sohn, Tochter, Pursch, Knecht o. Hausgesinde, sich unterstehen Gersten zu kaufen u. das daraus gemachte Malz Andern zu verkaufen weilen sie kein Zins geben. Will aber etwa ein

Mitbürger malzen, so lasse er Ihm soviel Malz bei einem ordentlichen Melzer machen, Als er des Jahrs über in sein Hause zum bier u. branntwein Schank u. zur täglichen Nahrung vonnöthen hat. Wer wider diesen Artikel thun wird, soll des Malzes verhalten seyn.

4. Wenn nun ein Bürger, bey einem Melzerbrüder Malz machen lässt, so soll er dem Melzer für das Malzmachen geben 24 Polturaken u. 4 Polt, für das Zettel beim Melzer-Brüder-Vater, welche der ganzen Brüderschaft zufallen. Sofern aber ein Melzerbruder sein Est nicht in Gebrauch od. im Gang hätte und ein Malz bei einem anderen Bruder machen liesse, derselbe soll die obgedachten 4 Polt. nicht erlegen, sondern anderer brüder Freyheit geniessen, der Melzer aber, der das Malz machen will, soll ohne Darzeigung des Zettels nichts anfangen.

5. Weil bei unserer Gemein grosse Beschwerlichkeit u. Armuth ist u. sich viel daraus der Pflichten bei dem Bierschank u. Branntweinbrennen gerne befreyen wollen, als soll denen Bürgern, solcher nicht gehindert werden. Aber sie sollen zur Beförderung der bürgerlichen Glückseligkeit von denen einheimischen u. ordentlichen Melzern das Malz kaufen u. im geringsten nicht wider Billigkeit kandeln, damit also eine Hand die andere waschen möge. Wer darwieder handelt, soll um 4 Rth. gestraft werden.

6. Wenn ein Bürger durch einen Ordentlichen Contract od. die Erbschaft zu einer Est gelangen sollte, soll er verpflichtet seyn, sich beym Melzer-Bruder-Vater anzumelden u. rechtmässig in die brüderschaft einzuwerben, mit Erlegung 2 Rth., den 1-sten Rth. soll er alsobald erlegen den Andern, wenn das Jahr herum ist, damit er also völlige Gerechtigkeit in der brüderschaft haben könne.

7. Ausserhalb des Kumpens soll kein Melzer in den Butten begiessen, weil es recht lumpig u. hudlerich ist; wer aber es thun würde, soll nach Erkenntniss d. Brüderschaft gestraft werden.

8. Soll kein Melzer mit einem unrechten Kübel umgehen, sondern ein erlich Maass mit d. gemein Zeichen gebrauchen. Wer aber in Falschheit umgehen würde, soll nach Erkenntniss d. Brüderschaft gestraft werden.

9. Soll kein Melzer dem Andern durch Vervortheilung u. durch falsche Entziehung von Kaufleute in s. Gewerbe und Handel hinderlich seyn, sofern aber einer dem andern durch Verunglimpfung schaden sollte, der soll unnachlässig zu poen 2 Rth. erlegen.

10. Sollen jährlich 2 Melzer als Zech-Väter v. d. löblichen Bruderschaft erwählt u. gesetzt werden, die auf die vorhergehenden Artikel u. Ordnungs-Punkte fleissige Obsicht haben mögen. Und solche Erwählung u. Ernennung soll allzeit bei dem Bruder bier auf Johanny des Täufers fest angestellt werden. Wenn solches geschieht soll die ganze Brüderschaft ins Weinhaus gehen.

11. Sollen auch Jährlichen 4 quartal Zusammenkünfte gehalten werden, die 1-te nehmlich auf h. 3 Königtag, die 2-te auf Georgi Tag, die 3-te auf obgedachten Johannyfest, die 4-te auf Aller heiligen. Welcher br. aber unangemeldet v. der Zusammenkunft ausbleiben sollt, nachdem das gewöhnliche Zeichen v. br. Vater wird herumgeschickt werden, der soll 2 Pf. Wachs zur Buss erlegen. Das Pf. p. 80 D.

12. Wenn der allgewaltige Gott nach seinen unwandelbaren Rath u. Wollen einen u. den andern aus der Brüderschaft v. d. Welt absondern sollt, u. die hinterbliebenen d. brüderschaft zum Leichen Begängniss begehren möchten, so sollen sie 24 D. d. Brüderschaft erlegen. Wenn aber einer aus der löbl. Br. stürbe, so soll die ganze Br. Ihm ein ehrl. Geleite geben.

13. Soll ein jedweder s. ehrlichen Namen wohl in acht nehmen damit er nicht durch eine Unehre die ganze bruderschaft beschimpft u. also sich der Genossenschaft unwürdig mache.

Das übrige wird ein löblicher H. Melzer Vater nach seiner Krudenz mit se. H. Beysitzern wissen, gewissenhaft zu richten u. treulich fortzusetzen.

Erster Melzer Vater von 1676 war Johann Droschl oberster Beysitzer Simon Hellner, Uebrigen Mitglieder 80 Personen. 1721: Wegen Unsicherheit und Gefahr ist die Brüderschafts Lad in das Jesuiten Kloster salvirt worden. Der Stadt Richter Johannes Serpili berief die Melzer brüderschaft zusamen, erneuerte sie durch Vorlesung u. Bestättigung d. Artickel u. Abstellung d. eingeschlichenen Missbräuche. Auch wurden sogleich 2 Brüderväter gewählt als der obgenannte H. Joh. Serpilli u. Joh. Joni. Hiebey wurde auch beschlossen, dass wo vor Alters ein Est- und Malz-Haus gewesen sei, ob es schon aufgehört hätte zu seyn, sich jeder zur Brüderschaft halten u. die Ordnung an diesem nach d. Zeit bestimmt werden sollte; prior tempore, prior Jure. 1726 Johannes Serpillius der Zeit Graf der XIII Städte, Nach ihm Johann Jony 1728 Graf d. XIII Städte.

1756 27 Juny wurde beschlossen Von tit. Z. Grafen eine neue Einrichtung so wie in Kirchdrauf zu erwerben u. von denen Artickeln derer II. Kirchdraufer ein rechtes Formular unter dem Band, Insiegel u. Brauer Zunft zu procuriren.

1764: das Halbe Malz machen wobey viel fuscherey einlauft, wird verboten und auch das Malzmachen in andern Ort oder aufkaufen verboten, u. die dagegen handelnden gestraft.

1772. 29 Juny wurde beschlossen die nachlässigen Kirchengänger zu untersuchen u. diese zur Verantwortung ziehen die sich ohne e heblichen Ursachen den Leichenbegängnissen entziehen, wie auch die Lohn-Malzmacher u. die Einführer fremden Bieres u. Malzes zu bestrafen.

1786. Haben die kleinen Häuser bei dem löbl. Stadtmagistrat klagbar angebracht, dass man in den Sommer Monathen u. vorzüglich in der Ernte keinen Tropfen Bier zu kaufen bekommen. Sie verlangen das entweder von der löblichen Melzerbrüderschaft solches beyzuschaffen, oder von der Hlöbl. Caschauer Kammer um ein Brauhaus anzuhalten sei. Nach Erkundigung des Magistrats um diese Sachen oder Bier-Mangels, wurde von der Melzerbrüderschaft geantwortet, dass die bereit sey hinlängliches Bier he· beizuschaffen, wenn vollkommene Ordnung herrschet, u. man denen, die nicht zur Brüderschaft gehören Grenzen setzt und nicht gestattet von einem halben oder ganzen Kübel Malz einen Zeiger auszustecken oder fremden Brantwein Poltrackenweise auszuschenken. Auf eigenes Ersuchen des Magistrats wurde folgender Plan zur Abschaffung der Beschwerden eingereicht:

1. Wegen den Bierbrauen u. Ausschenken:

a) die löbl. Bierbrauer-Gesellschaft verpflichtet sich v. l. 9-ten März durch das ganze Jahr hindurch gottes achtes Bier zu brauen u. solches nach dem im Lande üblichen ersten Bürgermaass oder halbe auszuschenken;

b) die Inspection hirüber soll dem Brüder-Vater übertragen werden;

c) es sollen immer 3 Zöger, im 1. 2. 3-ten Viertel ausgestellt seyn so dass wenn in einen Cirkel 10 Bierbräuhäuser wären, jeder, auf welchen die Reihe in der Ordnung folgen wird, verbunden seyn soll, den Zöger auszustecken;

d) doch mit dem Vorbehalt im Fall eingetretener Hindernisse, dass der Folgende nach Anmeldung bey dem Br. Vater, oder auch nach ausgeschenktem Bier vollberechtigt seinen Zöger ausstecken kann;

e) so wie es jedem frei steht aus dieser Gesellschaft auszutreten, so kann hinwiederum ein anderer Bürger nach gehöriger Anmeldung, bey dem Br. Vater, doch nur ad 24 Juny sich einwerben;

f) über 8 tage soll niemand gehalten seyn, seinen Zöger stecken zu lassen. Schenkt er aber früher aus, so folgt sogleich sein Nachbar — Um aber auch schädlichen Hindernissen vorzukommen;

g) soll kein hiesiger Insasze oder Arendator vom Stadt Wirthshause oder dem Schwefelbrenner Wirthshause sich unterstehen aus den benachbarten Oertern als Kesmark, Rissdorf etcet. Bier oder Brantwein, sub confiscatione einzuschwärzen. Der Einschwärzer soll überdies mit 2 Rthlr. bestraft werden;

h) da viele Bürger mit dem Bierbrau u. Auszeigern sich nicht abgeben, laut dergleichen Getränk aber doch für sich selbst brauchen, als wird ihnen zwar zur eigenen Nothdurft gestattet aber ohne das sie es ausschenken, oder ausschroten dürften. Denen aber, die ein Viertel od. ½ Kübel mit Andern mitbrauen, wird solches unter 2 Rthlr. Strafe untersagt.

i) da Zeither die proportionirte Einrichtung wegen mahlen nach dem Kübel festgesetzt worden, so wird solche bestättigt: nur dass künftig ein berechtigter Inspector Allen Unfug vorzubeugen, die Aufsicht haben soll. Quoad;

2. Wegen Brantwein brennen:

a) wer nicht in seinem Hause Brantwein brennt, der soll auch keinen ausschenken;

b) weder ein Gastwirth noch der Schwefelbrenner Schenk darf anderswoher als von Leibicz Brandtwein nehmen;

c) wer Lohn Malz macht, soll ausser dem Poltraken fürs Mahlen ein gewisses quantum ad Cassam Contributionalem belegen u. sich zuvor bey dem Br. Vater melden, thut er es nicht, so muss er 2 Rthlr. Straf belegen;

d) die Artikel von 1676 werden bestätigt. Dat. Leybicz 8 Febr. 1782.

Dieser Plan wurde approbirt u. obwohl einige Verschuldungen dagegen vorfielen durch die Standhaftigkeit der Vorsteher gutte Ordnung erhalten;

1788: Auf allerhöchsten K. Befehl war durch das ganze Land eine Frucht-Conscription angeordnet. Es erschienen zugleich von der höchsten Stelle die schärfsten Befehle, das Bierbräuen und

Brandtweinbrennen einzustellen aus Besorgniss, damit die Frucht-
preise wegen eingerissenen Brodmangel nicht steigen möchten.
Man erlaubte noch Anfangs bis halben März, die im Herbste aus-
gefertigten Brantwein-Malze auszuschenken, dann aber wurden
die nach dem Verbothe gemachten Malze confiscirt, die Brant-
wein-Hütte u. Estenschlüssel weggenommen u. die Uebertreter
zur Strafe gezogen. Es wurde auch von den confiscirten Malzen
ein Versuch gemacht Brod für die Comitats-Arrestanten oder
K. Wegarbeiter zu backen. Man hatte es aber am Geschmack
allzusüss. Der Winterbrantwein war bald verzehrt u. der daran
gewöhnte Landmann musste sich mit dem Galizischen Hafer- u.
Kornbrantwein à 6—8 gr. begnügen. Das bis Ende April gemachte
Bier-Malz wurde auch bald verbrauen und verschenkt. Den
Sommer hindurch musste man Wasser trinken. Dadurch litt das
Gewerbe der Zipser und besonders der XVI Städte, die den
Sommer und Winter hindurch von diesem Nahrungs-Zweig sich
nährten, sehr viel. Es ist gar nicht Wunder, wenn einige in
Kellern, Backöfen u. wo immer zur eigenen Nothdurft Malz machten
u. solches in einem Kuchelkesselchen oder in einem Ofentopf
auskochten. Ja es wagten sogar einige in den obern Städten,
eine Malzdarre ober ihrem Wohnzimmer vermittelst einer Communi-
cation des Heizofens anzubringen, welche aber entdeckt u. gestraft
wurden. Seit Errichtung der Melzerbrüderschaft waren wir nie
in Betreff des gewöhnlichen Trankes in einer solchen Crisis.

Ao. 1789: Wurden die k. k. Befehle der Bierbräuer u. Brand-
weinbrenner schon sehr modificirt. Man erlaubte aus purem Weizen
nach vorhergegangener obrigkeit. Anmeldung Bier zu süden und
auszuschenken. Nach der Zeit wurde auch gestattet Gerste aus
Galizien einzuführen u. solche zum Bierbrauen oder Brandwein-
brennen zu verwenden. Viele Oberländer führten sogar Malz aus
Galizien u. Lodomerien ein u. verfertigten davon hinlänglichen
Trank, so dass der arme Mann der Zeit her keinen Mangel litt
daran, seinen Durst löschen konnte.

Die Melzerbrüderschaft wurde 1. Juli 1792 erneuert.

1801 liess die Melzerbrüderschaft ihre noch 1676 verfassten
Artikel v. d. k. k. Administration erneuern.

Die Zünfte erwiesen sich als geordnete Lehr- und Bildungsanstalten, die ein bedeutendes Maass von Fertigkeiten und Ge-
schicklichkeiten vermittelten von Geschlecht zu Geschlecht, von
Jahrhundert zu Jahrhundert. Nach dem Tuchmacherstatut musste

der Lehrknabe vier Jahre lang lernen, nur einem Meisterssohn wurden im Falle des Todes des Vaters auch drei Jahre als genügend betrachtet. Sonst hielten die übrigen Zünfte drei Jahre als unerlässlich zur Erlernung des Handwerkes, wie es z. B. das Schuhmacher-Buch 1751 anordnet: Lehrlinge müssen auf drei Jahre aufgedungen werden. Nach richtiger Absolvirung der drei Lehrjahre folgten drei Wanderjahre in der Fremde. Wie viele Gelegenheit bot sich hier dem jungen, strebsamen Mann dar, um sich in seinem Gewerbe zu vervollkommnen und sich allgemeine Kenntnisse und Erfahrungen von Menschen und Ländern zu verschaffen, die ihm zur Zierde gereichten und auch ausser dem Gewerbe zu dem verwendbarsten Menschen machten. Das Meisterstück, die Probe seiner Geschicklichkeit und Handwerkstüchtigkeit, wurde keinem erlassen. Nach Ausweis über seine überstandene Wanderszeit, über erworbenes Haus- und Bürgerrecht erfolgte das Meisterstück. Noch 1824 bestand das Meisterstück bei den Lederern darin, dass der junge Meister je zwei Ochsenhäute schwarz auf Glanz, roth, zu Sohlen und auf Wichs ausarbeiten musste. Bei den Fassbindern wurde noch 1869—70 eine Badwanne als Meisterstück ausgefertigt.

Welch' intensive Arbeit war in den Zünften anzutreffen! Die Meltzer constituirten sich 1676 mit 80 Meistern, 1764 treffen wir deren 50 und 1840 63 Mitglieder an. Als 1710 die Pest in der Stadt wüthete, verschieden 21 Schuhmachermeister. sicher blieben wenigstens ebensoviele auch noch am Leben. Die zahlreichsten Meister treffen wir unter den Tuchmachern an; sie zählten noch 1772 72 Mitglieder. Die Schneider wiesen 1785 noch 16 Meister aus. Die Fleischhauer hatten 1689 19 Meister und 5 Meisterwitwen und 1699 15 Meister. Die Arbeit der Meister förderten und machten noch intensiver die Lehrknaben und die Gesellen, die wir in grosser Anzahl antreffen. Die Maurer von Leibitz gehörten nicht zur grössten Zunft und doch wurden in derselben von 1783—1871 175 Lehrknaben aufgedungen und in derselben Zeit 164 Gesellen successive angestellt. Bei den ungarischen Tschischmenmachern standen 1823—1865 53 Gesellen in Arbeit. Auch solche Handwerke und Gewerbe kommen in Leibitz vor, die heute längst vergessen sind. 1519 wird der Pfannschmied-Hammer am Leibitz-Bach erwähnt. 1676 werden hier noch Messerschmiede angetroffen und auch das Backen-Obst (vulgo backeneubs) erwähnt,

welches hier erzeugt wurde. 1688 wird dem Goldschmied
Rudolf Fohrer ein Zeugniss ausgestellt, dass er sich ein Jahr
lang in der Stadt wohl verhalten habe, nun sein Glück weiter
suchen wolle. Das Fischen wurde als Gewerbe betrieben:
1676 am 28. Juni wurde den Fischern aufgetragen, nur jede
Woche einmal zu fischen und die gefangenen Fische zum Richter
zu tragen, damit etwas im Gemeinde-Fischkasten sei, wenn
ungefähr Gäste kommen. Korabinszky rühmt 1786 den Schnupf-
tabak und die Holzschnittwaren, die hier erzeugt wurden.

Die Zünfte waren nie ganz ohne Vermögen. Die Lehrknaben zahlten ihr Aufdinggeld, die Gesellen brachten ihre
Freisprech-Taxe und die Meister hatten ihre Einwerbgelder in
die Zunftlade zu entrichten. 1724 war Jacob Hajde in die Zunft
der Schuhmacher angenommen und zahlte dafür 32 fl., à conto
des Meisterstückes 4 fl. und ein grosses Fass Bier. 1733 wurde
diese Meistertaxe auf 18, 1773 auf 15 fl.; 1801 auf 3 Thaler,
1808 auf 16 fl. berechnet; 1807 hatte die Innung 112 fl. 13 kr.
Ausgaben und 154 fl. 54 kr. Einnahmen und 1808 142 fl. 42 kr.
Ausgaben mit 176 fl. 74 kr. Einnahme. Bei den Fleischhauern
erlegt 1611 ein Lehrling 25 Denare und 1679 schon 2 fl. und
2 Pinten Wein; 1693 wurde ein jährliches Einkommen von 50 fl.
ausgewiesen. Der Bankzins an die Stadt bildete eine regel-
mässige Auslage: 1658 zahlte man 5 fl. 50 Denare, 1828 für
drei Jahre 60 fl. In demselben Jahre beliefen sich die Einnahmen
auf 399 fl. 43 kr., die Auslagen auf 158 fl. 23 kr., was einen
Cassarest von 241 fl. 20 kr. ergab. Die Meltzer hatten 1762
eine Einnahme von 76 fl. 86 kr. und eine Ausgabe von 42 fl.
42 kr. — Das Meisterwerden kostete bei den Tschischmenmachern
noch 1869: Zeichengeld 2 fl. 10 kr., Meister-Taxe 5 fl. 25 kr.,
und Censur-Gebühr 1 fl. 68 kr., im Ganzen 9 fl. 03 kr. — Bei
den Maurern kostete das Aufdingen und Freisprechen 1786 je
6 fl. und die Einnahmen betrugen 99, die Ausgaben 95 fl. —
Die Tuchmacher, Fleischhauer und Schuhmacher besassen ausserdem auch Zunftäcker und Wiesen. Die Schneiderinnung besitzt 1819 ausser dem Baarvermögen 2 hölzerne Spritzen,
1 kupferne Zechen-Flasche, 1 kupfernes Frauenschild, 5 Bier-
gläser und 3 Spielkarten. — Bei den Lederern kostete noch
1824 das Meisterwerden 29 fl. 15 kr.

Meine ja Niemand, dass diese Beträge und dieses Zunft-
vermögen äusserst gering und unbedeutend war. Zur Blüthe-

zeit der Zünfte war 1 fl., ein Betrag, mit dem sich was anfangen liess; 1637 z. B. kostete ein Pfund Fleisch 2½, das beste 3 Pfennige und eine Halbe Bier war um einen Kreuzer erhältlich. Und noch früher 1605 kostete in Leibitz eine Kuh 3½ und ein Hengst 5 fl. Der Preis der Häuser schwankte von 100—300 fl.

Oft wird den Zünften zum Vorwurf gemacht, dass sie in den Gemeinden einen Staat im Staate bildeten und sich auf Kosten des Publikums Ausschreitungen erlaubten; doch konnte man ihnen in solchen Fällen auch wieder die Spitze bieten, wie nachstehende Punkte beweisen:

»Puncta und Artikel so denen Fleischhackern in dem Königl. Markt Leibitz Anno 1637 Von Herren Graffen der 13 Städte Paul Seysz von Iglo u. von dem Löblichen Gericht allhier ernstlich sind für geschrieben worden:

Erstlich: Sollen die Fleischhacker vor die ganze Gemeine ein genügen Fleisch hacken, das ganze Jahr uber, weilen Sie solches von rechts wegen zu thun schuldig sind.

Zum Andern: Sollen die Fleischbänke mit Fleisch offen stehen bis um Segers 8 und sollen nachher um 11 Uhr wiederumb anfangen ausszuhacken bis auff 2 Uhr nach Mittag.

Zum Dritten: Sollen alle Tag zwo Bänk mit Fleisch offen stehen, dass ein jedes so einkaufft, mit demselbigen um sein geldt zu rechter Zeit versorget wird u. sich nicht zu beschweren hab.

Zum Vierdten: Wenn ein Rindt ein Heller oder Bobcken weniger an pfundt geschätzt wirdt, so sollen die anderen meister, so zu drey Pfennigen das Pfund aushacken nicht schuldig seyn mit Ihrem Fleisch inzuhalten, biss dass leichte verkaufft wird, sondern es sol zugleich dass gutte mit dem leichten verkaufft werden; wer als dann nicht zu drey Pfennig kauffen will, der mach nach seinen Willen zu dritthalben Pfennig kauffen.

Zum Fünfften: Sollen die Fleischhacker kein warmes Fleisch aushacken, es sey denn an einem Donnerstag zu Mittag ob es von Nöthen seyn möchte u. am Fleisch mangeln solte, welcher es übergehet, soll dem Gericht 1 fl. verfallen seyn u. der Zechen auch 1 fl.

Zum Sechsten: Sollen die Fleischhacker von Jakobi an allezeit schepsenfleisch neben dem Rindfleisch ein genügen haben, damit die Gemein mit unterschiedlichem Fleischkauff besorget sey.

Zum Siebenden: Weilen die Zeithero etliche junge Meister

die Leuthe so nach Fleisch in die Bänke kommen, übel mit üp-
pigen Worten, ja mit ausswerfung der Sakramente u. Wunden
Gottes abgefertiget, also dass sie mit weinenden Augen auss den
Bänken haben müssen gehen, derswegen sollen sie alle miteinander
solch fluchen, schelten u. ausschimpffung der armen Leuthe, hinfür
einstellen und davon ablassen, bei grosser Straff beim Gericht.

Zum Achten: soll sich kein Fleischhacker künfftig unter
fangen, das Fleisch in den Häusern auszuhauen, sondern allein in
den öffentlichen Gemein-Fleischbänken, bey Verlierung des Fleisches.

(Anno 1663 die 13 Augusti ist dieser Artikel in beyseyn
Ihro Gnaden HE. Hauptmanns HE. Johannis Tworzianszky, HE.
Andreae Kovolski deutschen Capitänts, Leibitzer Gerichts u. der
Fleischhacker Zechen auffgerichtet u. festzuhalten gemacht worden.
dass alle Jahr zwen geschworne u. zwen zechmeister auff das
Fleisch insonderheit ein Jurament thun sollen, nach aller Gebühr
das Fleisch zu schätzen, niemandt etwas aus neydt- Feind- u.
Freundschafft zu thun. Zu mehrer Glauben ist dieses mit eigener
Handt unterschrieben, wie folget: Johannes Tvorzyanszkj Vice
Cap. Lubl. Andreas Kovalszkj Capiteneus.)

Zum Neundten: Sollen die Fleischhacker ohne besichtigung
und Schatzung der bestellten Schatzhérrn nichts aushauen, sondern
wie dieselben für billich erkennen, Sie sich darnach halten undt
denselben im geringsten nicht widerstreben. Wofern aber die
Schetz-Herren etwas unbilliches dem Fleischhacker auflegen wollen.
so sollen sie sich zum Gericht halten.

Zum Zehnnden: Ist den zwen obgenanndten Meistern
die Fleischbank, darinnen der Jacob Graff u. Salomon Serpily den
Sommer über dass Fleisch ausgehauen, Ihnen u. den Ihrigen zugeeignet u. Deputiret worden, zum Gedächtniss; weilen aber HE.
Lorenz Roth der Eltere bittlich umb seine Bank angehalten, ist
Ihnen dieselbe wieder erstattet worden, in welcher der Salomon
Serp. das Fleisch ausgehauen hat. Die andere Bank aber, darin
der Jacob Graff aussgehauen, ist den beyden undt den Ihrigen
nach ihren besten Willen zu gebrauchen, deputiret u. zugeeignet
worden.

Zum letzten: Sollen beyde Zech-Meister schuldig seyn
über alle diese Punkte unverbrechlich zu halten u. fleissige Augen
darauff zu haben, im fall sie aber etwas im geringsten übersehen
sollten, so sollen sie in des Gerichts Straffe fallen. Diese Puncta
hat ein ehrsames Gericht mit verwilligung Herrn Graffens ge-

meldeten unsern Fleischhackern insonderlicher gutter Nachrichtung u. ordnung wollen fürgeschrieben haben, damit sich ein jeder vor schaden künfftig undt zwar allezeit zu hütten hab, u. sich hernach reguliren u. richten kann, jedoch künfftig einem ehrsamen Gericht keines weges damit nichts benommen.

Auch etwas später treffen wir noch manche Bestimmungen zum Schutz des Publikums: 1677 am Ostersamstag z. B. untersuchte das Gericht das Gewicht der Fleischhacker und fand alles in Ordnung, nur Lorenz Roth hatte einen Stein, der anstatt 6 nur 5³/₄ Pfund wog. Es wurde ihm das Gewicht confiscirt und er selbst mit 10 Rchthl. bestraft. In demselben Jahr am 18. November wurde noch beschlossen, dass bei 10 Rchthlr. Strafe kein Fleischhauer schlachten darf, bevor nicht der Schatzherr das Thier besehen hatte.

Man spricht und schreibt viel von Jünglingsvereinen, die ihre Mitglieder sammeln, in ernsten und heiteren Angelegenheiten führen und leiten und nach Möglichkeit vor Abwegen bewahren. Die Zünfte sorgten für derartige Jünglingsvereine in den sogenannten Gesellenvereinen. Im Gesellenbuch der Schuhmacher in Leibitz von 1684 werden als Functionäre im Gesellenverein erwähnt: der Herbergsvater, der ein Meister war, dann zwei Beisitzer und der Altgesell aus der Reihe der Gesellen. Sie hatten ihre Quartale-Zusammenkünfte — zu Weihnachten, Ostern, Johanni und Michaeli. Bei dieser Gelegenheit wählte man die Functionäre, leistete die Einzahlungen, legte Rechnung von dem Haushalt, sorgte für „einen Trunk" und achtete auf Anstand und Befriedigung der religiösen Bedürfnisse. Hier fand der zugewanderte Geselle Aufnahme, Vermittelung zur Arbeit und im Nothfalle Unterstützung.

Ueberhaupt übten die Zünfte Wohlthätigkeit und erwiesen gerne und häufig Spenden und Unterstützungen. Bei den Auslagen der Melzer vom Jahre 1723 finden wir als Geschenk für den Brüder-Vater — Zechvater —, Bundtwein — Vereinswein — im Werthe von 1 fl. 20 Denare und für den Richtertag wurde 96 Denare gespendet. 1762 flossen reichlicher die Spenden, man gab der Frau Bruder-Mutter Discretion 1 fl. 20 Den., dem Bruderschafts-Notario 34 Den., den Kindern des Brudervaters 48, den Dienstboten daselbst 36 und dem Rector für Musik 34 Den. In dem Gesellstatut der Tschischmenmacher von 1811 verfügt der VIII. Punkt in äusserst wohlthätiger Weise: Das

Essen und Trinken auf der Herberge sei verboten und die Einnahmen mögen für Unterstützungen der Kranken oder zur Beerdigung armer Brüder verwendet werden. Die Fleischer zeigten sich noch 1828 freundlich der Frau Zechmutter, indem sie ihr eine Halbe Wein im Werthe von 24 kr. verehrten und durchwandernde Gesellen mit 4 fl. 6 kr. unterstützten.

Die Zünfte suchten auch den Contact mit den Zechen anderer Städte zur Erstarkung des Handwerkes zu erhalten und zu cultiviren und in Haupt- und Filialvereine sich zu gliedern. Hierüber lassen wir aus dem Schuhmacherbuche von 1661 die Angabe nachstehends wörtlich folgen: »1685 die 10 Maerz ist der ehrsame und wohlweise Herr Bartholomeus Velich vor vnser Zech vorgetreten, dabey angehalten, dass man ihn mitt vnd vnter uns zu einem ehrlichen Meister auff- und annehmen wolle, also haben wir sich mit ihm, mit Consens der Herrn Leutschauer als unserer Hauptzechen verglichen auff 30 fl. und eine grosse Kuff Bier; von diesen 30 fl. geben wir der P. Zeche in der Leutsch 12 fl. Dieser angenommene Meister ist zu dieser Zeit wohnhaft in Rissdorf und derzeit Richter allda. Gott gebe ihm gedeihen und helffe, damit der erbare Zunft und Zech solches zu Eren und diesem angenommenen Mittmeister zu sonderlicher Ruh, wie auch den lieben seinen zum Besten möge geschehen sein«! »Bei den Lederern war es 1828 ausgesprochen, dass es auch fremden Meistern gestattet sei einzuwerben, die zu Hause selbst kein eigenes Statut hatten.

Heiterkeit, Fröhlichkeit und mancher Genuss in den Schranken der Satzungen stand auch den Zunftangehörigen zur Verfügung. Die Feierlichkeiten beim Aufdingen, beim Freisprechen und Meisterwerden, wie auch bei den Quartalen-Zusammenkünften waren meistens auch mit einem »Trunk« und einem »guten Bissen« in Verbindung. Beim Schmauss selbst war die Gesellschaft nach Tischen geordnet und es bestand der Tisch der älteren, der mittleren und jüngsten Meister; letztere mussten auch beim Auftragen behilflich sein. Manchmal treffen wir auch nur zwei oder gar einen Meistertisch vor. Wie es in der Richtung herging, ersehen wir aus den Tractationen bei dem Meisterwerden des Fleischers Johann Roth, dessen Vater auch ein Fleischhauermeister war. Der Originalität wegen und zur Kenntzeichnung des Geschmackes geben wir wörtlich das Menu an.

Als Johann Roth 1689 Meister geworden, gab er:
„Zum Frühstück auff 2 Tisch Kotteln u. Fleck, zwei
Kalbs-Köb, 2 gekres u. ein Schweinskob, 2 weisse Bochniss u. 2
Kuchen. Item vor die Haut, Enzelt vnd Kalb 6 fl., aber ein
Fremder 12 fl., 1 Halbe Brandwein, oder Wein. Item 1 Rthlr. Fisch."

„Auff die grosse Mahlzeit: erstlich 4 Hinner in Reiss, zum
andern auff einen jeden Meister ein Stück Rindfleisch, item eine
Forel, item 4 gefolte Sponferkel, item 4 gefolte Genss, item 4
gefolte Kelberne Brosten, item 8 gefolte Hinner, vnd 4 schweinerne
Braten, auch 4 Kalberne Braten, wie auch 4 rinderne Braten, vnd
auch auf jeden Meister ein stück Fleisch in Salz."

In diesem Jahre waren 19 Meister und fünf Meisterswitwen
zu Tische, freilich nahmen ausserdem auch andere Familienan-
gehörige an einem solchen Freudenmahle Theil, wo es auch an
Musik und Tanz nicht mangelte.

1711 den 12. August ist Michel Stenzel Meister geworden
und zahlte für Haut und Unschlitt 6, fürs grosse Mittagsmahl
18 und fürs kleine 10 fl.

In der Pflege des sittlich-religiösen und kirchlichen Lebens
da waren alle Zünfte einig und trafen die umfassendsten Bestimmungen,

Schon die Tuchmacher bestimmen 1480: »Welcher Meister
an den h. Son- und Feiertag mutwillig, oder gutwillig die Predigt
göttlichen Wortes versäumet ist straffälllg 1 Pfund Wachs«.

Die Zunft-Bücher beginnen gewöhnlich mit einer frommen
Devise, wie das Fleischhauerbuch von 1681 »Laus Deo INI [1])
Amen = Gott sei Lob, im Namen Jesu, Amen.

> Die grösste Kunst und Weisheit ist,
> Wenn man Gott lernt durch Jesum Christ.
> Die nächste Weisheit wird genennt,
> Wenn sich der Mensch auch selbst erkennt.
> Solch Weisheit das natürlich Licht
> Aus eigner Klugheit nicht ersicht,
> Aus Gottes Wort wir's lernen müssen
> Soll'n wir die rechte Weisheit wissen.
> Hilfs Herr, dass ich lern' kennen dich
> Auf dass ich mög recht kennen mich!
> Ich bitt' du wollst mir kundbahr machen,
> Wie ich bin blind in Gottes Sachen,
> Dass ich mich halt zum Licht im Wort
> Welch's mir zeigt, du seist mein Hort.«

---

[1]) In Nomine Jesu.

Dieses Fleischerbuch schliesst mit 1744 ab mit der frommen Mahnung:

> Gedenke offt an's Ende
> Stirb stets der Sünde ab
> Gib dich in Gottes Hände
> Und fürchte nicht das Grab.
> Sei fertig alle Stunden
> Halt dich an Christi Blut
> Stirb du in Jesu Wunden
> So ist dein Ende gut.
> Mein Gott ich bitt durch Christi Blut,
> Machs nur mit meinem Ende gut.

Als ersten Punkt im Melzer-Statut vom Jahre 1676 lesen wir: »Sollen alle Melzer-Brüder insgesammt Gott und sein h. Wort lieben und alle Sonntage fleissig zur Kirche gehen und die Predigt andächtig hören, damit hier der Segen des Höchsten reichlich überkommen werde.«

Mehr Gottergebenheit und ein lebhafteres Sündenbewusstsein mit inniger Demuth finden wir selten als in den Zeilen, die im Schuhmacher-Buche 1710 den 21 in der Pest verstorbenen Meistern gewidmet werden. Es heisst dort wörtlich:

„Welchen allen Gott der Höchste in ihren einfältigen Gräbern eine stille, sanfte Ruhe vergönnen wolle u. nachmahlen an dem lieben jüngsten Tage eine fröhliche Auferstehung zu dem ew. leben, Und die wenig überbliebenen, die wir aus göttlicher gnade das leben erhalten haben, wolle der liebe Gott ferner in seinen Gnaden-Schutz nehmen vnd uns von dergleichen schnellen Tod gnädiglich behütten vnd uns nicht allein gesund erhalten, sondern auch den lieben Frieden bescheeren, damit wir in unserer währenden lebenszeit den lieben Gott fleissig dienen mögen, auch in Gottesfurcht u. in lauter Liebe u. Verträglichkeit sich untereinander begehen mögen, damit der liebe Gott, die verdienten Strafen möge abwenden u. unsere schwache Zechen möge vermehret werden".

1720 beschloss dieselbe Zechen: »Die Charten sollen totaliter verboten sein zum Spielen«. — Das Maurerbuch von 1783 ordnet für die Lehrjungen an, sie sollen gegen Jedermann sich ehrbar und freundlich erweisen und auch den geringsten Diebstahl meiden; sie sollen an Sonn- und Feiertagen in die Schule gehen und den catechetischen Unterricht nicht versäumen.

Das Statut der Tschischmenmacher von 1811 ordnet gleich im ersten Artikel an: »Die Gesellen seien verpflichtet, jeden

Sonn- und Feiertag in die Kirche zu gehen. Wer vor Mittag versäumt, zahlt 12, wer nach Mittag versäumt zahlt 6 kr. Strafe.‹ So regen alle Zunftstatuten bis auf die neueste Zeit zu einem sittlich-religiösen und kirchlichen Leben an.

Siebenter Abschnitt.

Militärwesen und Armuth.

a) Militärwesen.

Wie bei der Steuer die von den Städten nach dem Privilegium Stephan V. 1271 zu zahlenden 300 Mark sehr bald überschritten und unter der polnischen Herrschaft zu ungeheuren Summen gesteigert wurden, so geschah dies auch in Bezug auf das Militärwesen, indem die Einwohner der Zipser Städte in grosser Anzahl und auch in weiter Ferne unter der Fahne des Königs kämpfen mussten.

Im Erbfolgekrieg zwischen Ferdinand und Zápolya standen bekanntlich die Türken auf der Seite des Letzteren. Auch nachdem sich die Witwe des Zápolya 1551 mit Ferdinand verglichen hatte, liess der Türke von seinem blutigen Werke nicht ab. 1552 eroberte er Temesvár und begann das feste Schloss Szolnok und gleich darauf Erlau zu belagern, welches auch stark befestigt war. Und da haben die Zipser, darunter auch die Militäristen von Leibitz, ihren Landsleuten alle Ehre eingelegt. Das Landvolk aus der Zips, welches grösstentheils die Besatzung ausmachte, vereitelte alle Anstrengungen der Türken. Aly Bascha von Ofen führte 60.000 Mann an, schloss die Stadt ein, drang schon in dieselbe ein, wurde aber dreimal an einem Tage zurückgeschlagen und verlor über 6000 Mann. Stephan Dobo, der die Besatzung von Erlau befehligte, erhielt zur Belohnung die Wojwodschaft von Siebenbürgen.[1]

Gerade vor 300 Jahren, also das Jahr 1594 stellte grosse Ansprüche an die Kriegs- und Soldaten-Leistungen der 13 Zipser verpfändeten Städte.

Das genannte Jahr war eines der stürmischsten in Ungarn.

---

[1] Genersich, Merkwürdigkeiten der Stadt Kesmark I, 252. Wagner Anal . . II 56.

9*

Der türkische Grossvezier Sinan rückte mit 150.000 Mann nach Ungarn vor. Die zu seinem Widerstand aufgebotenen christlichen Truppen wichen unter der Führung des Erzherzog Mathias ohne Schwertstreich zurück und Sinan nahm ohne allen Widerstand Totis und Szt.-Márton. Hierauf schickte sich der Grossvezir an, Raab zu belagern. In Ortelius ›Chronologia, oder historischen Beschreibungen 1602‹ finden wir die treue Abbildung der Belagerung selbst. Die Christen unter Graf Hardegg hatten die Festung Raab mit 7000 Mann besetzt. Das Christenheer unter Erzherzog Mathias zieht sich auf das Dorf Révfalu zurück und setzt sich mit der Stadt und Festung Raab mittelst einer Brücke über die Donau in Verbindung. Sinan konnte die Stadt und Festung nicht nehmen und sucht sein Glück auf offenem Schlachtfelde. Zu dem Ende übersetzt er die Donau, greift den Erzherzog bei Révfalu an, der sofort die Flucht ergriff, 5000 Wagen und die Bagage dem Feinde als Beute überlassend. Als Hardegg, der Commandant von der Stadt und Festung Raab, dies traurige Schauspiel sah, gab er auch seine Position auf, trotzdem er einen genügenden Vorrath von Schiesspulver hatte und die Festung selbst zu den stärksten gehörte, ohne irgend wie beschädigt worden zu sein.

Es entsteht nun die Frage, ob und wie auch unsere Zipser Städte bei Raab für König und Vaterland mitbluteten? Ganz bedeutend!

Mitten in der Heuernte am 24. Juli 1594 beorderte Sebastian Lubomirszky die ganze kriegstüchtige Bevölkerung der 13 verpfändeten Städte nach Kirchdrauf. Die Richter wurden unter persönlicher Haftung verantwortlich gemacht, dass Niemand zu Hause bleibe, der noch waffenfähig war. Aus dem ganzen ansehnlichen Aufmarsch hat sich Lubomirszky 150 Mann fürs Fussvolk› ausgeklaubt‹, für die Bewaffnung und Ausrüstung mussten die Städte auch Sorge tragen. Damit die kleine Truppe flott werden konnte, handelte es sich noch um die Besoldung, für welche die Städte auch aufkommen mussten. Der Mann wurde mit 7 fl. und 4 Denare an Baargeld auf drei ganze Monate besoldet. Galt doch auch neben der Besoldung das Requiriren nach Umständen und Möglichkeit als vollkommen selbstverständlich und erlaubt. Der Hauptmann der kleinen Truppe war Nikodemus Dobres. Bei der Erwähnung dieses Führers klagt das betreffende Protokoll: ›Dem haben wir eine

Ausrüstung von sechs Rossen geben müssen, was über 280 fl. kostete«.

Die Truppe selbst hatte keine andere Bestimmung, als auf Raab in Eilmärschen zu stossen und dort gegen den Grossvezier Sinan das Christenheer zu verstärken und Raab in dem Besitze der Christen zu erhalten. Damit waren aber die Opfer der Zipser für den Feldzug bei Raab nicht erschöpft. Zu dieser Ausrüstung und Besoldung der 150 Mann sammt den kostspieligen Anführern kam auch noch ein verlangter Wagenpark hinzu. Das Protokoll erwähnt diesbezüglich: »In diesem Jahre, nämlich 1594, mussten wir auch 7 Wägen zu sechs Rossen zur Belagerung von Raab schicken.« Die Wagen blieben natürlich nicht leer, sondern mussten wieder auf Kosten der Städte mit Pulver, Kugeln und anderen Utensilien für das Kriegshandwerk bepackt werden. Das Ganze kostete wieder 690 fl., was damals eine Summe ausmachte, die heute Tausende betragen würde.

So zogen denn die gewählten 150 Zipser unter ihrem Kapitän Nikodemus Dobres, begleitet von sieben colossalen Wagen zu sechs Rossen, bis an die Zähne bewaffnet und Massen Pulver und Blei mit sich führend, vor die Thore Raabs.

Welchen traurigen Ausgang für das Christenheer die Belagerung Raabs 1594 genommen hatte, wurde bereits oben erwähnt. Unter den 5000 Wagen, die als Beute in die Hände der Türken gefallen sind, dürften auch die Wagen der Zipser gewesen sein; unter denen die in den Fluthen der Donau ihr nasses Grab gefunden oder durch das Schwert des Feindes hingemäht wurden, wird wohl auch mancher Zipser gewesen sein.

Besonders im Parteikampfe zwischen Ferdinand und Zápolya, wo sich die erbittertsten Kämpfe um Burgen und befestigte Städte concentrirten, wird wohl mancher Zipser wie nach Raab commandirt worden sein und sein Blut vergossen haben für König und Vaterland, eingedenk des Schlachtenrufes:

„Die Kriegestrommel tönt, Allarmruf allzumal,
Zum Kampfe ruft dein Land, greif', Ungarn, kühn zum Stahl!
Sein Blitz mal' dir ein Bild der Freiheit Morgengluth,
Es bade roth im Blut sich der Tyrannen Brut.
Noch lebt der Ungarn Gott,
Sein Gegner wird zum Spott:

Gott ist für uns! er hilft uns streiten,
Wir war'n ein freies Volk und sind's für alle Zeiten!"[1])

Die Kriegsstürme unter Bocskay, Bethlen, Rákóczy, Leopold Tököly verlangten auch ihre Opfer.

Unter Bocskay hatten zwar die 13 Städte Schutz von Polen aus, aber was ausserhalb angetroffen wurde, fiel der herumziehenden, raubenden Soldateska zum Opfer. »Denn, welche von den vngrischen Dörffern mit den seinigen Vieh, Rossen vnd dergleichen die 13 Städte hat erreichen können, der ist schon frei gewesen, vndt hat gewonnen gehabt, wen sie aber auf der Strassen überkommen haben, den haben sie — die Vnger — Alles, es sey Vieh, oder sonsten, Alles genommen.«[2])

Durch solche traurige Erfahrungen klug geworden, schritt Leibitz bei den Gabriel Bethlen'schen Wirren sofort um ein Protectionale ein, welches ihnen auch 1620 am 10. Januar von Eperies aus Rimaszechy Georg Balogh de Felsö Lindva, Obergespan von Gömör und General des Gabriel Bethlen, in folgendem Sinne gewährte: unter harter Strafe wird verboten die Einwohner von Leibitz irgendwie zu behelligen, an ihrer Habe zu schädigen, oder ihr Vieh wegzutreiben.[3])

Viel mochte die Stadt auch unter E. Tökölyi zu leiden gehabt haben, bis er sie endlich unter seine besondere Protection nahm und aus dem Lager Dobsza am 30. Juli 1681 anordnete, dass Jeder es mit seinem Kopfe büssen werde, der in der Stadt Einquartierung nehme, Geld oder Vieh rauben werde, da die Stadt zu Polen gehört und der polnische König sein Freund ist.[4])

Auch Leopold nahm sich der unter dem Starosten Stanislaus Lubomirszky stehenden 13 Städte an. indem er sie in einem Schutzbriefe von Wien aus 1688 datirt seiner königlichen Gnade versichert und anordnet, dass sie von allen Schätzungen befreit sind und ihrer Habe, ob sie beweglich oder unbeweglich sei. nicht beraubt werden dürfen.[5])

Auch Franz Rákóczy war den 13 Städten und somit auch Leibitz freundlich gesinnt. Nachdem er mit Polen verbündet war und auch die Städte in Folge ihrer Verpfändung dahin ge-

---

[1]) Malefic-Protokoll der XVI Städte 1601—1670. Ortelius, historische Beschreibung 1602.
[2]) Weber S., Geschichte von Béla 223.
[3]) Beilage XIX.
[4]) Beilage XX.
[5]) Beilage XXI.

hörten, meinte er auch, in den Städten den Besitz seines Verbündeten um jeden Preis schonen zu müssen. Am 22. September 1703 erliess aus dem Lager von Tokaj sein General und Obergespan von Ungh Graf Nicolaus Bercsény einen Schutzbrief im Einverständnisse des Fürsten speciell für Leibitz, den Officieren und Gemeinen, Reitern und Fussvölkern den Tod ohne alle Gnade und Barmherzigkeit androhend, wenn sie es wagen sollten, die Stadt ihrer Habe, ihres Viehes, ihres Geldes zu berauben oder auch nur irgendwie zu belästigen und feindselig zu behandeln.[1]

Diese Gnade, die Bercsény der Stadt Leibitz gegenüber bewies, dehnte Fürst Franz Rákóczy selbst auf alle verbündeten 13 Städte aus, indem er ihnen, und besonders der Stadt Leibitz, am 5. December 1703 auch aus dem Lager Tokaj einen Schutzbrief erliess, der sie auch des fürstlichen Schutzes und der Freiheit von allen Kriegs- und Soldaten-Erpressungen versicherte.[2]

Viel schlimmer erging es der Stadt, das Militärwesen anlangend, Polen gegenüber. Hier mussten Soldaten gestellt, für deren Unterhalt gesorgt, Quartiere gegeben und Gelder vorgeschafft werden, so oft und in solcher Höhe, dass die Stadt in die höchste Noth und Armuth gerathen musste. Nur einige Beispiele wollen wir diesbezüglich anführen: »1676 haben im Sept. Ihro Fürstl. Gnaden 50 Reiter 6 Tage lang in Leibitz logiret, haben die grossen Häuser zu ½ Kübel, dann noch ein ½ Kübel geschüttet, die Gemeinhafer ist auch aufgegangen.«

Trotz aller angeführten Schutzbriefe war das Los der Städte nicht sehr beneidenswerth. Am 4. Juni 1677 mahnt Capitän Moszyski von Lublau die 13 Städte, sie mögen starke Wachen ausstellen, ihr Hab und Gut hinter sicheres Schloss und Riegel bringen, da die Rebellen sich zeigen. Diese Mahnung wurde auch noch am 28. Juli und 20. October wiederholt. Folglich dauerte die Gefahr Monate hindurch.

Am 15. November 1676 bittet auch separat Richter Marci im Namen der Stadt Leibitz um Nachlass der neunten Garbe, die sie auf das Schloss Lublau liefern musste, denn es ist die grösste Noth entstanden: »Viele haben keinen Bissen Brot, Vielen bringt der Untergang des Viehes die endliche Verzweiflung, etliche gehen davon und lassen die Häuser leer stehen

[1] Beilage XXII.
[2] Beilage XXIII.

und wenn man die Schärfe anwenden will, wird Leibitz halb verwüstet werden.‹ In der Antwort vom 20. November 1676 wurde nichts nachgelassen.

Am 9. August 1677 reichten Béla, Leibitz, Menhard und Durand eine Petition auf dem Schlosse Lublau um Nachlass ein, da sie grosse Schulden haben, die Zinsen nicht bezahlen können, und wenn sie zuletzt noch die neunte Garbe — Nona auf das Schloss Lublau — geben, die Reiter und Siposchen — Pfeifer — aushalten müssen, so sind sie gezwungen, die Häuser leer stehen zu lassen.

1678 verlangt Städtegraf Olmützer von Leibitz das Schatzgut mit 7000 fl. und den Rest mit 8000, sonst ›kommen die Reiter zur Execution.‹ Zustände, die kaum erfreulich genannt werden konnten!

1693 machte die Stadt Leibitz beim Fürsten Stanislaus Heraclius Lubomirszky eine Vorstellung, dass das ganze Zipser Comitat nur 1156 Portionen zu bezahlen habe, während von den 13 Städten allein 775 Portionen oder 70,000 polnische Gulden gefordert werden, was nicht anders als eine arge Vexation und Bedrückung aufgefasst werden muss. Die Bitte um Milderung hatte aber keinen Erfolg, im Gegentheil, es erfolgten neue Bedrückungen.

1704 wurden von Leibitz 120 Soldaten auf das Schloss Lublau assentirt und alle Petitionen um Abhilfe abgewiesen.

1716 liess sich Georg Milleter, Städtegraf von der Stadt Kesmark, ein Zeugniss ausstellen, aus welchem hervorgeht, dass ausser der Verpflegung die 13 Städte 1714—1716 die damals ungeheure Summe von 181,000 fl. für das sächsisch-polnische Militär ausgegeben haben.[1])

1717 kommen die 13 Städte bei dem polnischen General-Commissarius Johannes Morszkowszki ein, um Kraft ihrer Privilegien von allen Taxen, Poboren und Abgaben befreit zu werden, sie mussten dieses Jahr 4000 fl. dem königl. Mieri'schen Dragoner-Regimente zahlen, alle ihre Güter mussten sie in Folge der vielen Militär-Executionen verpfänden; Leibitz brannte beinahe ganz aus, Béla, Poprad, Matheócz ganz, die übrigen Städte: Kirchdrauf, Olaszi, Igló, Felka, Michelsdorf, Georgenberg, Menhard, Ruszkin, Durand, litten Schaden an Häusern, Vieh und

---

[1]) Történelmi Tár 1884. 843 l.

Früchten. Die Gründe waren allerdings triftig, doch predigte man in Polen tauben Ohren.

Statt einer Erleichterung rückte am 2. November 1718 das königl. Leib-Garde-Dragoner-Regiment in die Zipser Städte ein. Oberstlieutenant Gureczki kam nach Leibitz, sein Regiment musste bis 1. Mai 1719 ausgehalten werden, erst dann marschirte es ab. Die Städte lieferten für diese Zeit an Hafer, Häcksel, Stroh und Heu für 13,637 fl. 52 Polturaken.

1720 mussten auf fürstlichen Befehl Wägen nach Warschau expedirt werden. Auf Leibitz wurden unter dem Titel 162 fl. adrepartirt.

Laut einer Adrepartion der Armee-Lieferungen vom Jahre 1721 mussten monatlich liefern:

	Rchsthlr.	Hafer u. Häcksel in Kübel	Heu in Pfund
Leibitz	28	96	6000
Béla	24	80	4800
Menhard	16	64	4000
Durand	12	48	3000
Riszdorf	8	32	2400

Die Adrepartionen waren ganz willkürlich, blos durch die momentanen Umstände und Bedürfnisse hervorgerufen. So verlangt Fürst Theodor Lubomirszky am 10. October 1729 von der Festung Landshut aus 20 Mann grösserer Statur, die bei Androhung der Militär-Execution binnen drei Wochen auf das Schloss Lublau abzuliefern sind.[1]

1721, 17. Januar, kam ein Current, wo das Portion-Geld mit 1600 Rchthlr. eingefordert wird. Nach der erfolgten Adrepartition entfielen auf Leibitz 340, Béla 295, Menhard 170, Durand 150, Riszdorf 95 fl. Zugleich wurde angeordnet, dass alle Victualien, besonders Wild und Fische bereit gehalten werden sollen.

Am 17. Januar 1734 wurde Friedrich August Churfürst von Sachsen von einem Theil der Polen zum König erwählt, dem 100,000 Russen zu Hilfe eilten, da eine andere Partei Stanislaus zum König ausgerufen hatte. Lublau mit den 13 Städten, die auch ein Spottgedicht auf Stanislaus verbreiteten[2], stand auf der Seite Friedrich August's und mussten sich wieder manche

---

[1] Beilage XXIV.
[2] Zu lesen im Protokolle von 1676.

Opfer gefallen lassen. Am 13. März 1734 rückten zwei Compagnien Russen und Kalmuken nach Leibitz ein und zwei andere Compagnien wurden in die fünf Oberstädte dislocirt. Die zwei Compagnien, die in Leibitz, Menhard und Béla Quartiere nahmen, mussten wöchentlich versorgt werden und zwar mit 464 Broden, 7 Kübel Grütze, Salz und 134 Kübel Hafer mit ebensoviel Häcksel, wie auch 9072 Pfund Heu und vielen Mandeln Roggenstroh. Bald wurden noch grössere Portionen verlangt, so dass Leibitz allein 146 Kübel Hafer zu liefern hatte. Dies dauerte den ganzen Sommer.

1735 errichtete Fürst Theodor Lubomirszky, Statthalter auf dem Schlosse Lublau, zwei Compagnien Huszaren; die Pferde hiezu sind gegen Zahlung den 13 Städten entnommen worden. Im nächsten Jahre zogen diese Huszaren gegen Moskau. Bei dem Abmarsche dieser Huszaren folgte der Fürst mit seiner Gemahlin in Begleitung von zwei Compagnien Kürassiren, die in Leibitz Nachtwache nahmen, bei welcher Gelegenheit die hohen Herrschaften versicherten, die 13 Städte nicht mehr belästigen zu wollen, sondern, wenn sie nach der Zips kommen, werden sie auf Lublau bleiben.

Solche kostspielige Durchmärsche wiederholten sich auch später noch. 1759 am 16. December z. B. kamen über Polen viele Regimenter in die 13 Städte, von denen 12 Regimenter par force in Leibitz Quartiere nahmen und dort sechs Tage lang mit Fleisch, Brod und Zugemüse, wie auch mit Heu und Hafer versorgt werden mussten. Empfindlich war es, dass sie nur sehr herabgesetzte Preise zahlten; für einen Metzen Hafer 40 Denare, der 90 Denare kostete, für einen Centner Heu 12 Den., der 90 Den. werth war u. s. w.

Die Kriegsereignisse ruhten auch weiter nicht und forderten wiederholt Opfer von den Städten. 1765 ist endlich Stanislaus zum König von Polen erwählt und gekrönt worden. Casimir Poniatowszky erhielt die Statthalter-Würde auf dem Schlosse Lublau und wurde daselbst den 13 Städten vorgestellt.

Die Funken der Unzufriedenheit brachen bald in hellen Flammen aus. 1769 am 29. März kamen ganz unvermuthet aus Polen in das Dominium von Lublau 500 Conförderirte unter Anführung dreier Marschälle: Birschinszky, Paris und Morskowszky. Als man die Festung nicht abtreten wollte, überfielen sie die drei Städte Lublau, Kniesen und Pudlein nebst den dazugehörenden Dörfern, plünderten, trieben alle Hausthiere weg und verursachten einen Schaden von 20,000 fl. Die 13 Städte erhielten zum Schutze Einquartierungen, die gegen Baarzahlungen gerne verpflegt wurden.

Am 14. August 1771 kamen wieder vier Compagnien Infanteristen nach der Zips und wurden in den Städten einquartiert. Die Bürger erhielten für Quartier, Frühstück und Zugemüse täglich 1 kr., den sie Schlafkreuzer nannten. Von den Auslagen auf die Officiere gar nicht zu reden! Als sie am 10. September nach Leutschau marschirten, kamen gleich andere nach, warum? wusste niemand zu sagen.[1]

b) Armuth.

Nicht nur das Militärwesen, welches nicht blos die besten Männer selbst, sondern auch deren Bekleidung, Verpflegung und Bezahlung erheischte, verringerte das Eigenthum der Bürger und der Stadt, sondern es gab auch noch manche andere Abzugscanäle, in denen das städtische Vermögen zerfloss und verschwand.

Es wurde schon erwähnt, dass vom Schlosse Lublau aus alljährig Heringe an die Städte vertheilt wurden, die sie im Kleinen verkaufen und dafür den ausgesetzten Betrag bezahlen mussten. Dieses Geschäft war gewöhnlich mit einem Schaden für die Städte verbunden, den sie an das Schloss ersetzen mussten.

Eine nicht unbedeutende Rolle spielte auch ›die Schlossbrinse‹, die in ungeheuren Quantitäten den Städten zur Verfügung gestellt wurde. Bei dem Verkauf erlitten sie gewöhnlich auch empfindliche Einbussen.

Ebenso wurden auch Schafe, Lämmer, Ziegen und ›Zickl‹ — junge Ziegen — den Städten zum Verkauf zugeschickt, bei dem sie auch Verluste zu verzeichnen hatten.

Vom Jahre 1768 hat Leibitz in der Beziehung besonders ausführliche Aufzeichnungen im Archive.

„A. 1768, 13. Mai haben wir von dem herrschaftlichen Vieh von Neuleubel   Neulublau — empfangen und übernommen

---

[1] Die Daten zum Militärwesen dieses Abschnittes sind entnommen: Protocollum Reipublice Leibicrensis Anno 1676 … unter Richter Johann Marci, und: Aus den hinterlassenen Manuscripten des Christian Genersich in Kesmark: »Merkwürdige Begebenheiten von Leibitz 1734—1736 (Kesmarker Lyceal-Bibliothek).

	Schafe	Ziegen	Lämmer	Zickl
			521	9
Vom Lublauer Schloss . . .	91	34	1229	102
Vom Pudleiner Schloss . . .	68	28	1215	85
Am 20. Mai vom Lublauer Schloss				
von dem Marmaroscher Vieh	130		2421	12
Summa	289	62	5386	308

Den 20. und 21. Mai ist das herrschaftliche Vieh den Städten vertheilet worden und erhielten

	Schafe	Ziegen	Lämmer	Zickl
Igló, Kirchdrauf, Wallendorf .	119	26	2184	84
Der Georgenberger Kreis . .	75	15	1311	50
Leibitz	31	7	582	22
Bela	32	7	582	21
Menhard, Durand, Ruszkin . .	31	6	582	23
Davon sind crepiret	1	1	146	8
	289	62	5386	208

Die Kösten der zu Grunde gegangenen wurden mit 138 fl. 60 D. folgendermaassen adrepartirt:

es zahlten:

Igló, Kirchdrauf, Wallendorf .	46 fl. 50 D.
Der Georgenberger Kreis . .	45 fl. 90 D.
Leibitz	15 fl. 40 D.
Bela	15 fl. 40 D.
Menhard, Durand, Ruszkin . .	15 fl. 40 D.
Summa	138 fl. 60 D."

Nun man sollte meinen, das wären wohl der Schafe und Schafverwandte genug, die an die Städte zum Verkauf vertheilt wurden. Jedoch war dem nicht so, das Jahr ging noch nicht zur Neige und schon kam wieder eine noch stärkere Auflage nach Leibitz.

„Anno 1708 den 19. und 20. October sind an herrschaftlichen Vieh nach Leibitz gebracht worden, wie des Herrn Jakob Roth Fleischhacker-Zechmeister Specification zeiget, also

	Schafe	Ziegen	Lämmer
Von Lublau mit Wolle	3114	111	2
Von Neulublau mit Wolle	325	2	—
Von Pudlein mit Wolle	1213	—	—
Von Pudlein ohne Wolle	33	95	14
Von Pudlei 1 Zickl . . . . Summa	4685	208	16

Von diesen haben bekommen

	Schafe	Ziegen	Lämmer
Leibitz	519	22	3
Igló, Kirchdrauf, Wallendorf	1946	85	11
Georgenberger Kreis	1166	52	—
Bela	519	23	1
Menhard, Durand, Riszdorf	519	23	1
Summa	4669	205	16
davon crepiret	16	3	—
Summa wie oben	4685	208	16

Die Umgestandenen wurden mit 37 fl. 5 D. geschätzt und auf die Städte wie folgt adrepartirt:

es zahlten:

Leibitz	5·48
Igló und die 2 Städte . . .	8·26
Georgenberger Kreis	12·35
Bela	5·48
Menhard und die 2 Städte . .	5·48
macht	37·05 D."

Bei diesen Verkäufen hatten die Städte von Jahr zu Jahr Verluste, die zur Verarmung mit beitrugen und zu dem äussersten Zufluchtsmittel, dem Schuldenmachen führten.

1708 am 30. Juli schliesst Jacob Roth im Namen der Stadt mit Balthasar Horvath Stansith de Gradecz von Kreutz und seiner Gemahlin Susanna Modori Keller einen Vertrag, in welchem Horvath der Stadt 2000 fl. borgt und für die Zinsen die städtischen Mühlen zur Benützung erhält. Der Vertrag lautete auf 6 Jahre.

In demselben Jahre am 2. November übernimmt Tobias Jony junior die Weidemühle und zahlt an Horváth den jährlichen Betrag von 50 fl. am Feste des h. Thomas.

Eines der schlimmsten Jahre war das Jahr 1714. Von diesem Jahre lesen wir:

„Anno 1714 mussten die armen 13 Städte eine unerhörte Summa Gelds der Sächsischen Millitz Portion zahlen und zwar auff alle Städt 50,000 Rchthlr. Von welcher unbarmherzigen Summa auff das ruinirte und verwüstete, aussgesogene und verbrannte Leibitz geleget worden 5400 Rchthlr, facit fl. 9720, auff diese Summe hat die Gemein contribuiret wie aus den Registern zu sehen 3329 fl. 23 D. Entlehnet haben wir:

1. Vom Tit. Herrn Igloer Richter Tob. Jony jun.   187 . fl.
2. Vom Tit. Herrn David Sakmárj von Kesmark   3125 fl.
Auff diese Summe geben wir den obgedachten
beiden Herren unser Mayerhöffen im Pfande,
wie es im Vertrag zu lesen für 5000 fl.
3. Von den kath. Geistlichen in Kesmark . .   200 fl.
4. Vom Herrn Berlicio ev. Geist. in Kesmark .   200 fl.
5. Contribuiren die Mayerhöffen . . . . . .   1200 fl.
Item mussten wir aus Noth unsere Gemein-
Weinkeller, Tit. Herrn Szakmárj versetzen für   500 fl.

                         Summa   7820 fl.

Von dieser Summe sind auf die Niedermühle abgenommen worden . . . .   1000 fl.

         Verbleibt die Rechnung   6820 fl.

Dazu die oben erwähnte Contribuirung unserer
armen Gemeinde mit . . . .   3329 fl. 23 D.

        brachten wir auf im Ganzen 10149 fl. 23 D.‘‘

Mit diesem Betrag, der an die 100,000 fl. von heute beträgt, wurde der Stadt eine ungeheure Wunde geschlagen, an
der sie noch lange bluten musste.

Jedoch war die Noth damit noch nicht beschworen. Schon
im nächsten Jahre 1715 am 7. März schliesst das Gericht von
Leibitz, mit Jacob Roth als Richter an der Spitze, einen Vertrag
abermals mit Balthasar Horváth Stansith de Gradecz von Kreutz,
Grundbesitzer und Comitats-Assessor, wonach letzterer der Stadt
ein Darlehen von 400 fl. gibt, sie aber statt Zinsen dem Gläubiger das Recht einräumt, auf Leibitzer Terrain holzen, weiden,
jagen und Vögel fangen zu dürfen.

Die Verpfändungen von Terrain und städtischem Eigenthum an Gläubiger dauerten noch weiter.

„1717 am 18. Maerz hat die Gemein zur Nothdurft eine Schuld
beim ev. Pfarrer in Kesmark zu bezahlen und entlehnte von Herrn
Michael Meltzer 100 fl., wofür er eine städtische Au hinter den
Krautgärten zu geniessen bekam.‘‘ Noch von demselben Jahr 1717,
den 13-ten Mai heisst es: „man hat das Loth — eine Steuereinheit — per Den. 54 auf den andern Mierischen Termin eincassirt.)
Gott helfe dass dieses die letzte Kriegs-Contribution in Polen sein

---

¹) Im Ganzen musste die Stadt, wie wir gesehen, auf das Mierische Dragoner
Regiment 4000 fl. zahlen.

möge und die armen 13 Städte künftig nicht mehr als die Or-
dinarii-Zinsen zu zahlen gehalten werden."

1718 wurden die Schulden der Stadt in nachstehenden Beträgen zusammengefasst:

„1714 ist Mayerhöfen versetzt worden um ung. Gulden	5000	fl.
1685 ist die Markmühl verpfändet worden	1400	„
Dasselbe Jahr auch die Niedermühl	620	„
1686 die Weydenmühl	600	„
1714 der Gemein-Weinschank versetzt	720	„
Dasselbe Jahr sind die Gemein-Aecker verpfän-det worden	200	„
Für Wein zur sächs. Militz ist die Gemein schuldig	150	„
1715 ist die Rohrwies versetzt	300	„
Dasselbe Jahr von Balthazár Horvath	400	„
1709 von Tobias Jony entlehnt auf Interessen . . .	300	„
1710 Von Daniel Mudron	180	„
1712 Das Höntzsche Kinder-Geld	790	„
1688 Von Rector Balthazar Javorszkj	300	„
„ „ Caspar Hartsch	200	„
„ „ Jacob Roth	200	„
Summa	11360	fl.

1727 wird noch eine Schuld erwähnt im Zipser
Capitel mit . . . . 5830 fl.
und 1745 im Podoliner Kloster mit . . . . 3000 „
was im Ganzen den damals bedeutenden Betrag von 20,190 „
ausmachte.

Trotz dieser Schuldenlast und Armuth arbeitete sich die
Stadt mit den Tugenden des guten Haushaltes, der Sparsam-
keit und Einfachkeit wieder empor: 1743, 12. März, zahlte sie
baar an das Zipser Capitel 5830 fl. Die Schuld nach Podolin
mit 2000 fl. wurde mit 1. März 1751 beglichen. 1752 konnte
im Protokoll berichtet werden: „hat die Löbl. Gemein auch die
500 fl. im Kloster zu Podolin gezahlt und ist demnach Nieman-
dem mehr etwas schuldig.[1])

---

[1]) Die benutzten Schuldscheine sind im Archive und andere Daten in den
Protokollen enthalten.

Achter Abschnitt.

Unglücksfälle.

Waren die Verwüstungen der Mongolen empfindlich für die ersten Ansiedelungen der Stadt, so hatten die Einfälle der Hussiten, ihr Brennen und Sengen buchstäblich die erste Blüthe des bereits erstarkten Gemeindewesens wieder weggefegt. Zum erstenmal überfielen sie 1433 am Tage des Evangelisten Marcus Kesmark mit 20,000 Mann zu Fuss und zu Pferd und mit einer grossen Menge Wagen, Zum andernmal eroberte 1441 am 15. October der Böhme Giskra wieder Kesmark wie auch alle festen Plätze der Zips. Der dritte Ueberfall der Stadt Kesmark durch Giskra geschah am Tage des heiligen Gedeon 1461. Mit Kesmark hatte Leibitz in seiner unmittelbaren Nähe die Heftigkeit des ersten Anpralles mit zu verspüren. Wenn es von ganz Zipsen heisst, dass es während der Hussitenherrschaft, die erst durch König Mathias 1461 gebrochen wurde, zur Wüste gemacht worden ist, so galt dies umsomehr von Leibitz[1]), das an Kesmark angrenzte.

Nachdem sie das am Dunajecz gelegene Karthäuser-Kloster ausgeplündert und verwüstet hatten, thaten sie dasselbe mit Kesmark und den umliegenden Städten. Genersich in seiner Geschichte Kesmark schreibt hievon: »Sie brannten die Stadt aus, plünderten die von vielen Jahren angehäuften Schätze, beraubten die umliegenden Städte und führten die vornehmsten Personen gefangen mit sich fort,« für die sie ein theures Lösegeld verlangten. Der Chronist erwähnt im genannten Buche von Leibitz: Was die Hussiten nicht mitnehmen konnten, vernichteten sie durch Feuer und Flammen, die Kirchen zerstörten sie und tödteten oder verjagten die Priester, die Einwohner schleppten sie mit sich oder sie flüchteten nach Polen und die Städte blieben an 100 Jahre wüste und leer, bis die Enkel zurückkehrten, die auf den Aeckern Dornsträuche und an den wüsten Mauern Moos wiederfanden. Mit der Stadt Leibitz ging damals auch das dortige Kloster zu Grunde, welches für das religiöse Leben sorgte.

---

[1]) Wag. A., Scep. I, 52; II, 11, 12, 105, 293.
Hradszky J., Szepesv. 60 . . .
Genersich, Werk der Stadt Kesmark. I, 151, 165, 171.
Lib. mem. eccl. Leib. 4.

Auch aus den Trümmern entstand bald ein neues Leben! Doch auch das Unglück blieb nicht aus! 1538 am Dienstag vor Palmsonntag brach in dem oberen Theil der Stadt ein Feuer aus, welches die Kirche, das Pfarrgebäude und die halbe Stadt einäscherte und verwüstete.[1]) 1659 am August schlug der Blitz ein und äscherte 280 Häuser ein.[2]) 1576 zündete das Wetter in Leibitz an drei Orten und verbrannten 192 Häuser,[3]) 1663 am 28. März brach in Leibitz abermals ein Feuer aus und verbrannten 18 Häuser.[4]) 1676 am 24. Mai als am h. Pfingstfeste kam bei einem gewissen Samuel Loysch aus Unvorsichtigkeit Feuer aus, gerade als man aus der Kirche ging, und mehrere Häuser fielen den Flammen zum Opfer.[5]) Nach dem Fleischerbuche brannten 1681 in Leibitz 200 Häuser nieder. 1708 am 9. August vor Mittag ist im »Thiergarten« durch Kinder, die ohne Aufsicht gelassen wurden, ein Feuer zum Ausbruch gekommen, zu einer Zeit, wo die meisten Leute auf dem Felde in der Arbeit waren. Es wurden ausser 190 Häusern auch die katholische Kirche sammt Thurm, die Schule, das Rathhaus, die Marktmühle[6]) und Fleischbank in Asche gelegt, auf der kleinen Kirche schmolz auch die Glocke; 1725 am 3. Mai zu Mittag entstand in der hiesigen Marktmühle ein groses Feuer und 60 Häuser gegen das »Fallthor« fielen den verheerenden Flammen zum Opfer.[7]) 1743 am 28. Juni schlug der Blitz in Leibitz ein und verbrannten vier Scheuern; im Herbst war eine Viehseuche an vielen Orten.[8]) 1746 am 1. Januar brach ein Feuer aus und es verbrannten 85 Häuser, viel Vieh und auch fünf Menschen.[9]) Erst beim evangelischen Bethause, dessen Dach abgeschlagen wurde, konnte dem verheerenden Element Einhalt gethan werden. Csaplovics, Archiv von Ungarn, II. erwähnt auch noch 1468 einen grossen Brand in Leibitz.

Neben der Feuersnoth stellten sich auch die Wassersgefahr

[1]) Wag., A. Scep. II, 112.
[2]) Bel, Hung. antiqu. et nove prodromus 1723 puo.
[3]) Genersich, Merkw. d. Stadt Kesmark. I. 320). Sebastian Lubomirszky erliess der Stadt 1660 ein Viertel der Steuern.
[4]) Leutschauer Chronik, Jahr 1663.
[5]) Visitations-Protokoll der evangelieschen Gemeinde 1886.
[6]) Hist. Geschlechtsbericht von Buchholtz und Visitations-Protokoll der evangelischen Gemeinde 1886.
[7]) Vis.-Prot. der evang. Gemeinde 1886. Im Geschlechtsbericht von Buchholtz heisst es, dass das Feuer 1724, 3. März, 1 Uhr, herausgekommen wäre und dass der Mühlknecht floh, der da angezündei hatte.
[8]) Geschl.-B. v. Buchholtz.
[9]) Geschl.-B. v. Buchholtz und Visitations-Protokoll der evangel. Gemeinde.

und andere Unwetter genug häufig und verderblich ein. 1677
am 16., 17., 18. Mai dauerte ein ungeheurer Regen an, aus
dem grosses Wasser und Ueberschwemmungen entstanden, die
die Häuser, Scheunen und Schopfen mit grossem Krachen wegschwemmten; am 11. Juni desselben Jahres war in der ganzen
Zips ein so grosses Gewitter, dass es schien, als solle Alles in
Feuer aufgehen. In Kesmark schlug der Blitz ein und in der
Pudleiner Gegend schädigte er das Getreide. 1717 am 6. Juli.
am Tage des heiligen Antonius, war ein furchtbares Gewitter:
der Blitz schlug im Kirchthurme ein und traf den Mann, der
da läutete, er zerfetzte ihm Hosen und Stiefel, er selbst wurde
todt nach Hause getragen. Sein Name war Samuel Schwärzel
oder Weisskopf, ein Cordovaner. Ein anderer Mann, Samuel
Sebler, ein Klempner oder Kesselflicker, fiel auch um, doch
wurde er nicht stark verletzt. Die Uebrigen blieben unversehrt.
1713 am 26. Juli brach ein Regen aus, der drei Tage und drei
Nächte ununterbrochen andauerte, in Folge dessen der Leibitz-
bach austrat, die Brücken zerstörte und grossen Schaden anrichtete. 1720 am 20. August kam Donner und Blitz und scharfer
Regen. Andreas Schmids Rossneders Sohn, ein Mittelknecht.
ist im Feld beim Schober maustodt erschlagen worden. In
Hans Roxers Haus schlug der Blitz durch den Knopf ins Dach.
ins obere und untere Zimmer, zum Glück war niemand darinnen.
Aus der Gasse vom Kirchberg kam ein so schnelles und grosses
Wasser, dass es die Brücken wegnahm. 1731 im November
entstand von Norden aus ein so fürchterlicher Sturmwind, dass
er Dächer, Rauchfänge wegtrug und in Leibitz Scheunen ab-
deckte, auch die Umzäunung des oberen Gartens der katholischen Kirche zerstörte. Das nächste Jahr 1732 war ganz absonderlich: am 17. September blühten die Rosen, am 10. October
begann der Schneefall und dauerte bis 12., so dass alles weiss
und winterlich aussah: am 14. flogen die Schwalben weg und
dann entstand eine warme und angenehme Zeit. Der darauf-
folgende Winter stellte sich mit einer grossen Sterblichkeit ein.
so dass in Igló allein 500 Menschen durch den Tod hinweg-
gerafft wurden. 1734 dauerte zur Erntezeit der Regen ganze
drei Wochen und die Erntefrüchte gingen zum grossen Theil
zu Grunde. 1735 am 25. December begann der Winter in den
angenehmsten Frühling verwandelt zu werden, nachdem er von
Martini bis 25. December ununterbrochen andauerte. Anfangs

Mai begannen die Regengüsse, die sechs Wochen anhielten und grosse Ueberschwemmungen zur Folge hatten, die Bäume entwurzelten, Brücken, Mühlen und Häuser wegschwemmten. 1742 war im Sommer Kälte und Schnee, im Herbste steter Regen, der die Früchte zerstörte. 1743 vom 27. auf 28. Juni in der Nacht entstand ein schreckliches Unwetter: Donner, Blitz und Regengüsse wechselten miteinander ab, das Wasser war so gross, dass es ein Drittel der Stadt Leibitz überfluthete, in die Keller und Wohnungen eindrang, an Vieh, Möbel und Kleider einen Schaden machte, der in manchem Hause 50—80 fl. betrug. In der kleinen Kirche schwamm in der Sacristei das Ornat auf den Wellen, die die Bänke auf einen Haufen zusammentrugen. Bei Jakok Bartke schlug der Blitz ein, zündete aber nicht. Dasselbe Wetter war auch in Durand, Menhard; in Béla, Hunsdorf und Buschotz war damals ein so grosser Sturmwind, dass er Rauchfänge, Dächer, ja ganze Häuser niederriss. Nach etlichen Tagen kam wieder Donner, Blitz und Hagel. Der Blitz schlug auch bei Tobias Stach ein und vernichtete drei Scheunen. Auf das Unwetter folgte am Tage Ladislaus des Heiligen ein grosses Erdbeben.

Die Seuchen und Krankheiten unter den Hausthieren schädigten auch nicht unerheblich die Besitzer. 1676 am 20. October ist so viel Vieh gefallen, dass ein »Ruszniak« gehalten werden musste, der die Häute abzog und in Meierhöfen und Katzwinkel trocknete, woher sie dann zum Verkauf gebracht wurden. Ein Jahr darauf, 1677 im Januar, sind so viele Hunde wüthend geworden, dass man nicht konnte auf der Gasse gehen. Trotz aller Vorsicht wurden alte und junge Leute gebissen und starben elend. Es mussten alle Hunde abgeschafft werden, was der »Meister« von Kesmark mit zwei Knechten ausführte. In demselben Jahre zeigten sich viel Nebel, blauer Luftdunst, in dem die Sonne roth schien. Bald darauf fiel das Rindvieh so stark, dass Manchem nichts übrig blieb. 1717 begann das Vieh im März zu fallen; zur Rettung wurde es in die Wälder getrieben, wohin die Mägde melken gingen. 1719 fielen an 1000 Stück Pferde und Rinder. 1738 wüthete die Rinderpest wieder in der Zips, besonders stark in Kesmark, Igló, Menhard, Majerka, Klein-Lomnitz u. a. m. 1757 wüthete die Rinderpest in den Monaten Juli, August, September und forderte 1000 Stück Hornvieh zum Opfer.[1])

---

[1]) Stadt-Protokoll und Lib. mem. eccl. . .

Nicht geringe Verheerungen richtete oft die Pest unter den Einwohnern der Stadt an. 1563 grassirte die Pest, an derselben starb auch am Aposteltage Thomas der Leibitzer Parochus Salamon. 1568 wüthete die Pest so heftig in der Zips, dass man am 19. November den verstorbenen Pfarrer kaum zu Grabe bringen konnte. 1577 brach abermals die Pest aus, diesmal am verheerendsten in Wallendorf, Kirchdorf, Neudorf und Leutschau. Zu den unglücklichsten Jahren der Zips gehört das Jahr 1600: Die Kriegsvölker der Hajduken und Wallonen plünderten, die Hungersnoth herrschte und die Pest forderte ihre zahlreichen Opfer im ganzen Comitate; in Leutschau allein starben 2500 Personen, alle Pfarrer, mit Ausnahme eines Namens Sturm. Dieselben Erscheinungen wiederholten sich auch im Jahre 1646, wo in Igló allein 2000 Menschen der bösen Krankheit erlagen. Um die Zeit starb an der Pest Johann Serpilius, Pfarrer in Leibitz. Das verhängnissvollste Pestjahr war unstreitig das Jahr 1710. Im Fleischerbuch von Leibitz vom Jahre 1681 lesen wir darüber Folgendes: »Anno 1710 ist die arme Gemein mit der pestilenzischen Seuche behaftet gewesen, darinnen bis 200 birger gestorben. Anno 1711 im September ist die Pest abermahl eingerissen in Wind's Haus bei dem Paul Collega und starben auch diesmal 70 Personen.« 1710 starben vom 26. Juli bis 24. November nachstehende Personen in Leibitz: 1 katholischer, 1 evangelischer Geistlicher, 4 Beamte, 11 Sechzehnherren, 1 Schulbediensteter, 190 Bürger, 145 Frauen, 18 Witfrauen, 157 Handwerksbnrschen und Knechte, 402 Kinder, 90 Dienstmägde, 23 Hausgesinde, 6 Hirten und 11 Spitalsleute, zusammen also 1060 Personen. Genersich in seinen Merkwürdigkeiten der Stadt Kesmark, Band II, S. 585, gibt die Zahl der Verstorbenen in Leibitz aus diesem Jahr auf 2000 Personen an. Der Dichter des genannten Fleischerbuches besingt den Tod folgendermassen:

> »Die Pestilenz hat nicht gesäumt,
> Viel Tausend Menschen aufgeräumt;
> Herr unsre grosse Missethat
> Dies und ein mehrs verdienet hat.
> Gott trag dein Volk doch in Geduld
> Vergib uns aller Sünden Schuld,
> Damit wir deines Namens Ehr
> Hochpreisen und erheben sehr,
> Hier und dort mit den Engelein
> Drauf sprechen wir das Amen fein.«

Vom Jahre 1737 lesen wir im lib. mem.: Es wüthete beinahe das ganze Jahr die ansteckende Krankheit, der auch viele Priester erlagen.[1])

જ ¿

Neunter Abschnitt.

Vereine und Fürstenbesuche.

a) Vereine.

Die ältesten Vereine in der Zips standen im Dienste der kirchlichen Sitte, der Pflege des religiösen Lebens, der Theilnahme und Hilfeleistung. Diesem Zwecke dienten bei der Jugend die ›Burschenschaften‹ und bei den Erwachsenen die ›Nachbarschaften‹. Obwohl wir in Leibitz für den Bestand dieser Vereine keine Belege finden, so können wir doch ganz sicher annehmen, dass sie hier, wie in Béla und auderen deutschen Städten der Zips bestanden haben, da sie von der Sitte des deutschen Stammes in dieser Zeit unzertrennlich waren.[2]) Eine Reminiscenz an die Burzchenschaften, die hier bestanden haben, klingt noch durch in dem Statut, das 1750 in neun Paragraphen den Kirchenbesuch der ›Knechte‹ und der ›Burschen‹ ordnet.[3])

Wie die ›Bruderschaft des heiligen Geistes‹ in Béla, der ›Barbara-Verein‹ in Igló, der ›S. Maria oder Johanni-Verein‹ in Matheócz wohlzuthun und mitzutheilen, Gott zu ehren und zu dienen auf ihre Fahne schrieben, so mochte dies auch die ›Fraternität unser lieben Frauen‹ in Leibitz gethan und gehalten haben. Erwähnung dieser Fraternität wird 1448 in einem Auszuge aus einem alten Protokolle gethan, welches im Original leider nicht mehr selbst vorlag. Von diesem wird erwähnt, dass er eine Wiese besass bei dem Hause der Wollspinner in der Nähe des Walkhauses, welche Wiese keine Steuer zahlte.[4])

---

[1]) Vergleiche: Matr. Mol. S. 71, 124, 237, 147, 201, 243. Scholtz, Kirchliche Nachrichten, die betreffenden Jahre. J. Hradszky: a 24 vár. pleb. testv. 251, 265, 237.

[2]) S. Weber, Geschichte der Stadt Béla, 1892, S. 262.

[3]) Lib. mem. eccl. et paroch. Leib. Gleich am Anfang ist das ganze Statut enthalten' mit Berufung auf Verfügungen von 1694.

[4]) In Protocollo signato 1439 continentur Anni: Das älteste Protokoll, auf welches hier Berufung geschieht, das aber nicht mehr vorliegt.

Dass der Pleban von Leibitz schon 1248 dem Bunde der Fraternität der 24 Städter Pfarrer angehörte, ist schon an anderer Stelle berührt worden.

Die Spinn- und Rocken-Stuben versammelten besonders die weibliche Jugend zu gemeinsamer Arbeit, wo sich nicht selten auch Missbräuche einschlichen. »Am 13. Februar 1676 sind vier Rocken- oder Spinnmägde wegen eines Büschel Werges, das eine aus ihrer Zunft ansteckte und das da gefährlich hätte werden können, zu 1½ Tag Gefängniss verurtheilt worden.«

Das Spital — Xenodochium — hatte mehrere Herren im Bunde, die seine Angelegenheiten liebreich pflegten und Rechnung legten. 1655 den 4. Mai haben die Spitalherren von dem Getreide 23 fl. 68 Denare, 1656 62 fl. 42 D., 1659 46 fl. 75 D. und 1663 174 fl. 25 D. eingereicht. Doch blieb auch dabei »noch alte Gerste auf der Bine.«

Greifbare Formen erhielt das Vereinsleben in den Schützenvereinen.

Nach der Sitte der eingewanderten Deutschen, die überall ihre Schützenvereine gründeten, wurde auch in Leibitz ein solcher Verein begründet, der im socialen Leben eine viel wichtigere Rolle spielte, als heute angenommen wird.

Die ersten Spuren des Vereins führen auf das Jahr 1639 zurück. Von diesem Jahr heisst es: »Ihm Jahr nach Christi geburt 1639 Ist diess Buch von der Ehrbaren vndt Löblichen Bruderschaft der Schützen in den königlichen Markt Leybitz gezeyget vndt auffgerichtet worden, bey der Ehrsamen Herrn Jakobi Demiani vndt Simonis Lavert Schützen-Väther-Ampt«.

Hieraus geht hervor, dass in diesem Jahre das bis heute bestehende Buch »auffgerichtet« wurde, der Verein selbst mag viel früher begründet worden sein, da das erste Statut im Buche nicht enthalten ist.

Der Verein hatte Anfangs kein kirchliches, sondern ein allgemein bürgerliches Gepräge mit jährlich wiederkehrenden Schiessübungen, da unter den Schützen auch der »Tartschen-Meister« verzeichnet steht, der den besten Treffer in der Zielscheibe machte.

Das »Quartal«, die Hauptversammlung, wurde jährlich an Michaeli-Tag abgehalten, wo die zwei Schützen-Väter — Vereins-Präses — gewählt, die Einzahlungen der Taxen erfolgten und das »Bruderbier« getrunken wurde. Der Kassastand war z. B.

1639: 57 fl., wovon 29 fl. ausgegeben und 26 fl. »in Paren« den neuen Schützenvätern zur Manipulation übergeben wurde. Die Reihenfolge der Schützen beim Quartal wurde nach Tischen geordnet. 1639 gehörten zum ersten Tisch 17, zum andern 16 und zum dritten 20 Schützen. Der Verein gehörte unstreitig zu den geachtetsten der Gemeinde. Wir finden unter den Mitgliedern desselben 1639 Johannes Ollmützer, XIIIstädter Provinzgraf, Hans Hellner, den evangelischen Localpfarrer, und die Namen Serpilius, die auch Pfarrer-Familien angehörten. Auch von der Stadt wurde er unterstützt; so lesen wir im Zinsbuch vom Jahre 1658: »Den Schützen verehrt 2 fl.« Auf Achtung und Ehrbarkeit hielt der Verein grosse Stücke: »Am 5. Februar 1676 wurde Martinus Wenzel mit einem Thaler bestraft, weil er die Schützen verunehret hat.«

Unter solchen Formen bestand der Verein ununterbrochen von 1639—1699, also durch volle 60 Jahre.

Dann kamen äusserst schwere Zeiten für die Stadt. Kriegsexecutionen, Pest und Feuersbrünste richteten fürchterliche Verheerungen an. Zur Charakteristik der äusserst bedrängten Verhältnisse erwähnen wir den Beschluss vom 18. März 1717, wonach die Gemeinde zur Nothdurft von Herrn Michael Meltzer 100 fl. entlehnt, um eine Schuld beim evangelischen Pfarrherrn in Kesmark bezahlen zu können.

Im Jahre 1721, also nach einer Pause von 22 Jahren, wurde die Brüderschaft im Richteramte des Herrn Johann Serpili und der Herren Geschwornen Jakob Roth, Tobias Hellner, Mathias Münnich und Johann Scholtz wieder »aufgerichtet, weilen selbete durch unterschiedliche Krigs-Plessuren ist aufgehoben und unterdessen stehen blieben«. Die alte Schützenordnung wurde vom löblichen Gericht wieder confirmiret und die Lade sammt den Artikeln von der Frau Kalix am 13. Juli abgeholet und Herrn Mathias Münnich, als neugewählten Schützen-Vater eingehändigt.

Jedoch scheinen die schweren und verhängnissvollen Zeiten den Bestand des Vereins noch immer gefährdet zu haben. 1722 besteht der Verein mit 52 Mitgliedern und die Adrepartition geschieht mit 12 Denaren für die Person auf ein Quartal; die Schützen-Mutter -- die Frau des Schützen-Vaters — erhält noch als Quartalsgabe 41 Denare als Geschenk für ihre Mühewaltung bei der Bewirthung der Vereinsmitglieder. Dann aber tritt wieder eine Pause ein und das Vereinsleben beginnt

nur 1730 seine Thätigkeit fortzusetzen, die, abermals unter-
brochen, erst 1741 in gewohnter Regelmässigkeit von Jahr zu
Jahr sich erhält. Die Constituirung erfolgt nachstehends: >Im
Jahr Chrisii 1741 am Tage S. Michaelis des Erzengels sind
Männer der Löblichen Brüderschsft der Schützen erwählet
worden, als nämlich HE. Sebastianus Colix und HE. Mathias
Minich. Gott gebe Ihnen seinen gutten Geist und glückselige
regürung zu Gottes Ehre und Erbauung und auffnehmen der
Löblichen Brüderschaft.< Der erste Tisch hatte 10, der an-
dere 8 Mitglieder.

Nun bestand der Verein 27 Jahre hindurch bis 1768 ohne
alle Unterbrechung. Mit dem letztgenannten Jahr hört wieder
der Verein auf, ohne dass eine Ursache angegeben wurde. Im
Gegentheil, die zunehmende Zahl der Vereinsmitglieder hätte
auf einen blühenden und fortwährenden Bestand des Vereins
schliessen lassen können. Mit diesem Jahr 1768 hört der
Schützen-Verein in seinen alten Traditionen und mit seinem interconfessionellen Charakter auf. Der später entstandene Verein
trägt einen kirchlichen Charakter an sich.

b) Fürstenbesuche in Leibitz.

Seit den ältesten Zeiten war es Sitte, dass Könige und
Fürsten zeitweise ihre Residenzen verliessen und theils zu ihrem
Vergnügen, theils in Regierungsangelegenheiten die Städte in
der Provinz besuchten. Auch die Zipser Städte erfreuten sich
derartiger Fürstenbesuche. Für solche Besuche gab es auch
eine gesetzliche Bestimmung, dass in dem Zipser Ländchen dem
Könige und seinem Gefolge auf der Hin- und Herreise ein an-
ständiges Mittagsmal zugesichert wurde.[1]

Leibitz finden wir auch in der Reihe jener Städte Zipsens,
wo Fürsten im Laufe der Jahrhunderte durchreiseten und ihre
Besuche machten.

Die Tochter Ludwig des I. oder des Grossen, Maria, treffen
wir 1392 in Leibitz an. Sie richtet von hier aus am Trinitatis-
Sonntag ein Mandat an das Zipser Kapitel mit dem Auftrage,
dass die Besitzverhältnisse der Familie Kromlow im gleichnamigen
Orte geordnet werden, Ort und Familie dieses Namens kommen
heute in Zipsen nicht mehr vor.[2]

---

[1] S. Weber, Zipser Geschichts- und Zeitbilder 1880, S. 292.
[2] Wagner, Anal. Szep. I. 137.

1419 war es ein sehnlicher Wunsch des Königs Sigismund, mit Wladiszlaw, König von Polen, in Zipsen zusammenzukommen, Wladiszlaw versprach auch zu erscheinen und erreichte von Galizien aus Lublau. Von Lublau setzte er seine Reise über Podolin nach Leibitz fort, von hier aus besuchte er auch die anderen 13 Zipser Städte, die ihm 1412 Sigismund verpfändet hatte. Die Könige selbst kamen dann in Kaschau zusammen, wo sie mit ihrem Gefolge durch 8 Tage weilten und in Regierungsangelegenheiten verhandelten.[1]

Im Jahre 1422 drohten dunkle Sturmeswolken am Horizonte des Vaterlandes. Es drohte ein blutiger Krieg zwischen Sigismund, König von Ungarn, und Wladiszlaw, König von Polen, auszubrechen. Die Stimmführer beider Länder Ungarn und Polen wollten um jeden Preis den Frieden erhalten und ordneten zu dem Zwecke einen Congress in Leibitz an. Von Polen als Räthe des Wadiszlaw erschienen: Nikolaus, Erzbischof von Gnesna; Albert Jasztrabiecz, Bischof von Krakau; Cristian, Schlosshauptmann von Krakau; Johannes de Tarnow aus Krakau, Nikolaus de Michalow aus Sandomir, Reichspalatine; Sbigneus de Brzezie, Marschall des Königreiches Polen; Janussius de Tuliskowo, Castellan und Zavissius der Schwarze de Grabow, Kapitän der Zipser Städte. Diese Vertreter Polens beriethen mit den Prälaten und Baronen Ungarns, wie der Friede zu sichern wäre, bevor noch der blutige Kriegsgott Mars seine Herrschaft beginne. Die Vertreter einigten sich auch wirklich in den Friedensbedingungen, kamen aber auch darin überein, dass zum perfecten Friedensschluss die persönliche Begegnung der Monarchen noch erforderlich sei. Im nächsten Jahr 1423 fand auch wirklich diese persönliche Begegnung der Könige statt. Wladiszlaw kam mit seinen Räthen im Schlosse Czorstin am Dunajecz, Sigismund im alten Dorfe Schramowicza an. Hier auf freiem Felde stiegen die Herrscher vom Pferde, reichten sich die Hände, umarmten sich, gelobten sich in Gegenwart ihrer Räthe, ihre Feindseligkeiten und Ungerechtigkeiten für alle Zeiten zu vergessen und einen neuen, festen Frieden zu schliessen. Zu dem Ende begaben sie sich nach Kesmark, wo 1423 am Dinstag nach Palmsonntag das Friedensinstrument ausgestellt wurde, in welchem der Friede, die Freundschaft und die Brüderlichkeit zwischen beiden Königen und ihren Reichen

[1] Wagner, Anal. Szep. II, 90.

hergestellt und erneuert, wurde. Von Kesmark begaben sich die Herrschaften nach Leutschau, wo sie mit grossem Gepränge das Osterfest feierten. Am Freitag nach Ostern verliess Wladiszlaw, König von Polen, Leutschau und der ungarische König Sigismund gab ihm bis Bartfeld das Geleite.

Bemerkenswerth bei diesem Congresse der Reichsräthe Polens und Ungarns in Leibitz zur Entwerfung der Friedens-Präliminarien ist noch ein Umstand, der nicht unerwähnt bleiben darf. Der königliche Rath und Erzbischof von Gnesna in Polen war schon kränklich in Leibitz angekommen. Trotz der sorgfältigsten Behandlung und Pflege verschlimmerte sich sein Zustand derart, dass er, mit den religiösen Sacramenten versehen, am 4. December, am Tage der h. Barbara, hier in Leibitz seinen Geist aufgab. Die sterblichen Ueberreste wurden in seine Residenz Gnesna in Polen transportirt und mit allen Ehren zur Ruhe bestattet.[1]

Auch manche andere fürstliche Persönlichkeiten verkehrten in Leibitz. Die polnischen Starosten aus dem fürstlichen Hause Lubomirszky erschienen oft in Leibitz, theils zum Besuche, theils in amtlichen Verrichtungen, indem hier auch mehrere Provinzgrafen wohnten und nicht selten auch die Congregationen der XIII Städte abgehalten wurden.

Lubomirszky Stanislaus, der polnische Statthalter, hatte 1613 seine Hochzeitsfeierlichkeiten. Die Geistlichen der XIII Städte wollten dem Brautpaar ein Geschenk darbringen. Senior Xylander berief die Fraternität nach Leibitz, wo die Mitglieder die Anschaffung eines Kelches beschlossen. Den Kelch fertigte Johan, ein Kesmarker Goldarbeiter, um 61 fl. aus, was heute wohl den Werth von 600 fl. bedeuten würde. Das Prachtwerk führte den Titel eingravirt: ›Munus Nuptiale Pastorum XIII Oppid. Terrae Szepusien. 1613.‹ = Hochzeitsgeschenk der XIII Zipser Städter Pfarrer 1613. Den Kelch selbst übergaben der Senior Xylander, der Pfarrer Serpilius von Leibitz und Tomarisci von Menhard auf dem Schloss Podolin der jungen Fürstin, während dem Fürsten ausserdem 6 Stück Dukaten verehrt wurden.

Dieser Fürst Lubomirszky machte mit seiner jungen Frau 1615 eine Rundreise in den XIII Städten. Zuerst besuchte er

---

[1] Wagner, Anal. Szep. II, 91. Weber, Zips. Gesch.-Bild. 206.

Leibitz, wo er mit allen Ehren von Seite der Behörde und der Bevölkerung empfangen wurde.[1]

Das Jahr 1734 brachte eine grosse Aufregung in die Zips. Am 17. Januar wurde Friedrich August Churfürst von Sachsen zum König von Polen gewählt. Eine andere Partei rief Stanislaus auf den Thron Polens. Russland unterstützte Friedrich August mit mehreren Tausend Mann. Die russischen Truppen rückten über Sachsen, Schlesien nach Zipsen ein, dessen 13 verpfändete Städte als polnisches Gebiet betrachtet wurden. Am 13. März rückten die Truppen, zwei Compagnien stark, und zwar russische Huszaren und Kalmuken, mit dem König Friedrich August sammt Gemahlin in Leibitz ein. Der hohe Besuch war nicht billig: Leibitz, Bela und Menhard mussten wöchentlich 464 Brode, 7 Metzen Grütze, Salz, 134 Metzen Hafer und ebensoviel Häcksel, 9072 Pfund Heu und viele Mandeln Stroh liefern. Die übrigen Truppen wurden im Oberland versorgt.

Zwei Jahre später 1736 am 24. April begleitete Fürst Theodor Lubomirszky sammt Gemahlin die abziehenden russischen Truppen mit zwei Conpagnien Kürassieren. Er verblieb in Leibitz über Nacht und versicherte von hier aus, in Anbetracht der grossen Auslagen, die XIII Städte nicht mehr belästigen zu wollen, sondern dass er in Zukunft in Lublau auf dem Schlosse bleiben werde.[2]

Zehnter Abschnitt.

Badeanstalten und Dorfschaften der Stadt.

a) Das Bad Schwefelbad mit dem gleichnamigen Dorfe.

Ohne ein Reinlichkeits- und Gesundheitsbad war die Stadt nie gewesen. Schon im Jahre der Verpfändung 1412 finden wir die Steuer verzeichnet, welche für das Bad entrichtet wurde: »Die Badstueb zahlt zwei Loth«. 1611 kauft Gregor Kreytzer oder Kromer eine Wüstung, d. h. ein leeres, wüstes Haus, »bey der Badstube.« Letztere wurde 1624 einer gründlichen Reparatur unterzogen, welche den damals nicht unbedeutenden Be-

---

[1] Hradszky: A XXIV város plebánosainak testvérülete 1895. 1. 204. 207.
[2] Manuscripte des Kesmarker Lyceums.

trag von 113 fl. erheischte. »Das Badtgeldt« wurde in den Rechnungen von 1734 mit 20, 1735 mit 12 und 1736 mit 12 fl. 66 Den. unter den Einnahmen angegeben.

Mit der Errichtung und Adaptirung des Schwefelbades scheint das andere städtische Bad aufgelassen worden zu sein.

Der Ursprung Schwefelbads ist älter als man gewöhnlich annimmt. Schon im 13. Jahrhundert wird der Schwefelquelle Erwähnung gethan. Der Zipser Graf Bald (1202 – 1300) erscheint nämlich 1294 als Commissär des Königs Andreas in Leibitz mit dem Auftrage, einen Wald in der Nähe der Stadt ausruroden und daselbst eine Ortschaft zu gründen. Leibitz erhob dagegen mit Erfolg Einsprache und blieb in dem Besitz des Waldes, in dem die Schwefelquelle erwähnt wurde.[1])

Es ist auffallend genug, dass die späteren Historiker und Geographen der Zips, namentlich David Fröhlich, Mathias Bel und Korabinszky, von der Entwickelung der Schwefelquelle nichts zu berichten wissen.

Erst im 18. Jahrhundert erinnerte man sich wieder der Bedeutung der Schwefelquelle.

Georg Bohusch nämlich, der auch den Namen Szenitzky führte und von Schemnitz nach Kesmark als Professor berufen wurde, hinterliess 1720 eine Schrift, die eine historisch-geographische Schilderung der Zips zum Gegenstande hat.[2]) In dieser Schrift erzählt der gelehrte Professor, dass er, nach der Zips kommend, den Ruf des Leibitzer Schwefelbades hörte und bei seinem ersten Ausfluge dahin in Gesellschaft seiner Collegen und Schüler die Gegend der Schwefelquelle ungemein schön und für Unterhaltungen geeignet fand. 1714 begab er sich wieder dahin und gewann die Gegend sehr lieb, wo Leibitz auch ein Zelt errichtete, damit man den Körper waschen konnte mit dem Schwefelwasser, dessen Wirkungen als sehr heilsam galten.

Unter den Starosten auf Lublau, Fürst Theodor Lubomirszky (1715), begann man schon einzelne Gebäude zu errichten und das Bad regelmässig zu gebrauchen, zu welchem Zwecke sich Bauern aus Hodermark ansiedelten, die hier dauernde Beschäftigung fanden.

---

[1]) Bárdossy suppl. Analectorum 390. Hradszky: Vándorlások a Szepességen I. 55.

[2]) Der Titel dieses Manuscriptes lautet: »Descriptio inclyti Comitatus Scepusiensis Geographico-Historica«. Manuscript des Lyceums in Kesmark.

In dem citirten Manuscripte berief sich Bohusch auch auf den Physiker Dr. Fischer von Kesmark, der das Wasser und seine Wirkungen nachstehends charakterisirt: Der Geruch des Wassers erinnert an verdorbene Eier. Am Boden wie an den Seiten zeigen sich Salpeter-Blumen, die man auch am Ausflusse des Wassers beobachten kann. Der in dieses Schwefelwasser geworfene Denar erscheint schwarz, hinausgezogen ganz rein in seiner natürlichen Farbe. Das gekochte und verdunstete Wasser schmeckt salzig, früh getrunken macht es leichten Stuhl und guten Appetit, beruhigt die Nerven, lindert die Schmerzen der Glieder und heilt besonders am Anfang die Gicht und den Schlaganfall. Vom Trink- und Badegebrauch des Wassers erwähnt er noch: Das Trinken des Wassers beginnt man mit einem Sextar, den 6. Theil einer Halben, und schreitet dann fort bis zu 7, 8, 9 Sextaren und wieder zurück. Nach dem Trinken folge das Baden und wenn sich der Körper nicht erwärmen sollte, muss dies durch Schwitzen erfolgen. Bei dem Baden muss man sich nach und nach gewöhnen von dem kälteren zu dem wärmeren Wasser, denn wer gleich allzu warm badet, kann leicht in Ohnmacht fallen. So stand der Gebrauch des Bades um das Jahr 1715. Die Stadt kam nun der Entwickelung desselben zu Hilfe, indem sie 1717 am 10. Mai beschloss, ein grösseres Gebäude daselbst aufzubauen. Der Notär Johann Trompler schrieb den diesbezüglichen Beschluss folgendermassen nieder:[1] »Die 10. Maji. Demnach sich zeithero unterschiedliche Leute kegen Schwefel-Brunn eingefunden haben, welchen das Schwebel-Baad gar wol gedienet hat, weilln aber keine sonderliche Accomodation vor frembde Leute daselbst gewesen ist: hat also Richter-Rath und die gantze Gemein beschlossen, beym Schwebel-Brunn ein gewisses Gebäude von Holz aufsetzen zu lassen, zu welchem alle Bürger, so Pferde haben, ein Bauholz, oder was man auf einen Wagen hat aufladen können, zugeführt haben; ist also solcher Bau in diesem Jahr 1717 angefangen, auch ausgefertigt worden, welcher an Baaren Geldt ohne Holz gekostet hat mit Öfen, Fenster und andern zugehörigen Sachen Ungfl. 32·60. Gebe der Allerhöchste Gott, damit dieses Bad nicht allein denen selbigen Leuten, welche sich desselben bedienen werden, möge zur Gesundheit, sondern auch der Gemein zu eynem Beysteyer auf gemeine Unkosten dienstlich sein. Vitrurius sagt:

---

[1] Protokoll im Richterambt Johannis Marci 1676.

Sulphurosi fontes Nervorum Labores reficiunt =
Die Schwebel-Wasser bringen zu Recht die Schmerzen
der Nerven.‹

Bei dieser zunehmenden Bedeutung des Schwefelbades ertheilte auch Fürst Theodor Lubomirszky 12. August 1718 ein Privilegium der Stadt Leibitz in Bezug auf das Schwefelbad mit folgenden Bestimmungen:[1]) Zur Herstellung der menschlichen Gesundheit und zum Wohle der Stadt Leibitz wird gestattet, Gebäude zu errichten, Getränke auszuschenken, Fleisch und andere Speisen zu verkaufen. Dafür wird Leibitz ausser der gewöhnlichen Steuer nichts zu zahlen haben. Wer hier die allgemeine Sicherheit stört, wird auf das Schloss Lublau abgeführt. Die von der Stadt auferlegten Strafen werden zur Hälfte für die Kirche, zur anderen Hälfte für die Stadt verwendet. Wer in Schlägerei oder Zweikampf auf der That erwischt wird, der soll als Störer der öffentlichen Sicherheit criminaliter bestraft werden. Indem Gott aus Güte die Menschen mit diesem Heilwasser beschenkt hat, ist es angezeigt, dass sie es auch gratis geniessen und gebrauchen sowohl als Trink- als auch als Badewasser, nur für das Brennholz und die Arbeit beim Badmachen zahle der Gast für ein Bad einen Kaisergroschen und für die Benützung des Zimmers und der Badekammer täglich zwei Groschen. Die Stadtbehörde von Leibitz wird verpflichtet, dafür zu sorgen, dass Speisen und Getränke gut und billig geliefert werden, damit der Gebrauch der Güte Gottes, die sich im Heilwasser offenbaret, nicht unmöglich gemacht werde.

In dem Verhältniss, wie das Bad zunahm, entwickelte sich auch die angrenzende Ansiedelung vom Dorfe Schwefelbad selbst, welches auch, auf Leibitzer Grund und Boden erbaut, von der Stadt ganz und gar abhängig war. Die Einwohner zahlten Haus- und Ackerzins in die Kasse der Stadt Leibitz und zwar successive immer mehr im Verhältniss zur zunehmenden Entwickelung des Dorfes: 1734 74 fl., 1735 81·33, 1736 84, 1737 106, 1738 119, 1739 120·45, 1740 190·69 und 1741 202·66 fl.[2])

b) Das Dorf Majerka.

Schon in dem Diplom Karl Roberts vom Jahre 1328 wird Leibitz mit seinen ›Mayerhöwen‹ vereint erwähnt. Ungefähr

---

[1]) Beilage XXV.
[2]) Diese Zahlungen sind entnommen dem Protokoll: Jakob Frickal, dieselbe Zeit Richter 1537.

1455 haben die Herren von Leibitz die ganze «Mayerschafft« in neun Parten, sogenannte Unterthanen, den Einwohnern des Dörfleins Grund und Boden und Holzung zugeliefert und sie dienstbar und zinsbar gemacht.[1]) Als die Verpfändung der Städte an Polen erfolgte, theilte auch Majerka das Schicksal der Stadt und wurde an Polen mitverpfändet. Das Gericht von Majerka musste sowohl an Polen als auch an die Stadt Leibitz mit 'folgenden Worten den Eid der Treue leisten:

Jurament für das Gericht in Mayerhöfen.

»Ich N. N. Richter, Ich N. N. Beisitzer und Amtsverwandter in dem Löblichen Dorf Mayerhöfen schwör in dieser Morgenstund, bei nichternem Leib und Muth einen wahrhaftigen und theuren Eid, der Hochgelobten Hl. Dreifaltigkeit, Gott dem Vater u. Gott dem Sohn u. Gott dem Heilgen Geiste, wie auch dem grossgewaltigem König in Polen unseren durchlauchtigsten Fürsten und Landesherrn, Ihro Gnaden dem Herrn Hauptmann, dem Herrn Grafen der XIII Städte, unsern Herrn Richter in dem königl. Markt Leibitz u. allen höheren Amtspersonen gut Recht auszusprechen, gewissenhaft zu urtheilen für Vermögende und Unvermögende, für Witven und Waisen, für Jung u. Alt, ohne Ansehen der Person, ohne Betrachtung aller Freundschaft und Feindschaft, ohne Anrechnung einiger Geschenk u. Gaben: Ich schwöre und gelobe das der gemein Beste, nutzbarlich und traulich zu befördern und Alle Neben Christen für Unfall u. Schaden zu warnen, so viel mein Amt erfordert. Ich schwör u. Gelobe, dass ich allezeit willigst u. gehorsam auf des Herrn Richter in Leibitz sein Befehl und Begehren, ohne einzige Ausrede, Aufschub u. Ausflucht mich will herfür stellen und des ganzen hochlöblichen Gerichtsordnung u. Gesetzen gemass leben, mich nicht widersetze sondern Alles gewissenhaft in aller Unterthänigkeit ausrichte, dabei verschwiegen u. redlich rechte und handeln, wie es einer aufrichtigen Person gebühret, so wahr mir helfe Gott der Vater, Gott der Sohn u. Gott der Heilge Geist durch das Heilge Evangelium. Amen!«

Dieses Abhängigkeits-Verhältniss wurde während der ganzen Verpfändungszeit aufrechterhalten. Als der König von Polen und Churfürst von Sachsen auf die 13 Städte, wie schon oben erwähnt, 50,000 Rthlr. auswarf und Leibitz als Stadt von dem

---

[1]) Protokoll der evangelischen Gemeinde Majerka vom Ursprung bis 1847.

Stadtrichter zu Igló Tobias Jony 1875 fl. entlehnen musste, wurden dem Creditor sechzehn Bauern von Majerka namhaft gemacht, die die Zinsen mit 187 fl. 50 Den. jährlich zu zahlen hatten, während die übrigen Einwohner so manche Leistungen an die Stadt Leibitz zu tragen hatten. Sie mussten unter Anderem 80 Klaftern Holz für die Stadt hauen, 120 Kübel Hafer auf städtischem Terrain ackern und säen, 6 Wagen zur Düngerfuhr beistellen; den Gerichtsherren von Leibitz hatten sie zu Ostern 75 Eier und 2 Lämmer und auf Martini 5 Gänse, 8 alte und 12 junge Hühner abzuliefern. Die 16 Herren — Stadtvertretung – sollten auch nicht leer ausgehen, sie erhielten von Majerka 6 fl. Gegen ein Präsent von einem Kalb wird ihnen das Weiden in der Gegend von Kottenhau gestattet. Es wird den Mayerhöfern zur Pflicht gemacht, einige Gangreisen auf Leibitzer Terrain zu verrichten, das Koschar zu räumen und auch 6 Fuhren Holz und dem Organisten ausserdem 16 Fuhren Holz zu führen und nach Bedürfniss Schindeln und Latten zu liefern. Zur Erntezeit sind den Gerichtsherren in Leibitz Schnitter oder Recher beizustellen. Jedes Gewerbe soll den Mayerhöfern gestattet sein, den Malz- und Bierkauf sollen sie jedoch bei dem Gericht in Leibitz melden. Dieser Pfandvertrag, wobei Majerka dem Gläubiger Jony bis zur Auszahlung der Schuld förmlich verschrieben wird, wurde am 25. März 1714 abgeschlossen und von allen competenten Factoren unterfertigt. Ein Beweis, wie Majerka ganz und gar als von der Stadt Leibitz abhängig betrachtet wurde.[1]

Auch in kirchlicher Beziehung ist damals Majerka noch ganz abhängig von Leibitz. Da es ihnen lästig wurde, den Gottesdienst in Leibitz aufzusuchen, baute die kleine Gemeinde um das Jahr 1450 ein eigenes Kirchlein. Da aber das Gotteshaus in Folge von Ueberschwemmungen Risse und Sprünge bekam, wurde 1465 eine neue Kirche gegen Mittag am Hügel mit Hilfe der Stadt Leibitz erbaut. Der Altar zeigte das heilige Abendmahl — coena Domini —. 1568 traten die Mayerhöfer mit ihrem Kirchlein der Reformation bei. 1620 liess Johannes Roth, Richter von Leibitz, das Kirchlein und den Kelch ausbessern und herstellen. 1674, unter dem Kapitän der 13 Städte, wurde das Kirchlein wieder dem katholischen Gottesdienste eingeräumt.

[1] Der ganze Pfandvertrag Beilage XXVI.

Die erste katholische Kirchengemeinde wurde von Leibitz aus durch Kapläne administrirt. Zur grösseren Bequemlichkeit wurde später ein Gebäude für den Seelsorger errichtet, wo sogenannte Vicäre — capellani expositi — beständig in Majerka wohnten und für deren Unterhalt der katholische Pfarrer in Leibitz zu sorgen hatte. Solche Vicäre sind folgende bekannt: 1. Pater Aloysius a Matre Dei scholarum piarum 1728. 2. P. Jacobus a Sancta Anna. 3. Johann Krusriczky. 4. Karl Bertl — 1749. 5. Thomas Joseph Hartel — 1754. 6. Paul Hlatky — 1757 —. 7. Mathias Rohofszky — 1760 —. 8. Johann Albrecht — 1762. 9. Karl Augustin Makovinszky — 1768. 10. Franz Singhofer.

Als katholische Lehrer wirkten in diesem Zeitraume: 1. Michael Vincenti 1726. 2. Michael Gespaco 1731—1746. 3. Johann Gill 1746—1755. 4. Johann Anton Viszoczky 1755—1765.

Die evangelische Gemeinde von Majerka wurde durch die evangelischen Pfarrer von Leibitz administrirt, die wir schon an anderer Stelle kennen lernten. Die Selbstständigkeit dieser Gemeinde fällt erst in den nächsten Abschnitt ein.

Rückblick.

Durch die Verpfändung der XIII Städte an Polen war der erste gewaltige Riss im Bunde der blühenden, wohlhabenden und mächtigen 24 Städte geschehen. Die 13 Städte erschienen wie ein Zweig, den der Sturm vom Lebensbaume brach und wegwehte.

Durch die Verbindung mit Polen begann in Folge der polnischen Beamten, Militäristen und der Diener an Schule und Kirche die grundlegende Arbeit zur Slavisirung in den Städten.

Der willkürlichen Besteuerung wurde Thür und Thor geöffnet; z. B. neben der zehnten Garbe für den Geistlichen erhob das Schloss Lublau die neunte Garbe für sich. Die Rekruten folgten zu hunderten aus einer Stadt der Fahne Polens.

Die religiösen Bedrückungen blieben auch hier nicht aus und es war eine grosse Gunst, wenn z. B. gegen Erlag von 100 Dukaten die Wahl eines evangelischen Predigers gestattet wurde.

Oeffentliche Unglücksfälle, das vernichtende Toben der Hussiten, die Pest und häufige Brandunglücke vervollständigten

11

nicht selten die Verlegenheiten der Städte bis zur äussersten Noth.

Was bewahrte die Städte trotz alledem vor dem Untergang und liess stets neues Leben aus den Ruinen blühen?

Die städtischen Privilegien wurden in ihren wesentlichen Bestandtheilen nicht angetastet und bildeten die Basis des Rechtes und der Freiheit, die die moralische Kraft der Städte rege hielt und auch ihr materielles Wohl zur Folge hatte. Ihre municipiale Selbstständigkeit unter einem eigenen Grafen blieb noch unentwegt der Mittelpunkt ihrer Gemeinsamkeit, in der sie sich nach aussen schützten und nach innen im Gefühle der Zusammengehörigkeit und der Gegenseitigkeit förderten und unterstützten.

Das Handwerk mit seinem entwickelten Statut fand auch unter der Polenherrschaft Schutz und Pflege. In dem Rahmen der Zunft wurde der Handwerker zu einem geschickten, arbeitenden, theilnahmsvollen, sittlich-religiösen Menschen erzogen, der jeden Unfall überwand und jener Palme glich, von der es hiess, dass sie unter der Last umsomehr wachse. Die Markt- und Handelsverhältnisse fanden auch ihre Entwickelung und förderten auch die Consolidirung und Kräftigung des materiellen Wohles.

Nicht wenig trug zum Bestande der Städte auch bei die religiöse Richtung der Zeit. Graf und Richter erliessen nicht nur vor den Feiertagen ihre Befehle zur richtigen Begehung derselben, sondern sie erschienen auch selbst auf den >Richterbänken< der Kirchen und gaben ein gutes Beispiel, welches läuternd und erhebend auf die Untergebenen wirkte.

Dies waren die Anker, an denen sich die Städte auch in den Stürmen unter der Fremdschaft ober dem Wasser erhielten, ihren Bestand und ihre Blüthe nicht einbüssten, sondern womöglich schöner gestalteten.

Von der Einverleibung der XIII Städte bis auf die Gegenwart.

1772—1895.

― ⊗ ―

Erstes Kapitel.

Rückkehr zur alten Heimath.

a) Die Einverleibung der Städte.

Was den verschiedenen Verhandlungen zwischen Polen und Ungarn bezüglich der Rückkehr der verpfändeten Städte zu Ungarn misslang, das brachten unerwartete Kriegsereignisse rasch zu Stande. In Polen nahm die Uneinigkeit seit den Tagen der raubsüchtigen und missglückten Conföderation mit jedem Tage zu. Diesen Umstand benützte Maria Theresia und besetzte umsomehr die Zipser Städte, als sie auch bedroht erschienen. 1771 am 6. Januar benachrichtigte sie hievon sowohl den polnischen und preussischen König, als auch den russischen Czar, zugleich ihr Recht auf die Städte begründend. Ihre Truppen behaupteten sich, die Monarchen stimmten zu und am 4. März 1772 kam der Consens zur Uebernahme der Städte zu Stande, welcher am 5. August 1772 in Petersburg rechtsgiltig und mit Ueberlassung der angrenzenden Theile von Polen an Russland, Preussen und Oesterreich unter dem historischen Titel der ersten Theilung Polens bestätigt wurde.

Die Einverleibungs-Feierlichkeiten fanden am 3. November 1772 zu Igló unter prangenden Formen statt. Die Stadt war festlich geschmückt. Die Bürger und Handwerker nahmen mit

11*

ihren Fahnen und Emblemen an den Gassen-Seiten Aufstellung. Eine schmucke Reiterschaar geleitete die Einverleibungs-Commission nach Igló, an deren Spitze der Zipser Obergespan Johann Nepomuk Graf Csáky als k. Commissär sich befand. Unter Glockengeläute, Erdröhnen von abgefeuerten Mörsern und harmonischen Musikklängen begab sich die Commission mit den Vertretern der Bürger in die katholische Kirche. Nach dem Festgottesdienste versicherte der Obergespan die Städte der königlichen Huld und unter Verlesung der Eidesformel durch den Wallendorfer Pfarrer Wolfinger legten die Bürger den Eid der Treue ab, worauf der Commissär der Zipser Kammer D. Török die Administration der Städte an D. Tiszta überliess. Nach dem feierlichen »Te Deum laudamus« in der Kirche wurde die historische Feierlichkeit mit einem Gastmahl geschlossen, an dem es an lateinisch gesprochenen Toasten, namentlich auf Maria Theresia, nicht mangelte; z. B. im Chronostikon: VIVat MarIa TheresIa qUae feClt hoDIe IsthaeC soLatIa »- 1772,— Es lebe Maria Theresia, die heute diesen grossen Trost bereitete; oder: Vota hVngarIae CoMpLeta CernVntVr hoDIe = 1772, Heute werden die Wünsche Ungarns als erfüllt gesehen. [1])

b) Sicherung der Privilegien.

Nachdem der Jubel der Einverleibung verklungen war, erschienen die Vertreter der Städte bei Hofe und erbaten sich die Bestätigung aller ihrer Freiheiten und Privilegien. Maria Theresia mit ihrem Mitregenten Joseph II. bestätigte denn auch die durch Jahrhunderte erworbenen Rechte der Städte, welche Gnadenbezeugung dem Volke öffentlich in Igló am 20. Februar 1775 unter grossem Jubel vorgelesen wurde. Die wesentlichsten Punkte dieser neuen Verfassung der Städte waren folgende:

1. Statt des bisherigen polnischen Siegels mit der Umschrift: »Sigillum Wladislai Regis Poloniae et XIII Civitatum terrae scepusiae« erhielten sie ein neues Siegel mit dem Gebrauch des rothen Wachses[2];) statt der XIII Städte erchsienen nun

---

[1]) S. Weber, Zipser Gesch.- und Zeitbilder 1880, S. 10.
Georg Weber, allg. Weltgesch., II. B., die erste Theilung Polens. A XVI szep. város pragmaticai tört. 1842. 1. 28.
[2]) Auf dem neuen Siegel wurden gesehen: drei Felsenspitzen, darüber eine Sonne und ein sechseckiger goldener Stern, die Flüsse Hernad und Poprad, die Namen der Majestäten mit den Buchstaben J. II. und M. T., dann von den Seiten zwei Vögel Greif und die Umschrift: »Sigillum XVI Opidorum Scepusiensium« Siegel der XVI Städte.

XVI im neuen Bunde, da Lublau, Kniesen und Pudlein zu den XIII Städten arrondirt wurden.

2. Die XVI Städte machen sammt der Herrschaft Lublau und Podolin wie auch der Stadt Kniesen nur eine Jurisdiction aus mit dem jus gladii oder der Halsgerichtsbarkeit und mit dem erwähnten neuen Siegel. Sie unterstehen allein dem König, dessen Befehle sie in öffentlichen und politischen Angelegenheiten von der königlichen Statthalterei und in ökonomischen von der königlich ungarischen Hofkammer erhalten. Im Besitze des Schwerdt-Rechtes haben die Städte auch für Unterbringung der Missethäter und für Mittel zu sorgen, die zur Effectuirung der Todesurtheile nothwendig sind.

3. Ein Kammeral-Administrator repräsentirt das Dominium Terrestrale, die Grundherrschaft oder den König und besorgt die Oberleitung der politischen und ökonomischen Angelegenheiten.

4. Neben diesem Administrator besteht zur Mitführung der Geschäfte der durch die Städte-Richter alle drei Jahre erwählte Provinzgraf, dem noch untergeordnet wurden 2 Beisitzer, 1 Notär, 1 Fiscal und 4 Bezirksfiscale, 1 Einnehmer und 1 Controllor. Der Graf und seine Mitbeamten sind aus der Domestical-Cassa zu zahlen.

5. Soll in jeder Stadt ein Archiv errichtet und durch den Land-Notarius — Provinz-Notär — geordnet werden.

6. Der Obereinnehmer hat die öffentlichen Gelder einzucassiren und abzuführen und zwar in den 6 Wintermonaten 3 — und in den anderen Monaten 1 Viertheil der Steuer.

7. Nach Artikel 77, 1715 sollen Magistratual- und adelige Personen von der Grundsteuer befreit bleiben.

8. Gegen Verschwendung in den Städten soll vorgegangen werden.

9. Auch in den Städten sind die öffentlichen Gelder nicht mehr durch den Richter, sondern durch einen anzustellenden Einnehmer einzucassiren.

10. Die Candidation der Richter erfolgt durch den Administrator im Einverständnisse mit dem Provinzgrafen. Richter, Notär, Senatoren und andere Beamten sind der Zahl nach in Igló 12, in kleineren Städten 8 und in noch kleineren 4 zu erwählen und aus der Stadt- oder Domesticalkassa zu zahlen. Alle Sporteln haben wegzubleiben. Der äussere Rath — Repräsentanz — hat in grösseren Städten aus 30, in kleineren aus 15 zu bestehen.

11. Die Einquartierungen mögen schonend und nur für Fuss-völker bestehen.

12. Waisenämter müssen auch eingerichtet werden.

13. Der Provinz-Administrator habe dem königlichen Statt-halter Bericht zu erstatten.

14. Richter mit dem Magistrat richten als erste Instanz in allen Angelegenheiten, »halspeinliche Gerichtsbarkeit und Berg-werkssachen«, die vor das Berggericht kommen, ausgenommen, nach der Sachsen-Willkühr und den ungarischen Landesgesetzen. Die II. Instanz ist der königliche Stuhl, bestehend aus dem Gra-fen, allen Städterichtern und Deputirten, die jährlich drei bis vier-mal Rechtstage halten. Die III. Instanz bildet wie früher der Starost, so jetzt der königliche Personal-Stuhl.

15. Wenigstens die grösseren Städte sollen auch für die Anstellung eines Fiscalen sorgen.

16. Administrator und Graf haben womöglich in dem Ort zu wohnen, wo das Landesgericht errichtet wird.

17. Die Städte zahlen wie bisher auch künftig den Kö-nigszins mit 3075 Dukaten, die Nona mit 875 Dukaten und das Quantum contributionale mit 17.220 Rfl.

18. Die Städte bleiben im Genusse ihrer Privilegien in Bezug auf Wald, Jagd, Fischerei, Mühlen, Bergwerkbau, Wein-schank, Bier-Brauen und Märkte.

19. Bei Mitbürgern, die ohne Erben sterben, succediren die Städte.

20. Das Jus praesentae, welches seit Menschengedenken der Starost geübt, soll die Grundherrschaft haben, welche der König als Patron repräsentirt.

21. Die Zunftprivilegien sollen nach den gegenwärtigen Umständen erneuert werden.

22. Majerhöfen gehört als Vorstadt zu Leibitz.

In der am 8. October 1774 zu Igló abgehaltenen Sitzung nahmen die Städte obige Bestimmungen an und richteten dar-nach ihren Haushalt ein.

Da der Richter als die Hauptperson galt, wurde für seine Erwählung eine besondere Richtschnur in den Städten ausge-arbeitet mit nachfolgenden Hauptabschnitten:

1. Ist der Wahltag auszuschreiben.

2. Wählen der Magistrat und der äussere Rath — die 30 Männer — den neuen äussern Rath mit der Untersuchung, ob

nicht zwei Glieder bis in den dritten Grad verwandt oder in Schwägerschaft sind.

3. Rücktritt des alten Richters. Der Magistrat candidirt aus dem äussern Rath drei Individuen, aus denen die übrige erwählte Gemeinde sich allein in versperrter Stube auf dem Rathhause einen Vormund wählt, — tribunus plebis —. Der neugewählte Vormund gibt ein Glockenzeichen, worauf der äussere Rath in der Kirche durch den Pfarrer beeidet wird.

4. Den andern Tag kommt der Vormund mit dem äussern Rath auf dem Rathhause zusammen, wobei der Pfarrer vor dem Crucifix auf dem Tische in einer Rede an die Wichtigkeit der Wahl erinnert. Dann entfernt er sich und der Vormund mit dem äussern Rath machen sich an die Richterwahl.

5. Der Vormund erbricht die zugeschickte Candidation.

6. Schildert der Vormund eines jeden Candidaten Eigenschaften und ermahnt zur Unparteilichkeit. Der Name des erwählten Richters wird geheim gehalten.

7. Wird das Zeichen mit der grösseren Glocke gegeben, worauf der Magistrat und die erwählte Gemeinde in die Kirche gehen und auf zwei Seiten stehen bleiben, während der Vormund in der Mitte stehen bleibt und erklärt, es habe Gott gefallen, N. N. zum Richter zu erwählen, worauf mehrere Geschworne vor der Kirchenthüre dem Richter einige Vivats zurufen.

8. Werden Richter, Magistrat, Vormund und äusserer Rath in der Kirche ›Herr Gott, dich loben wir‹ singen, der Richter den Eid ablegen, den der Pfarrer vorliest, und dann gehen alle nach Hause.

9. Am dritten Tage kommt der Richter und der Magistrat in einem, der Vormund und der äussere Rath im andern Zimmer des Rathhauses zusammen und erwählen die Rathsherren, Notär, Fiscal und die anderen nothwendigen Beamten; die tauglichen katholischen Individuen sollen nicht ausgeschlossen werden.

10. Die so vollzogene Wahl wird der Magistrat sogleich beschreiben und darüber dem Administrator Bericht erstatten.[1]

c) **Kämpfe gegen die Selbstständigkeit und Freiheit der Städte.**

Kaum sind die Städte in den schützenden Hafen des alten

---

[1] Aus der Provinzversammlung Iglo, am 15. Februar 1775. Vergleiche: Conspectus Motivorum .... und Michael Husz nachgelassene Schriften in Poprad.

Vaterlandes Ungarn wieder eingelaufen, kaum wurden ihnen ihre althergebrachten Freiheiten und Rechte wieder bestätigt, als auch gar bald manche Gefahren ihrer Selbstständigkeit erwuchsen. Joseph II. hob nicht nur die Comitate auf und vereinigte sie in besondere Districte, sondern auch die einzelnen Bezirke und Städte hatten dasselbe Schicksal. So wurden auch die XVI Städte dem Comitate einverleibt. Ganz Zipsen gehörte zu dem Kaschauer District, der fünf Comitate vereinigte und an dessen Spitze 1786 Johann Szentiványi stand.

Diese Neuerung wurde durch Joseph II. zurückgenommen und die XVI Städte erhielten 1795 ihre Selbstständigkeit wieder. Joseph hat sich übrigens in einem Schreiben an Szentiványi über die Städte sehr günstig geäussert: ›Diese Städte sind vorzüglich in ihrem Flor aufrecht zu erhalten, weil sie diese Gegend und den Fuss am karpatischen Gebirge ganz beleben‹. Die XVI Städte-Provinz blieb somit wieder in ihren alten Rechten. Aber wie lange?

Vorerst hatte Podolin sich seiner Haut zu wehren. Man hatte diesem Dominium Ober- und Unterrauschenbach, Laczkova und Forbasz abgenommen und dem Comitate und seiner Jurisdiction einverleibt. Die Stadt unterbreitete ihre Bitte 1790 an das Abgeordnetenhaus und berief sich mit Erfolg auf ihre alten Privilegien, namentlich auf ihre, unter Ludwig dem Grossen ertheilten Rechte einer königlichen Freistadt und flehte um Schutz und Unterstützung.

Nun machte das Comitat im Abgeordnetenhause Vorstellung und bat um Unterordnung der Provinz unter die Comitats-Jurisdiction. Doch blieb, nach einer Entscheidung Seiner Majestät vom 12. December 1807, Alles beim Alten.

1829 musste die Provinz beim Landtag gegen die Familie Mariássy eine Vorstellung machen, welche gegen Felka und andere Städte verschiedene Ansprüche erhob.

Auf wiederholte Versuche des Comitates, die XVI Städte auf die Stufe und in die Reihe der 11 Städte zu bringen, erschien am 20. December 1836 der Statthalterei-Erlass, dass die XVI Städte als selbstständig zu erhalten und ohne Einfluss von Seite des Comitates zu belassen sind.

Die stärksten Angriffe gegen die eigene Jurisdiction der XVI Städte von Seite des Comitates geschahen in den vierziger Jahren. Es wurde sogar die Kunde auf dem Landtag in

Pressburg 1842 verbreitet, als ob die Städte selbst die Einverleibung in das Comitat wünschen. Darauf antworteten 1820 Bürger und Honorationen der Städte folgendermassen: ·Im Gegentheil wünschen wir nichts sehnlicher, als unsere, durch das Blut unserer Vorfahren, und auch sonst durch wichtige, denen Königen und dem Reiche Ungarn, besonders auch hinsichtlich des Bergbaues geleistete Dienste, theuer erworbene Privilegial-Rechte, unter diesen aber vorzüglich die Ablehnung der Zipser-Comitats-Jurisdiction, welcher wir gesetzmässig nie unterworfen waren, auch fernerhin unverletzt zu erhalten; weil davon sogar die Sicherheit unseres Eigenthums und das Heil unserer persönlichen Rechte abhängt; übrigens aber die Jurisdiction des löblichen Zipser Comitats schon ihrer Natur nach für uns nicht geeignet wäre, indem sie aus Grundherrn besteht, die hiedurch ihr eigenes Vortheil befördern möchten, wenn sie einen Theil welch immer Lasten von ihren Unterthanen abzulehnen und auf uns zu übertragen Gelegenheit erhielten, welch' letzter Umstand schon allein auch bei der, unter Kaiser Joseph II. traurig gemachten Erfahrung, all unser, einer Jurisdiction wesentlich nöthiges Vertrauen auf immer ausschliessen möchte:. Conspectus motivorum S. 14. Die Städte blieben die Antwort nicht schuldig: sie entwickelten 1842—43 ihre Geschichte in pragmatischer Weise, sie citirten alle Gesetze und Privilegien von Stephan V. bis auf Maria Theresia und die neuesten Bestimmungen des Landtages und der Hofkanzlei zu Gunsten der Selbstständigkeit der Städte [1]), und nicht ohne Erfolg! Ihre Selbstständigkeit und Gleichberechtigung mit dem Comitate wurde abermals anerkannt. Sie wählten ihren in diesem Vertheidigungskampfe hochverdienten Provinzial-Notär Johann Ludvigh zum Ablegaten, der sie 1844 auf dem Landtag zu Pressburg würdig vertrat und der auch noch im Jahre 1848 in der Reihe der Landesväter seine Stelle einnahm. Was die Legislative noch vor 1848 als gut und heilsam erachtete, das erschien ihr nicht mehr nothwendig nach den Tagen des Absolutismus und bei der Wiederherstellung der Constitution. Das Tisza-Mi-

---

[1]) Die betreffenden Schriftstücke erschienen unter den Titeln: Az országgyülés alázatosszolgái a szep. XVI kiváltságos korona városok kerületének közönsége Igló 1842; előterjesztése azon okoknak, melyekből a szep. XVI városok kerületét . . . a szepes vármegye törvényhatósága alá szoritani nem lehet 1842; a szep. XVI város pragmaticai történet s állományvázlata, Lőcsén Werthmüller János betüivel 1842; valahányszor a haza . . . . . Lőcsén Werthmüller János betüivel 1843.

nisterium hatte kein Verständniss für der Vergangenheit und kein Wohlwollen für die Zukunft der Städte. Ihr Verband, der sich durch Jahrhunderte bewährte, wurde aufgelöst, ihre Provinz auf das Prokrustes-Bett der Comitats-Verwaltung gelegt und am 1. October 1876 dem Zipser Comitate einverleibt, gleich einer Pflanze, die urplötzlich und ohne vermittelnde Uebergänge auf einen fremdartigen Boden versetzt wird. Mit geringen Ausnahmen wird ein gewisses Siechthum der Städte kaum ausbleiben und manche derselben wird ohne die gemeinsamen Halt- und Stützpunkte auf das Niveau der einstigen 11 Schwesterstädte hinabsinken müssen.

d) Die Provinzhäuser.

In den früheren Zeiten hatten die XVI Städte drei Häuser in Igló, die, entsprechend eingerichtet, zur Wohnung ihrer Beamten und auch wahrscheinlich zur Herberge der zu den Congregationen erschienenen Richter und Vertreter der Städte dienten. Die XVI Städtler versorgten sich, wenn auch nicht immer, doch theilweise in ihren eigenen Häusern in domestischer Weise, wo ein Dienstpersonal für die Küche und Bedienung zur Verfügung stand. Zeitweilig schien auch für Musik und Unterhaltung in gemüthlicher Weise gesorgt worden zu sein. Dies scheint aus einigen Rechnungen der Städte noch hervorzugehen. So z. B. finden wir unter den Ausgaben von Riszdorf 1759: ›Als man um Bestätigung der Richterwahl nach Igló reiste die Kost dabei in zwei Tagen 3 fl. 96 Denare, dem Rector und der Thürmer-Musik 78 Den., Koch und Bedienten 78 Den., Tischgelder auf der Herberg 3 fl. 99 Den.‹

Als die XVI Städte, wie wir sahen, unter Joseph II. auf kurze Zeit ihre Selbstständigkeit verloren, wurden die drei Provinzhäuser überflüssig und ihr Verkauf angestrebt. Die allerhöchste Bewilligung hiezu langte am 12. October 1788 herab. So wurden denn alle drei Häuser sammt den darin befindlichen Mobilien um 12.889 Rfl. 26 kr. licitando verkauft. Es fiel damals Niemanden ein, die Summe zu anderen als städtischen Zwecken zu verwenden. Nach Abzug kleinerer Manipulationskösten wurden demgemäss 12.705 Rfl. und 26 kr. an die XVI Städte und die dazu gehörenden Ortschaften angewiesen. Die XIII Städte erhielten

somit 8715 Rfl. 22½ kr., die drei Städte Lublau, Kniesen und
Pudlein 1317 fl. ⅔ kr. und endlich die Lublauer Kammeral-
Ortschaften 2672 Rfl. 32¼ kr., was die richtige Summe von
12.705 fl. 26 kr. abgibt. Leibitz erhielt den Betrag von 1381 Rfl.
31½ kr. Diese Summe liess die Stadt als Activ-Schuld gegen
5 Procent Interessen bei dem bürgerlichen Kürschner-Meister
Paul Nadler in Igló. Auf diese Weise wurden die drei Häuser
der Provinz eingelöst.

Welches Schicksal hatte wohl das letzte Provinzhaus der
XVI Städte in Igló?

Nachdem mit der Einverleibung der Städte zu Ungarn
auch ihre Municipial-Rechte neubekräftigt und darunter auch
ihre »Halsgerichtsbarkeiten« — jus gladii — wieder bestätigt
wurde, ordnete auch das Statut an, dass die Städte für ent-
sprechende Gefängnisse und Behelfe zu etwaigen Hinrichtungen
zu sorgen haben. So kam auf Einschreiten der XVI Städte
das Provinzhaus in ihren Besitz, welches vom Iglóer Richter
Martin Palzmann erbaut und den Städten 1775 verkauft wurde,
von denen es aber Igló wieder kaufte, als sie unter Joseph II.
dem Comitate einverleibt wurden. Mit ihrer wiedererlangten Selbstständigkeit von 1795 kauften sie auch dasselbe Haus wieder
zurück, wo die Beamten wohnten und die Congregationen bis
in die neueste Zeit abgehalten wurden. Um für alle Fälle sicher
zu sein, wurde selbst in der absolutistischen Aera am 23. November 1861 das Provinzhaus in ungetheilten Antheilen den
XVI Städten als solchen zugeschrieben. Als die Provinz mit
dem 1. October 1876 dem Zipser Comitate einverleibt wurde, ver-
pachtete man das überflüssig gewordene Provinzhaus und ver-
wendete den Pachtschilling theils für Erhaltungszwecke des Gebäudes, theils zur Verwaltung im Comitate. Unter solchen Umständen eignete es sich ganz, das Haus zu verkaufen, was auch
1894 geschah. Der Verkaufspreis betrug 18.600. Gegen die
Vertheilung der Summe an die Städte fasste das Comitat einen
Beschluss, dahin lautend, dass das Kapital wohl den Städten
angehöre, aber nicht verwendet werden dürfe, indem die Zinsen davon für Comitats-Verwaltungszwecke aufgebraucht werden. Ueber ergriffenen Recurs entschied der Minister in un-
befangener Weise zu Gunsten der Städte, denen auch das Kapital zur Vertheilung zugesprochen wurde. Die Vertheilung erfolgte im Verhältnisse zur eingezahlten Bausumme und zwar:

	erhält:			zahlte ein:	
Leibitz mit Majerka .	2374 fl. 61 kr.	—	19222 fl.	01³/₄	kr.
Igló	2987 „ 78 „	—	24185 „	39¹/₄	„
Kirchdrauf	1573 „ 07 „	— —	12733 „	45²/₄	„
Wallendorf	1663 „ 15 „	—	13462 „	84²/₄	„
Béla	1651 „ 37 „	—	13367 „	53⁶/₈	„
Georgenberg	523 „ 84 „	—	4240 „	35	„
Felka	1305 „ 18 „ .	— —	10564 „	97⁵/₈	„
Poprad	820 „ 28 „	— —	6688 „	38³/₈	„
Menhard	1072 „ 66 „	—	8690 „	75	„
Mathsdorf	840 „ 13 „	— —	6799 „	55⁷/₈	„
Durand	653 „ 65 „	—	5290 „	91¹/₄	„
Michelsdorf . . .	571 „ 73 „		4627 „	85	„
Riszdorf	499 „ 63 „		4044 „	30⁶/₈	„
Lublau .	693 „ 81 „	—	5616 „	07⁴	„
Pudlein . .	851 „ 88 „	— —	6895 „	42⁴/₈	„
Kniesen	511 „ 23 „	—	4138 „	11	„

Summa: 18600 fl. 00 kr. — 150567 fl. 94⁶/₈ kr

Mit dem Verkauf des Provinzhauses ist auch das letzte gemeinsame Band geschwunden, welches die XVI Städte an einander knüpfte. Ein Gefühl der Rührung und Wehmuth mag jeden Freund der Selbstverwaltung beim Anblick dieses Hauses beschleichen. wo die Städte durch 100 Jahre ihre altehrwürdigen Rechte ausübten, ihrer seltenen Freiheiten sich erfreuten, ihre Beschlüsse fassten zum gegenseitigen Schutz und Schirm, zur gegenseitigen Förderung und Entwickelung.

Zweites Kapitel.

Terrain- und Hatterungsverhältnisse.

Auch in der neueren Zeit ergaben sich oft Schwierigkeiten. die mit den Nachbargemeinden die Vornahme von Hatterungen zur Folge hatten. Selbst wenn wir uns nur auf die wichtigeren Grenzbegehungen beschränken. ergibt sich deren noch immer eine ganz beträchtliche Anzahl. die gar viele Zeit und noch mehr Geld kosteten.

Mit Kesmark wurden grössere Hatterungen vorgenommen 1810, 1819, 1822, 1825, 1828, 1834.

Hodermark mit Leibitz begingen ihre Grenzen 1779 und am 28. Juli 1841.

Zwischen Durand und Leibitz wurden Hatterungen vorgenommen 1843 und wieder am 31. October 1860.

Auch mit Leutschau wurden 1844 die Grenzen begangen und richtig gestellt.

Grössere Hatterungen zwischen Leibitz und Riszdorf fanden statt 1779 am 23. Juli und 1794 am 12. April.

Riszdorf hatte 1823 einen grossen Prozess mit Leibitz. Es handelte sich um die am Kahlenberg von Riszdorf gewaltsam occupirten Eichen. Riszdorf wurde verurtheilt und musste 367 fl. Prozesskösten zahlen. Leibitz hatterte noch ausserdem mit Riszdorf 28. August 1843, wo die 36 alten Hatterthäufen erneuert und 5 neue errichtet wurden, und am 22. Juli 1859.

Wegen dem ›Laubwald‹ musste mit Majerka 1865 eine Hatterung begangen werden.

Mit keiner anderen Nachbargemeinde hatte Leibitz so viele Schwierigkeiten als mit Menhard. Davon zeugen die vielen oft mit Prozessen und Erbitterungen geführten Grenzbegehungen und zwar von den Jahren 1791, 1793, 1801, 1804 und 1810, wo die Fabinische Einigung von 1559 beibehalten wurde; dann folgten Grenzbegehungen 1813, 1825, 1837, 1843, 1854. Der Streit am Reissenberg dürfte noch in Erinnerung der Lebenden sein. Menhard kaufte nämlich von Elias Roxer eine Wiese am Reissenberg und baute daselbst ein Hegerhaus. Dagegen protestirte Leibitz. Die damalige Provinz urtheilte am 23. Juli 1866 folgendermassen: Das Haus sei zu gestatten, doch unterstehe es der Stadt Leibitz und seiner Behörde; in Bezug auf die Weide, die Leibitz zu verlieren meint, sei diese Stadt auf den Rechtsweg zu verweisen.

Unter dem Absolutismus fand ›die Grenzbeschreibung der Steuergemeinde Leibitz, Steuer-District Kaschau, Bezirks-Commissariat Kesmark, Schätzungs-Bezirk Nr. 10‹ - am 28. Mai 1851 statt.

Nicht nur mit den Nachbargemeinden hatte die Stadt oft Grenz- und Besitz-Schwierigkeiten, sondern auch mit den eigenen Bürgern, die bei dem ausgedehnten Wald-Terrain mit der Stadt zwischen mein und dein in Ungewissheit und Streit geriethen.

Lange hielt die Streitfrage zwischen den einzelnen Waldwiesen-
besitzern und der Stadt die Gemüther in Aufregung, bis endlich die odiose Angelegenheit vertragsmässig am 25. November
1858 nachstehends geordnet wurde: Alle Streitigkeiten sollen
durch ein Schiedsgericht entschieden werden, ein Glied desselben
wählet der Communal-Rath, das andere die Wiesenbesitzer und
den Obmann wählen sich die zwei Schiedsrichter selbst. Das
Schiedsgericht bestimmt die Grenzen und setzt Grenzsteine, wogegen keine Appellation oder Beschwerde stattfindet. Die
Entlohnung der Schiedsrichter geschieht zur Hälfte durch die
Commune, zur andern Hälfte durch die Wiesenbesitzer im Verhältniss zu den Parcellen. Die Grenzsteine und die Arbeitskraft,
sie zu setzen, besorgen die Parteien. Die Schiedsrichter dürfen
mit den Mitgliedern des Communal-Raths und mit den Wiesen-
besitzern bis zum vierten Grade nicht verwandt sein. Ausgeschlossen sind auch sämmtliche Beamten des k. k. Stuhlrichter-
amtes. Die Schiedsrichter sollen ihr Amt sogleich nach der im
Jahre 1859 beendeten Saatzeit beginnen und bis zur Beendigung
fortsetzen. Nachdem das Holzschlagen schon 1851 begonnen
hat, soll die Abfuhr, dem der es geschlagen hat, gestattet sein,
falls er das Holz, welches ihm nicht angehört, geschlagen hätte,
ist er nach forstämtlicher Schätzung gehalten, es binnen vier
Wochen an den wirklichen Eigenthümer zu bezahlen. Bis zur
Festsetzung der Grenzen darf Niemand auf bürgerlichen Wiesen
Holz schlagen. Die Prozesse und Sequestrationen, die bis hieher anhängig gemacht wurden, oder zu machen beabsichtigt
werden, werden für aufgehoben erklärt. Gefertigt ist dieser
Vertrag durch Kauzek Stuhlrichter, Bene Schriftführer, Ferdinand Lány Bürgermeister, Johann Scholtz Senator und durch
68 andere Namensunterschriften.

Die auch später stattgefundenen Grenzstreitigkeiten waren
geringerer Natur.

<hr>

Drittes Kapitel.

Verwaltung und Rechtspflege.

a) Formen derselben.

Lange nach der Einverleibung standen die Magistrate an
der Spitze der politischen Administration und juridischen An-

gelegenheiten. Die im Statut der Königin Maria Theresia betonte »Sachsen-Willkühr« trat immer mehr in den Hintergrund, während die Landesgesetze bei Schöpfung der Urtheile immer mehr die Oberhand gewannen. Diese Form der Gerichtsbarkeit erhielt sich bis zum Jahre 1848. Erst unter dem Absolutismus der fünfziger Jahre wurde das Rechtswesen von den politischen Angelegenheiten getrennt und die Mitglieder des Magistrates waren nicht mehr juridische, sondern nur politische und administrative Beamte. Als solche wirkten sie in einem geregelten Magistrate bis zum Jahre 1890. In diesem Jahre wurde die Form einer Grossgemeinde gewählt und bis 1892 auch erhalten, wo am 24. December der Beschluss zur Errichtung eines geregelten Magistrates gefasst wurde. Im Jahre 1894 am 13. Juni bewilligte Minister Hieronymi für Leibitz abermals die Form eines geregelten Magistrates, nachdem die grosse Mehrheit der Gemeinde dies wünschte und die materielle und intellectuelle Befähigung dazu nachgewiesen wurde. [1]

Die Beeidigung der Beamten war auch in neuerer Zeit unerlässlich erkannt worden. Nach Wiederherstellung der Constitution lautete die Eidesformel für den Magistrat:

»Ich N. N. schwöre vor Gott dem Allmächtigen dem König Treue, Ergebenheit und Gehorsam der Constitution, wie auch den Landes-Verordnungen. Ich schwöre, das Wohl und die Freiheiten der Stadt und ihrer Bürger stets vor Augen zu haben, zu erhalten und nach Kräften zu fördern, gegen Jedermann die strengste Gerechtigkeit beobachtend und alle Parteilichkeit, Freundschaft, Hass oder Neid beseitigend, recht und billig zu urtheilen und die mir anvertrauten Geheimnisse zu bewahren, So wahr mir Gott helfe!«

Eidesformel für die Kassa-Beamten: »Ich N. N. schwöre vor Gott dem Allmächtigen, dem König Treue, Ergebenheit und Gehorsam der Constitution und den Landes-Verordnungen. Ich schwöre, das Wohl der Stadt und der Mitbürger stets vor Augen zu haben, die mir anvertrauten amtlichen Gelder getreu zu verwalten, zu bewahren und an den bestimmten Ort abzugeben, wie auch von allem die strengste Rechnung zu legen. So wahr mir Gott helfe!

Eidesformel für die Gemeinde-Vertreter: »Ich N. N. schwöre vor Gott dem Allmächtigen Treue und Ergeben-

[1] Siehe Beilage XXVII. Ministerial-Erlass per extensum.

heit dem König und Gehorsam der Constitution und allen Landesverordnungen. Ich schwöre, das Wohl der Stadt und der Mitbürger stets vor Augen zu haben und alle Missbräuche, oder Entwendungen der Stadtgüter nach Kräften zu verhindern und das allgemeine Wohl zu fördern. So wahr mir Gott helfe!<

Eidesformel für den Wirthschafts-Inspector: >Ich N. N. schwöre vor Gott dem Allmächtigen Treue und Ergebenheit dem König und Gehorsam der Constitution und den Landes-Verordnungen. Ich schwöre, mit unermüdetem Fleiss und in strengster Treue das Gut der Stadt zu verwalten, jeden Schaden nach Kräften zu verhüten und jeden Nutzen zu fördern, nicht das Mindeste weder selbst entwende, noch von andern entwenden lasse und von allem mir anvertrauten Gute meinen Vorgesetzten die strengste Rechnung zu legen. So wahr mir Gott helfe!<

Nach dem Gemeindegesetz vom Jahre 1876 § 85 legt jedes Mitglied der Vorstehung und der Hilfsmanipulation vor dem Repräsentantenkörper diesen Eid ab: >Ich N. N. schwöre, dass ich den mit meinem Amte verbundenen Pflichten mit gewissenhafter Pünktlichkeit nachkommen werde. So wahr mir Gott helfe!<

Sollte dieser Eid Jemanden widerstreben, genügt das Gelöbniss: >Ich N. N. gelobe feierlich, dass ich den mit meinem Amte verbundenen Pflichten mit Gewissenhaftigkeit und Pünktlichkeit nachkommen werde.<

b) Die Beamten.

An der Spitze der erwählten Beamten stand noch immer der Richter, der nicht nur in seiner Gemeinde, sondern auch im Provinzrathe selbst über Tod und Leben zu urtheilen hatte. Die zu Hause gefällten Urtheile konnten, wie schon im Statut von 1774 bemerkt wurde, in zweiter Instanz an die Provinz und in dritter an den König oder sein Vertretungsgericht appellirt werden; z. B. Probst D. Karl Planitz appellirte in Schuldangelegenheiten das Urtheil an die Provinz 23. März 1824; Stephan Aderjan appellirt die Entscheidung gegen die Gläubiger Johann und Sophie Topperczer am 14. December 1846 zur Provinz und noch an demselben Tag auch zum Königsstuhl — ad inclitam Sedem Personalatiam. ; in Dehonestations-Angelegenheiten ergriff auch Christian Genersich gegen Michael Hönsch am 13. März

LF. BICZ VAROS TANACSA 1896 féb.

Der Stadtmagistrat. 7. 17.

1830 den Recurs zur Provinz, mit deren Urtheil er sich zufrieden gab: Susanna Japchen recurirte in Erbschaftsangelegenheiten gegen Jakob Kitz am 13. März 1830 das städtische Urtheil zur Provinz, wo ohne weitere Appellata binnen 13 Tagen die Sache endgültig erledigt wurde; Tobias, Susanna, Eva und Juditha Benne appellirten gegen Susanna Meltzer das Urtheil der Stadt in Erbschaftsangelegenheiten am 19. Juni 1831 zur Provinz, wo am 25. Juni das Urtheil gefällt wurde, ohne weitere Appellata.

Als Richter sind uns in diesem Abschnitt bekannt: Tobias Jony 1780, Anton Brüderlein 1790, Tobias Hellner 1800, Jakob Heniger 1840, Aloisius Heniger 1847, Johann Scholtz 1847—48, Aloisius Heniger 1850, Ferdinand Lany 1860, Elias Roxer 1861—1863, Ferdinand Lany 1864 1865, Tobias Benne 1865 bis 1866, Ferdinand Lany 1867 -1879 [1]), Gustav Roth als Bürgermeister 1873 bis zum heutigen Tag.

Laut der letzten Restauration werden zum städtischen Beamten-Personal gerechnet: Gustav Roth, Bürgermeister; Stephan Kovách, Stadthauptmann; Julius Scholtz, Senator; Dr. Karl Hoffmann, Fiscal; Dr. Jakob Perlstein, Arzt; Johann Husz, Notär; Gustav Demetter, Kämmerer; August Hermel, Förster; Karl Noghe, Oeconomie-Inspector; Arpad Emeritzy, Feldinspector; Wilhelm Fabry, Polizei-Inspector; Alexander Molnar, Canzlist.

Die Gehaltsverhältnisse der Stadtbeamten gestalten sich folgendermassen:

Vor der Errichtung der Grossgemeinde hatten der Bürgermeister 600, der Stadthauptmann 300, der Senator 300, der Notär 500, der Cassier 250, der Arzt 400, der Förster 600, der Fiscal 250 und der Canzlist 180 fl.

Während der Grossgemeinde waren folgende Bezüge ausgesetzt: Stadtrichter 400, Stadthauptmann 300, Notär 500, Cassier 250, Waisencurator 250, Arzt 400, Förster 600, Fiscal 250, Canzlist 180 fl.

---

[1]) Unter ihm wurde 1869 mittelst Ministerial-Erlass Z. 22,869 ein fünfter Jahrmarkt bewilligt, der am 25. April abgehalten wird. Ausserdem sind noch Märkte: am ersten Dienstag im Februar und im Juli, am 15. August Krämermarkt und am darauf folgenden Dienstag Viehmarkt und wenn der 15. August auf einen Dienstag fällt, dann findet der Viehmarkt am 22. statt, und der letzte Markt wird am ersten Dienstag im November abgehalten. Vergleiche: Magy. kir. kereskedelmi ministerium 1894-iki 42,791. sz. a. kelt rendelete folytán. In den Kalendern werden die Jahrmärkte auf 7. Februar, 18. April, 4. Juli, 22. August und 7. November angesetzt.

12

Mit Einführung des geregelten Magistrates wurden die Gehälter nachstehends geordnet: Bürgermeister ausser Holzbezügen 1000, Stadthauptmann 1000, Senator 300, Notär 500, Cassier 300, Waisencurator 300, Fiscal 250, Arzt 400, Förster 600, Thierarzt 500 und Canzlist 180 fl.

c) Budgetverhältnisse.

Wie in den früheren Jahrhunderten die Zahlungen der Städte vielen Schwankungen ausgesetzt waren, so war dies auch bis in die neueste Zeit der Fall. Bei allen Schwankungen ist jedoch eine bedeutende Zunahme der Leistungen der Städte zu bemerken. In welchem Verhältnisse die Ansprüche an das Säckel der Städte grösser und die Schraube der Staatssteuer stärker angesetzt wurde, in demselben Masse mussten auch die einzelnen Bürger und Städte mehr belastet und die Einkünfte gesteigert werden.

Bei der Einverleibung der Städte 1772 wurde für sie, wie wir gesehen, unter dem Titel Königszins 3075 Dukaten, Nona — neunte Garbe — 875 Dukaten, und Quantum contributionale 17.220 Rfl. entworfen, was im Ganzen eine Summe von ungefähr 26.000 fl. abgegeben hatte. In den vierziger Jahren dieses Jahrhunderts zahlten schon die XVI Städte in die Staatskassa 18.231 fl., in die Kriegscassa, die Werbungen mit einbegriffen, 19.288 fl. 56¹/₃ kr. und für ihren Bedarf 8000 fl., was in Summa 46.019 fl. 56¹/₈ kr. ausmachte.

In welchem Verhältnisse sich Leibitz bei diesen Abgaben betheiligte, dafür wollen wir bis zum Jahre 1848, wo ein neuer Abschluss stattfindet, einige charakteristische Beispiele anführen: 1775 zahlte die Stadt an die Kriegscassa 2616, an die Cameralcassa 2590 und für den eigenen Bedarf 1630, in Summa 6358. Diese Summe erhielt sich mit wenigen Schwankungen bis zu Anfang dieses Jahrhunderts und zwar wurde im Ganzen gezahlt 1778: 6604, 1780: 5400, 1790: 6612, 1794: 7104 fl. Mit dem Beginne des neuen Jahrhunderts stiegen die Gesammtabgaben im Jahre 1802 auf 8519 und 1809 auf 8916 fl.

Die Steigung der Auslagen und die bedeutenden Kriegserfordernisse seit den Kämpfen gegen die grosse französische Revolution — 1789 —, brachten es mit sich, dass die Stadt von

1792—1810, besonders für Kriegs- und Insurrections - Zwecke, 21.427 fl. 23¹/₄ kr. schuldig blieb. ¹)

Ausserdem bestand noch die gewiss sehr wohlthätige Einrichtung der >Brandcassa< in den Städten, in welche jede einzelne Gemeinde Beiträge zu leisten hatte, mit denen bei einer Feuersbrunst die verunglückte Stadt unterstützt wurde. In diese Brandcassa schuldete die Stadt auch von 1792—1810 nichts weniger als 3327 fl. 04⅞ kr. ²)

Bis zum Jahre 1848 blieben die Auslagen der Stadt noch immer in mässigen Schranken, nur das Jahr 1816 machte eine Ausnahme, wo Leibitz mit Majerka 10.937 fl. für auswärtige und innere Zwecke auszulegen hatte. Dann sank wieder die Summe z. B. 1826 auf 6972, 1830 auf 6539 fl. 1838 betrugen die Einnahmen 7595, die Auslagen 7018, 1841/42: Einnahmen 5840, Ausgaben 5424, 1845 Einnahmen 5916, Ausgaben 5907, 1848/49: Einnahmen 3794, Ausgaben 2840.

Auch während dem Absolutismus wuchsen noch nicht bedeutend die Zahlen des Jahres-Budgets. 1858 war das Erforderniss 10.156 fl., 1862 sank es wieder auf 9134 und 1868 auf 6442 fl.

Die constitutionelle Aera ist den Budgetverhältnissen nicht günstig. Die immer grösseren, besonders indirecten Steuern zwingen die Stadt, sich selbst und die Bürger mit grossen Abgaben zu belasten. 1876 war das Erforderniss 10.320 und 1880 schon 29.264 fl. Das Präliminare von 1889 betrug: Einnahmen 26.991 und Ausgaben 26.654 fl. 46 kr., mithin ein Ueberschuss von 337 fl. Das Präliminare von 1895 weist aus 26.167 fl. 63 kr. Einnahmen und 23.997 fl. 46 kr. Ausgaben, woraus sich ein Ueberschuss von 2170 fl. 17 kr. ergibt.

Die Gesammtsteuer von Leibitz beträgt ausserdem 13.605 fl. 71 kr., wovon auf die Stadt 1973 fl. 36 kr. entfallen.

Die Abgaben der einen Stadt erreichen und übertreffen die Geldleistungen, die bei der Incorporirung der Städte alle insgesammt auf sich genommen hatten. Diese Zahlen sprechen viel! In demselben Verhältnisse, in welchem die Erwerbsquel-

---

¹) Beilage XXVIII Gesammtausweis der Schulden.
²) Beilage XXIX: Gesammtausweis, für welche Städte Leibitz und in welchen Summen die Unterstützungen schuldete. Die ganze Feuerlöschordnung ging 1751 vom polnischen Administrator Andreas Moszczene aus und war mustervoll in ihrer Art für diese Zeit. Siehe des Näheren über dieselbe S. Weber: Gesch. der Stadt Bela 1892, S. 326.

12*

len der Städte und ihrer Bürger abnehmen, in derselben Proportion nehmen die Abgaben und Zahlungen zu. In der Verminderung der Auslagen und der Vermehrung der Erwerbsquellen ist der Weg zur Erhaltung und Blüthe der Städte unverkennbar vorgezeichnet.

Viertes Kapitel.

Kirche und Schule.

a) Die römisch-katholische Kirche zur heiligen Maria.

Auch in diesem Abschnitt sind hier manche Veränderungen zu verzeichnen.

1786 am 11. Juli entstand eine Feuersbrunst und die Kirche sammt Thurm, Pfarre und Schule wurden in Asche gelegt.

1809 und 1810 wurde die Kirche renovirt und wieder in guten Stand gesetzt und auch mit zwei Pfeilern von Norden aus befestigt. 1824 kam noch eine neue Säule, wie auch ein neues Dach dazu. 1828 wurde am grossen Altar von dem Leutschauer Maler Czauzik die Himmelfahrt Maria um 300 fl. W. W. gemalt und auch ein Reliquienbehälter in guten Stand versetzt. Der Thurm wurde 1823 mit Kupfer eingedeckt.

1815 und 1830 erhielt die Orgel eine gründliche Reparatur.

Die kleinste Glocke am Thurme hat die Inschrift: Samuel Binder in Leutschau 1814. Sie dient zum Läuten Abends um 9 Uhr.

1837 am 25. August äscherte abermals ein grosses Feuer die Kirche und den Thurm ein. Das Kreuz auf dem Thurm wurde nach vollendeter Reparatur am 30. Januar 1840 aufgestellt.

1884 ist der Thurm auf der katholischen Kirche mit dem Bilde darauf zugleich renoviret worden.

b) Die Kirche zum heiligen Geiste.

Durch die Ueberschwemmung von 1813 und auch durch mancherlei Brände stark beschädigt, wurde diese Kirche 1825

mit einem Kostenaufwande von 164 fl. 45 kr. gegen die Wasser-
gefahr geschützt und 1826 mit einem Betrag von 132 fl. 20⁶/₈ kr.
W. W. gründlich ausgebessert, nachdem schon einige Jahre
früher 1823 durch wohlthätige Spenden der Chor erweitert und
verschönert wurde. Das Glöckchen am Dachthürmchen hat
zum Andenken an den heiligen Geist eine Taube sichtbar und
das Chronostikon: refVsa DVM Vna renoVaretVr eCCLesIoLa
— sub Parocho: Carolo Planitz — umgegossen als zugleich die
Kirche renoviret wurde 1826 unter Pfarrer Karl Planitz.
Auch noch 1837 am 25. August bei dem erwähnten Feuer
wurde das Kirchlein ein Raub der Flammen.

c) Das Parochial-Gebäude.

Es erfuhr wiederholt Um- und Zubauten auch in neuerer
Zeit, so unter dem Pfarrer Dominik Szabó 1789, der dem ganzen rechten Flügel eine andere Form gab, worauf das über dem
Eingang gestandene Chronostikon Bezug hatte: IosepI aVgVstI
LIberaLI tate DoMInIcI soLertIa noVa eXVrgo — Durch die
Freigebigkeit des Kaisers Joseph und die Geschicklichkeit des
Dominik erstehe ich neu 1789. Die Jahre 1811, 1812, 1813,
1814 brachten fortwährend einige Bauten im Hause, bis sie endlich 1817 unter Planitz zur Vollendung kamen, worauf die Inschrift im Gange als Antwort auf die Visnievszky'sche Bezug
nimmt:

Observantia Moniti oppositi:

, Ut Successuris fierem, pariterque Moniti
Gratus, quod monuit, non dubitanter ago,
Is tenuit sartas, condo quas pulchrius cedes
Munere Francisci, nec minus aere meo.
Gratus si fueris, qui me quandoque sequeris.

SInt bona CVnCta TIbI. DIC pIa Vota MIhI — 1817 Carolus Planitz Praes. Cant. Hon. Decanus, et Parochus Leibiczensis   Beobachtung der entgegengesetzten Mahnung :

Damit ich den Nachfolgern und ebenso der Mahnung ge-
fällig sei, was angeordnet wurde, mache ich ohne Zweifel. Er
hatte inne den geflickten Bau, den ich schöner gründe durch
die Gaben des Franz und nicht weniger durch mein Geld. Wenn
du dankbar sein wirst so wirst du mir auch zuweilen Nachfolge
leiten. Alles Gute sei mit dir, und mir weihe fromme Gelübde,

Chronostikon 1817. Karl Planitz Praes. Can. Hon. Dekan und Pfarrer von Leibitz.

Im obern Tract befinden sich jetzt 16 angrenzende Zimmer. Im untern Tracte sind deren 7 anzunehmen mit mehreren Nebenlocalitäten.

d) Die römisch-katholischen Pfarrer.

Nach der Wiedereinverleibung der verpfändeten Städte zu Ungarn unter Maria Theresia 1772 wurden in Leibitz nachstehende römisch-katholische Pfarrer angestellt:

1. Dominik Szabó, Abt und Doctor der Theologie 1775. Trug auch Manches zur Verschönerung der Kirche bei, starb aber schon am 26. October 1799. Ihm folgten als Administratoren Ignatius Heydinger bis 1805 und Johann Barvulszky bis 1809.

2. 1809 im Monat Januar folgte Karl Planitz, Domherr. Dechant und früher Kesmarker Pfarrer, im Amte. Mit grossen Auslagen umbaute und stellte er her das Parochial-Gebäude wie auch das Spital, wo mehrere katholische und evangelische Einwohner Aufnahme und monatlich durch milde Gaben Versorgung finden. Ein bleibendes Gedächtniss stiftete er sich auch durch die sogenannte Planitz'sche Stiftung, aus der katholische Studirende und auch Handwerker Unterstützungen erhalten können. Planitz starb in der Angina am 18. März 1835 in einem Alter von 72 Jahren.

3. Nach einer kurzen Administratur unter Johann Matirko und Lorenz Plenczner erschien der Pfarrer von Menhard im August 1835 im Amte Carl Patzovszky. Der Aufbau der bei dem grossen Brande 1838 eingeäscherten Kirchengebäude verursachte ihm viele Sorgen und Auslagen. Während seiner Amtirung beschloss der ungarische Landtag 1847/8: »az urbér és azt pótló szerződések alapján eddig gyakorlatban volt szolgálatok (robot), dézsma és pénzbeli fizetések e törvény kihirdetésétől fogva, örökösen megszüntetnek. § 1. a törvényhozás a magán földesurak kármentesitését közbecsület védpajzsa alá helyezi‹ . . . Trotz dieser ausgesprochenen Vergütung des Zehents erhielten die Zipser katholischen Geistlichen 1848, 1849, 1850 entweder nichts, oder aus der Congrua 300 fl. C. M. Von 1851—1862 erhielt der Bischof für die Geistlichkeit eine jähr-

l
h

T
a
to
bi

D
A
au
we
gu
du
Sto
ner
Ab

und
Au
den
ursa
tiru
azt
tok
től
mag
hely
hent
1850
1851—1862 erhielt der Bischof für die Geistlichkeit eine jähr-

Martin Aith. S. J.

liche Pauschalsumme von 62,000 fl., aus welcher der Pfarrer zu Leibitz 1600 fl. erhielt. Die Zehententschädigung beträgt auf Grund einer Conscription von 1802: 2702 fl. 17$^1/_2$ kr. Patzovszky starb plötzlich an einem Schlaganfall in einem Alter von 83 Jahren 1863 am 4. November, nachdem er Tags zuvor unter seinen Amtsbrüdern noch fröhlich seinen Namenstag feierte.

4. Seine Stelle bezog nach kurzer Administratur unter Johann Palencsar Jakob Jancsik, Felkaer Pfarrer, am Palmsonntag 1865. Wiewohl er seine Installation im Stillen feiern wollte, gestaltete sich dieselbe festlich und laut, wobei die Schützenbrüderschaft Salut-Schüsse abfeuerte. Auch er besorgte mehrere Renovirungen, — Vergoldung der Marienstatue auf dem grossen Altar. Zur Herstellung seiner Gesundheit reiste er 1869 nach Karlsbad, wurde aber auf der Heimreise in Pilsen von dem Tode 12. Juli 1869 überrascht.

5. Der Nachfolger im Amte des Pfarrers Jancsik wurde von April 1870 bis März 1881 Anton Landiger, ein Poprader von Geburt. Ausser der Besorgung seiner pfarramtlichen Arbeiten wurde er auch mit dem Amte eines Dechanten betraut. Er erhielt auch die Würde eines Probsten. Zum Domherrn ernannt, verliess er die Stelle und nahm seinen Sitz in Szepeshely ein. Während seiner Amtirung in Leibitz fand 1878 die Firmung in Leibitz statt, bei welcher Gelegenheit der Schützenverein am 26. Mai den Oberhirten in Leibitz empfing, der auch von vielen Fremden, namentlich von Reitern aus Kesmark, Forberg, Rokusz und Klein-Schlagendorf, begleitet war.

6. Am 30. Juni 1881 wurde der ankommende neue Pfarrer Martin Alt von den Schützenbrüdern feierlich empfangen. Er war früher 30 Jahre hindurch Professor der Theologie, besonders der Dogmatik am bischöflichen Seminar in Szepeshely gewesen. 1848 am 21. Juni wurde er zum Priester geweiht und fungirte als Kaplan in Kesmark und Markusfalu.

Unter seiner Mitwirkung wurde 1884—85 der Thurm auf der katholischen Kirche restaurirt und auch das Bild erneuert. Bei den Bränden 1884 und 1892 nahm er sich hilfreich der Bedrängten an und trug auch Manches zur besseren Ausrüstung des Schützenvereines bei. 1891 ist unter seiner Mitwirkung ein katholischer Getreidefond errichtet worden.

Ausser der genannten Zehententschädigung von 2702 fl. 17$^1/_2$ kr. gehören zu dem Einkommen des jeweiligen Pfarrers:

das zur Pfarre gehörige Holzquantum, die Benützung von Wiesen, Aeckern und der schönen geräumigen Pfarre.

e) Die evangelische Kirche.

Im Vordergrunde dieses Zeitabschnittes steht der Kirchbau. Kaum hatte Joseph II. im Sinne des Toleranz-Patentes den Bau gestattet und die Gemeinde einen Fond von 5308 fl. 54½ kr. 1782 ausgewiesen, so war es ihre vorzüglichste Sorge, den nothwendigen Bau auch auszuführen. Die Kirche in der Form eines Kreuzes hat ein Flächenmass von 690 ☐ Klaftern und wurde ihre Erbauung 1784 begonnen und mit einer seltenen Opferbereitwilligkeit und Glaubenstreue der Gemeinde 1786 vollendet und am 3. September als am XII. Sonntag nach Trinitatis durch den XIII städter Senior und Iglóer Pfarrer Andreas Jonas Czirbesz unter Mitwirkung des Pfarrers von Riszdorf Martin Höntz und des Local-Pfarrers Michael Stark feierlich eingeweiht und dem öffentlichen Gebrauche übergeben. Obgleich die ganze Gemeinde mit Begeisterung jedes Opfer zu bringen bereit war, um den Bau zu fördern, so müssen noch besonders die Männer hervorgehoben werden: der Pfarrer Jakob Bogsch, der Kircheninspector Tobias Jony, ferner Tobias Meltzer, Elias Hellner, Johann Meltzer, Samuel Jony, Johann Friedrich Lindner, Michael Glosz Senior, Michael Münnich, Jakob Graff, Johann Scholtz, Tobias Benne, Johann Benne, Paul Thinsz, Michael Bartsch, Jakob Buchalla, Gregor Fabry, — welche die Erlaubniss zum Bau erwirkten und dessen Vollendung kräftig unterstützten.

Die Decke der Kirche ist gewölbt mit einer mittleren grossen und vier kleineren Seitenkuppeln. Von den vier Chören ist eines gemauert. Auf den Gesimsen der vier Pfeiler befinden sich die Bildnisse der 12 Apostel. Die Sakristei ist gegen Norden aufgebaut. Der Altar im Osten ward 1805 aufgemauert und 1815 sammt dem anliegenden Chore, wie auch die Kanzel und der Taufstein durch milde Beiträge gemalt und mit dem Bilde des heiligen Abendmahles geschmückt. Der Altar hatte ursprünglich als Inschrift folgendes Chronostikon, von dessen zwei Versen, auf dem Fusse der zwei Altar-Säulen vertheilt, ein jeder die Zahl 1815 gibt:

TreVe Verehrer Gottes sChMVCken aLso Den ALtar

Dass noCh besser Vor Gott gLänze DVrCh GLaVben Das Herz.

Im Jahre 1870 aber, als der untere Theil des Altars restaurirt und die drei hölzernen Chöre marmorirt wurden, ward
auch die Inschrift aufgefrischt und durch Aenderung zweier
Worte statt — noch besser — kam VIeL heLLer — in den
zweiten Vers die Jahreszahl 1871 hineingelegt.

Der Taufstein hat einen kupfernen Deckel mit der Inschrift:
LIbert. ConsCIent. IMp. Iosepho II. Lege sanCta gregl AVg.
Confess. fonte saCro LaVatae post C et X annos restItVta. Am
unteren Theile aber steht Folgendes: Curarunt Johann Benne,
Michael Münnich, Tobias Meltzer, Jakob Graf 1783.

Die Kanzel ist aus Holz schön geformt und gemalt und
mit den Bildnissen des Heilands und der vier Evangelisten geschmückt. Auf dem Schalldeckel steht ein Pelikan.

Die Orgel hat zwölf Register und wurde 1832 verbessert
und mit einem Pedal versehen. Eine Verbesserung derselben
fand noch 1861 statt.

In der Kirche befinden sich auch mehrere bemerkenswerthe
Utensilien und Gefässe, z. B.: Ein silberner vergoldeter Kelch
im Gewichte von 25½ Loth mit der Inschrift: Hunc calicem
in usum Ecclesiae ev. Leibiczensis procuravit R. D. Elias Sartorius Ecclesiae ejusdem Minister A. Ch. 1700 mit einer Patella;
ein silberner vergoldeter kleiner Kelch mit einer Patella, von
11 Loth Gewicht, für Kranken-Communionen 1740; ein silbernes,
vergoldetes Ciborium im Gewichte von 13 Loth, von Jakob
Meltzer und Elias Höntz verehrt 1742; ein messingenes Ciborium
von Sophia Heber 1728; ein messingenes, silberplatirtes Crucifix
von P. Demiany 1805; ein hölzernes Crucifix vom alten Altar;
zinnerne Armleuchter von Johann Scholtz 1845; Chinasilber-
Armleuchter von den Confirmanden Gustav Grodkofszky und
Olga Maday 1886; messingener Leuchter von den Confirmanden
1884; ein Messing-Luster von Lorenz Höntz 1740; zwei Messing-
Leuchter von Paul Tinsz 1817 und a. m.

Das Aeussere der Kirche hat sich in letzter Zeit zu ihrem
Vortheile wesentlich verändert. Es wurde an der östlichen Seite
der Kirche 1858—60 ein 47·5 Meter hoher Thurm erbaut. Der
Ausbau der Frontspitzen erfolgte 1870 und die Eindeckung der
Kirche mit gestrichenem Eisenblech 1885. In der zweiten Etage
des Thurmes befindet sich die 1870 aus der J. Manhardt'schen
Thurmuhrenfabrik in München bezogene Thurmuhr. Ueber die-
sem Raum treffen wir das Glockenhaus an, wo die drei in Bo-

chum gegossenen Stahlglocken auf einem hölzernen Glockenstuhle aufgezogen sind. Auf der Achse der grossen, 27 Zollzentner schweren Glocke sind zwei gusseiserne Täfelchen mit folgenden Namen eingelassen: Johann Wittchen Pfarrer, Samuel Scholtz Kircheninspector, Tobias Benne Schulinspector, Alexander Jony Kirchencurator, Tobias Fröhlich Conv.-Notär der evangelischen Gemeinde Leibitz 1860, Elias Roxer, Jakob Emericzy, Friedrich Küntzler, Johann Kübler, Johann Buchalla, Jakob Scholtz, Samuel Meltzer, Jakob Benne Convents-Glieder. Die mittlere Glocke wiegt 17 Zollzentner und prangt mit dem Namen des grossen Wohlthäters J. Georg Mayer in London. Die kleinste, 9 Zollzentner schwere Glocke trägt den Namen des Hütten-Ingenieurs Johann Müller, der den Plan zum Thurm unentgeltlich machte. Ober dem Glockenhause sieht man die vier Zifferblätter zur Uhr und noch einige Staffeln höher ein Zimmer für den Thurmwächter.

Als Pfarrhaus diente in diesem Zeitabschnitt das bei der Spitalbrücke gelegene Haus No. 62, welches später mit dem unter 186 in der Nachbarschaft des alten hölzernen Bethauses gelegenen und einem gewissen Sibirini gehörigen Hause vertauscht ward, welches bis 1880 als Pfarrwohnung diente. In diesem Jahre wurde die Pfarrwohnung in das durch Wittfrau Johanna Mikofszky 1869 unter No. 244, l.z. 318 der evangelischen Gemeinde testamentarisch geschenkte Haus verlegt, welches mit einem Kostenaufwande von 3400 fl. zeitgemäss restaurirt wurde. Das neue Pfarrhaus weist sammt Hofraum, Stallung und Garten 335 ☐ Klaftern aus, ist stockhoch, hat parterre zwei Zimmer, zwei Keller, eine Kammer und im Stock ausser Küche und Waschküche vier schöne Zimmer. Wirthschaftsgebäude gehören auch zur Pfarre.

Als Pfarrer wirkten in der Zeit:

1. Jakob Bogsch, ein Poprader, von Leutschau berufen, wo er als Rector thätig war. Er wirkte hier bis 1785 mit grossem Ruhme, wo er einem Ruf nach Oedenburg folgte.

2. Michael Stark, ein Kesmarker und früher Pfarrer in Riszdorf. Er starb 1799.

3. Samuel Küntzler, ein Leibitzer von Geburt, wurde vom Superintendenten Nicolai in Eperies zum geistlichen Amte ordinirt. Nach 24jähriger treuer Amtsthätigkeit legte er aus Gesundheitsrücksichten sein Amt nieder.

Adolph Lewisohn, New York

4. Johann Wittchen, ein Poprader, Sohn des Pfarrers und Seniors Michael Wittchen in Gross-Lomnitz. Nach seinen Studien am Lyceum zu Kesmark besuchte er die theologische Fakultät in Wien, da der Besuch deutscher Universitäten damals nicht gestattet war. Er stand 42 Jahre im Amte und hinterliess in seinem Tode 1866 am 16. November ein gesegnetes Andenken.

5. Martin Lersch. Nach dem Besuche der Elementarschulen in seinem Geburtsorte Forberg und nach seinen Studien am Lyceum zu Kesmark studirte er die Theologie in Eperies, war zwei Jahre hindurch Erzieher und ebensolange auch an der Universität Halle zur Vervollkommnung seiner Ausbildung. 1863 wurde er vom Superintendenten Karl Máday für das geistliche Amt ordinirt und als Hilfsprediger an die Seite des Pfarrers David Kuntz nach Kesmark berufen. Seine jetzige Stellung als evangelischer Pfarrer von Leibitz bezog er 1867. Unter seiner gesegneten Amtirung wurden mehrere Kirchenbauten ausgeführt und an anderer Stelle zu erwähnende Stiftungen gemacht, die das Wohl der Gemeinde wesentlich begründeten und auch förderten.

Das Gehalt des Pfarrers besteht in 400 fl., 6% von dem reinen Einkommen des Vermächtnisses der Frau Maria Scholtz geb. Roxer, freier Wohnung, Consipation, Stolarien, Holzgebühren und Nutzniessung einiger Grundstücke, was im Geldweithe zusammen genommen 800—900 fl. ausmachen dürfte.

Unter den Kircheninspectoren, die in diesem Zeitabschnitt verzeichnet stehen, finden wir an erster Stelle:

1. Tobias Jony, machte sich um den Bau der Kirche viel verdient und starb 1797.

2. Johann Benne, 1797—1800.

3. Tobias Meltzer, 1800—1808.

4. Tobias Hellner, 1808—1824.

5. Johann Thomas Gloss, 1824—1844.

6. Johann Scholtz, 1844 1850.

7. Johann Girtler, 1850—1856.

8. Ferdinand Lányi, 1856—1859.

9. Samuel Scholtz, 1860—1871.

10. Johann Georg Mayer und

11. Ferdinand Lányi, 1871—1875.

12. Johann Husz, 1875—1878.

13. Samuel Fabry, 1870.

14. Johann Husz, von 1879 bis auf die Gegenwart, zugleich auch das Amt eines städtischen Notärs bekleidend.

f) Die Gemeindeschule.

Nach der Wiedereinverleibung der XIII Städte in Ungarn 1772 erlitt auch in Leibitz das Schulwesen eine wesentliche Veränderung. 1787 besuchte im Geiste Joseph des II. Franz Kazinczy, königlicher Schulinspector im Kaschauer District, die XIII Städte, um auch hier aus verschiedenen Confessionen derartige Schulen zu Stande zu bringen. Es gelang ihm dies in Wallendorf, Leibitz und Georgenberg.

In Leibitz wurde die gemischte National-Schule 1788 am 20. December eingerichtet und zwar laut Uebereinkunft Anfangs mit einem katholischen und zwei evangelischen Lehrern, seit 1823 aber mit der Errichtung einer vierten Classe, mit zwei katholischen und zwei evangelischen Lehrern. 1870 wurde auf Grund des 38. G.-A. vom Jahre 1868 die vierclassige Simultanschule in eine interconfessionelle Gemeinde-Schule umgewandelt und mit einer fünften Classe vermehrt.

Noch in demselben Jahr, 1788, wurde das Samuel Fröhlich'sche Haus um 408 fl. 20 kr. angekauft und mit einem Betrag von 1500 fl. zur Schule adaptirt. Das Heim der National-Schule erfuhr im Laufe der Zeiten mehrere Verbesserungen und Umbauten. Wir finden oben die Jahreszahlen 1789 und 1818. Die erstere Jahreszahl bezieht sich auf die Erbauung des unteren Tractes mit drei Schulzimmern und 1818 wurde ein Stockwerk aufgeführt und eingerichtet; 1814 führte Johann Germ, Maurermeister, einen Bau um 2283 fl. 57³/₄ kr. und 1855 Johann Forberger um 6323 fl. 30¹/₂ kr. aus. Jetzt enthält das Schulgebäude fünf Lehrzimmer, ein Zimmer für die Bibliothek und das Museum und eine Lehrerwohnung. Neubauten sind im Zuge.

Die Gehaltsverhältnisse wurden durch die Stadtgemeinde systemisirt und erhält je ein Lehrer, ausser den etwaigen Cantoratsbezügen von seiner Cultusgemeinde mit circa 100 fl., von der Stadt jährlich 395 fl. Gehalt, 50 fl. Quartiergeld und 6 Klaftern Holz mit Zufuhr.

Als Lehrer wirkten seit 1788 an dieser Schule katholischerseits:

1. Johann Friedmanszky bis 1808.

ł

l
ä
zi
X
aı
V

2(
m
mi
un
38
eiı
eiı

licl
tra
Scl
Un
Di(
ter
weı
Ma
ber
fün
und

sysı
torɑ
der
terr

Als Lehrer wirkten seit 1788 an dieser Schule katholischerseits:

1. Johann Friedmanszky bis 1808.

Der Lehrkörper der Gemeindeschule. S. 180, 189.

2. Franz Heninger, geboren in Leibitz, wirkte von 1808—1810.

3. Karl Henninger, auch ein Leibitzer von Geburt, lehrte von 1810—1858. Er wurde in Folge seiner langen und verdienstlichen Thätigkeit mit dem silbernen Verdienstkreuze decorirt.

4. Johann Maruschinszky, ein geborener Leibitzer, lehrte hier 1834—1840 und ging dann als Lehrer nach Béla ab.

5. Michael Lumtzer, geboren in Leibitz 1813, war Lehrer in Bussocz und Kesmark und trat gleich nach Maruschinszky 1840 das Amt eines Lehrers in Leibitz an, welches er bis zum Jahre 1883 bekleidete. Auch er wurde mit dem silbernen Verdienstkreuz ausgezeichnet.

6. Joseph Pollagh, geboren in Leibitz 1839, studirte nach beendigter Volksschule in seiner Vaterstadt am Staatsgymnasium zu Leutschau durch vier Jahre, dann in Erlau zwei Jahre und wieder ein Jahr in Leutschau 7. Classe. Nach Absolvirung der Lehrerpräparandie in Szepeshely und nach überstandener Lehrerprüfung daselbst wurde er 1858 in seiner Vaterstadt angestellt und wirkt daselbst noch auch in der Gegenwart.

7. Rudolf Götz von Leibitz lehrte hier ein Semester hindurch 1883/4.

8. Alois Horvay, geboren in Leibitz 1860, besuchte das Gymnasium zu Leutschau 1873—1878, bereitete sich für das Lehramt an der Iglóer Staatspräparandie 1878—1881 vor. Als Erzieher wirkte er bei der Szuliner Quelle 1881—1882 und in Kotaj 1882—1883. Als Lehrer wirkte er an der Dampfmühle zu Losoncz 1883—1884. Als Communal-Lehrer wirkt er in Leibitz seit 1884.

Die Reihenfolge der hier wirkenden evangelischen Lehrer ist folgende.

1. Mathias Bredeczky bis 1807.

2. Paul Georg Demiany aus Kirchdrauf von 1788 bis 1807, wo er dann nach Neusandecz in Galizien als Pfarrer berufen wurde.

3. Christian Fischer aus Leutschau, wurde von Topportz berufen und wirkte hier von 1807—1819.

4. Martin Höntz wirkte im Schuljahre 1807/8.

5. Jakob Benne, allhier geboren 1774, wirkte als Lehrer

in Gross-Schlagendorf von 1797.—1805, in Poprad von 1805—08 und in Leibitz von 1808—1839.

6. Martin Forberger, von Leibitz gebürtig, und hier im Amte von 1819—1856.

7. Tobias Fröhlich, geboren in Leibitz 1799, studirte er in Kesmark, bekleidete zuerst eine Lehrerstelle in Svedler von 1822 1832, dann in Einsiedel von 1832—1840 und zuletzt in Leibitz von 1840—1872, in welchem Jahre er am 26. Juli sein 50jähriges Amtsjubiläum feierte und von der evangelischen Gemeinde mit einem silbernen Pokal zum Zeichen der Anerkennung erfreut wurde. Nun trat er in den wohlverdienten Ruhestand und starb 1875 am 5. September.

8. Samuel Benne, erblickte auch allhier am 17. November 1833 das Licht der Welt. Nach Absolvirung der Simultanschule in seiner Vaterstadt absolvirte er das Lyceum in Kesmark mit Ausnahme des Schuljahres 1847—48, welches er am Collegium zu Sáros-Patak verlebte. Nach abgelegter Maturitäts-Prüfung am katholischen Staatsgymnasium zu Leutschau begann er 1852/53 in Eperies Theologie zu studiren. 1854/5 und 1855/6 hörte er medicinische Wissenschaften. 1856 folgte er dem Rufe an die Schule zu Leibitz. Hier starb er am 12. April 1894.

9. Wilhelm Kintzler, geboren zu Leibitz am 28. Mai 1841, frequentirte er nach dem Besuche der Schulen in seiner Heimath das Lyceum in Kesmark, mit Ausnahme der vierten Classe, die er in Sáros-Patak durchmachte. Nach bestandener Matura 1861 in Kesmark besuchte er durch drei Jahre die Theologie in Eperies und bestand 1865 das Candidaticum in Kesmark vor dem Superintendenten Maday. 1866—1867 wirkte er als Erzieher und bezog 1867 die Universität Jena. 1868 erhielt er auf der Domäne Árva-Váralja eine Anstellung als Lehrer, die er 1870 mit dem Lehramte in seiner Vaterstadt vertauschte.

10. Gustav Molitor, erblickte zu Leibitz am 12. Juli 1847 das Licht der Welt. Den ersten Unterricht erhielt er in den Schulen seiner Vaterstadt. Dann studirte er 1860 – 66 in Kesmark und 1866—69 am Lehrerseminar in Nyiregyháza. Nach dem Hilfslehreramte in Klein-Lomnitz 1870 wirkte er zwei Jahre als Lehrer in Uj-Verbasz. 1872 erhielt er die Anstellung als Communal-Lehrer in Leibitz.

11. Johann Greisiger, gewählt 1894, geboren 1867 in

Nagy-Szalók. Die Volksschule beendigte er in seinem Geburtsorte; studirte vier Jahre am Kesmarker Gymnasium, absolvirte das Lehrerseminar in Eperies. Nach abgelegter Prüfung wirkte er drei Jahre als Erzieher in Edelény. 1888 studirte er am Budapester Pädagogium, wirkte als Lehrer in Rákos-Palota, hierauf als Communal-Lehrer in Kaczolabánya 3½ Jahr hindurch, vom Jahre 1894 als Communal-Lehrer in Leibitz.

⁂

Fünftes Kapitel.

Das Handwerk.

Wie unter Maria Theresia, bei Gelegenheit der Wiedereinverleibung der XIII Städte nach Ungarn, die Stellung und Verhältnisse derselben neu geordnet wurden, so erschienen auch für die Zünfte neue Statuten, die über die Rechte und Pflichten der Lehrjungen, Gesellen und Meister handeln und in 18 Punkten folgenden Inhalt haben:

1. Die Meister, Gesellen und Lehrjungen müssen die Pfarrkirche besuchen und ohne Unterschied der Confession am Frohnleichnahmstag und in der Octav mit der Procession gehen. Die Säumigen sollen zum Nutzen der Pfarrkirche und zwar die Meister mit 2 und die Gesellen mit 1 Pfund Wachs bestraft werden.

2. Sollen die Meister alle Quatember und am Jahrestag der Zunft zusammenkommen, einzahlen und wählen. Der säumige Meister zahlt 50, der Geselle 20 Denare. Wenn aber ein Meister oder Geselle in eigenen Angelegenheiten die Zunft einberuft, so zahlt der Meister 85 und der Geselle 42 Denare.

3. Am Jahrestag der Zunft legt der Zechmeister Rechnung und dann wird in Gegenwart eines Commissärs vom Stadtmagistrat neugewählt.

4. Ein Lehrjunge hat den Taufschein vorzuweisen, zahlt nicht mehr als 2 fl. Aufdinggeld und hat 3 Jahre zu lernen.

5. Wenn ein Geselle Meister wird, zahlt er 1 fl. Anmeldungsgeld, legt die Zeugnisse über Geburt, Lehrzeit und Wanderschaft vor; macht er das Meisterstück schlecht, kann er zwar gestraft werden, doch nicht über 2—4 fl. Will er sich als Meister in den

16 Städten niederlassen, dann zahlt er 15 fl. auf zwei Raten in die Zunftlade. Beim Meisterwerden soll im Essen und Trinken kein Missbrauch stattfinden.

6. Ein Meisters-Sohn oder Jener, der eine Meisters-Tochter oder Witwe heirathet, leistet dasselbe, nur von der Meistertaxe zahlt er die Hälfte.

7. Es steht der Zeche frei, auch aus anderen Städten, wo keine Zünfte sind, gegen Erlegung der halben Taxe Meister aufzunehmen.

8. Meister können mit der Waare frei zum Markt kommen und verkaufen, oder auch zu Hause auf Bestellung arbeiten. Die nicht zünftig sind, dürfen keine Waare verkaufen. Der Edelmann kann arbeiten lassen, wo er will.

9. Die Mitglieder einer regulirten Zunft haben musterhaft, in Eintracht, Friede und in einem sittlich-religiösen Lebenswandel zu leben. Excesse können bis 4 fl., auch mit Intervention der Behörde bestraft werden. Die Strafgelder fliessen in die Zunftlade.

10. Jeder bleibe bei seinem Handwerke, in strittigen Fällen intervenire die Zunft, der Magistrat oder die Provinz.

11. Wenn sich eine Arbeit in grosser Menge ergibt, seien daran alle Meister zu betheiligen.

12. Ein Meister soll die Gesellen nicht »wegschnappen«, sondern der Zechmeister soll sie nach Bedürfniss den Meistern zuweisen.

13. Ein Meister darf dem andern nicht abwendig machen die Käufer, die Gesellen oder das Gesinde.

14. Die Meister der XVI Städte haben sich der Limitation der Provinz zu fügen.

15. In Krankheit und Armuth sollen die Meister, Gesellen und Lehrjungen aus der Zunftlade unterstützt werden. Wenn sie genesen und im Stande sind zu zahlen, sollen sie das Geborgte zurückersetzen. Zu Sterbenden soll der Zechmeister bei 2 fl. Strafe den Pfarrer hinführen.

16. Die Witwe des Meisters geniesst, so lange sie Witwe bleibt, das Recht des Mannes und kann auch das Handwerk betreiben.

17. Die Todten begleiten die Mitzünftigen zu Grabe bei Strafe des Meisters von 25, des Gesellen von 12 Denaren.

18. Damit alles gut und friedlich zugehe, ist in den XVI Städten ein Zunftcommissär zu bestellen.

Dieses Statut erhielten von Maria Theresia: die Weber
30. August 1777, publicirt in der Provinz 19. Juli 1779; die
Kürschner 30. August 1777, publicirt 30. Juni 1779; die Riemer
30. August 1777, publicirt 30. Juli 1779; die Schneider 1780,
publicirt 28. October 1802; die Tschischmenmacher 1780.

Andere Zünfte ordneten ihren Haushalt auf Grund von
Franz I. und Ferdinand erhaltenen Statuten, die auch gleich-
lautend sind und in 49 Artikeln 1—9 von den Lehrjungen, 10—20
von den Gesellen, 21—35 von den Meistern, 36 von der Begleitung der Leiche, 37 von den Witwen, 38—42 von den Zu-
sammenkünften, 43—49 von der Wahl des Zechmeisters handeln
und nachstehenden Inhalt aufweisen:

1. Der Lehrjunge hat sechs Wochen probeweise zu arbeiten,
dann bringt er den Taufschein und wenn er Unterthan einer Herrschaft ist, die Einwilligung derselben und zahlt 30 kr. Aufdinggeld.

2. Cautionen für den Lehrling können dort, wo sie üblich
waren, aufrecht erhalten werden.

3. Die Lehrzeit dauert drei Jahre und soll der Lehrjunge
nicht als Dienstbote verwendet und gut behandelt werden.

4. Lauft ein Lehrjunge fort, soll der Meister bei der Behörde
die Anzeige machen, wo entschieden wird, ob er gänzlich fort-
geschickt werden soll, oder nicht. Im Falle der Untreue soll von
der Caution, die in der Zunftlade aufbewahrt wird, der Schaden
gedeckt werden.

5. Hat der Lehrknabe Ursache fortzugehen, muss dies dem
Zechen-Commissär oder dem Magistrate angezeigt werden, der
die Sache ordnet.

6. Das Lehrgeld darf nicht 20 fl. übersteigen.

7. Stirbt der Meister, soll der Lehrling bei einem andern
Meister oder der Witwe, die das Handwerk fortsetzt, die noch
übrige Lehrzeit zubringen.

8. Wird ein Lehrknabe freigesprochen, soll das Freisprechen
die Aufdingtaxe mit 1 fl. 30 kr. nicht übersteigen. Bei offener
Lade werden ihm die Gesetze vorgelesen ohne alle früheren Cere-
monien und Missbräuche.

9. Meistersöhne haben keine Begünstigung; nur die Aufding-
und Freisprech-Taxe kann zur Hälfte nachgesehen werden.

10. Der Gesell muss wenigstens drei Jahre wandern und erhält
gegen Erlag von 45 kr. seinen Taufschein, Lehrbrief und die Kundschaft
über sein Wohlverhalten, wie auch ein Zeugniss über seine Arbeit.

11. Von der dreijährigen Wanderzeit kann nur selten, z. B. im Todesfalle des Vaters, etwas nachgelassen werden.

12. Wo er arbeitet, gibt er seine Documente in die Zunftlade. Findet er keine Arbeit, setzt er die Reise fort.

13. Vor sechs Monaten darf der Geselle den Meister nur ausnahmsweise verlassen.

14. Der Zechmeister mit dem Commissär und der Ortsgerichtsbarkeit kann dem Gesellen auch einen andern Meister zuwenden.

15. Der Geselle kann auch in den Dienst eines Privaten treten, nur muss er beim Meisterwerden auch die Kundschaft von dem privaten Herren m tbringen.

16. Jeder Gesell muss die Sperrstunden einhalten: sollte er Nächte durchmachen, wird dies beim Quartal gemeldet.

17. Kein Geselle darf Blaumontag halten bei Strafe des halben oder ganzen Wochenlohnes. Auch höhere Strafen können kommen.

18. So wie es den Meistern verboten ist, sich zu besprechen und niedere Löhne zu geben, so ist es auch nicht gestattet den Gesellen, gemeinsam aufzutreten und grössere Löhne zu verlangen.

19. Die Gesellen dürfen keine separate Brüderschaft errichten, desshalb ist das »Petschaftstäckel« abzuschaffen. Die vierteljährig eingezahlten Beiträge können höchstens 15 kr. betragen, sind in der Zechlade separat zu verwalten und als Beihilfe für Arme und Kranke in der Zunft zu verwenden.

20. Die Gesellen müssen dem Zech- und Unter-Zechmeister allen Respect erweisen, wie auch bei dem Quartal und auf der Herberge sich ordentlich betragen. Alle Gesellen sind gleich, der Werkführer ist für mehr zu halten.

21. Ein Gesell, der Meister werden will, muss Taufschein, Lehrbrief, Zeugniss über die Wanderschaft und das erworbene Bürgerrecht beibringen.

22. Das Meisterstück kann nur bei Schwäche, Krankheit, oder anderen wichtigen Gründen nachgesehen werden.

23. Aetzungsgeld, Mahlzeiten und Trunkunkösten sind verboten. Material zum Meisterstück kann auch die Zeche vorstrecken und dann vom Preise des Meisterstückes abziehen.

24. Der schon ein Meisterstück gemacht hat, kann nicht verhalten werden, noch ein zweites zu machen, wenn er in eine andere Zunft eintritt.

25. Wenn das Meisterstück ohne Fehler ist, wird der Betreffende Meister.

26. Die Meistertaxe mit 25 fl. kommt in die Lade; Tractationen sind verboten.

27. Ein Sohn eines Meisters, oder ein Gesell, der eine Witwe heirathet, kann nicht von den Lehr- und Wanderjahren, oder vom Meisterstück dispensirt werden und muss auch die ganze Meistertaxe bezahlen. Wenn er auch Handwerks-Werkzeuge kauft, so ist er desshalb noch nicht Meister, er muss es erst werden.

28. Landmeister können in die Zunft gegen einen Erleg von 2 fl. aufgenommen werden.

29. Alle römisch-katholische Zunftgenossen sind verpflichtet, die Parrkirche zu besuchen und die Quatember-Messe zu bezahlen. Ausbleibende Meister zahlen 20 und Gesellen 10 kr. Strafe, und im zweiten Falle doppelt. Dies ist bei den römisch-katholischen, aber nicht bei den tolerirten Confessionen der Fall. Bei der Versäumniss des Frohnleichnamstages beträgt die Strafe 2 fl.

30. Gesellen abwendig zu machen, wird mit 2 fl. gestraft und Schadenersatz geleistet — 14. Art. —.

31. Die Arbeit eines anderen Meisters vor Gesellen zu schimpfen, um dadurch grösseren Nutzen zu haben, ist verboten. Der Meister darf auf einen gewissen Theil seines Bezirkes nicht eingeschränkt werden.

32. Stöhrer werden nicht geduldet, ausser sie haben eine besondere Erlaubniss.

33. Es ist erlaubt, Märkte zu besuchen, anderen Handwerkern jedoch ist es nicht gestattet, ausser der Marktzeit ihre Waare in dem Ort zu verkaufen, wo die eigenen Handwerker sie haben.

34. Aus Veranlassung eines unehrbaren Falles ist es nicht erlaubt, den Meister oder Gesellen zu schimpfen, sondern man soll die Anzeige machen. Bei grossen Arbeiten soll man alle Meister participiren lassen. Ein armer, kranker Meister oder Geselle soll aus der Bruderlade unterstützt werden und das Empfangene womöglich ersetzen.

35. Einen kranken gesellenlosen Meister soll man zur Fortführung der Arbeit einen Gesellen geben. Bei ansteckenden Krankheiten jedoch darf dies nicht geschehen.

36. Wenn ein Meister, Geselle, Lehrknabe oder des Meisters Weib oder Kind stirbt, sollen alle Zünftige den Leichnam begleiten. Säumige Meister zahlen 20, Gesellen 10 kr. Strafe.

37. Eine Witwe kann durch einen Gesellen das Handwerk fortführen. Will der Gesell Meister werden, muss er alle Verbindlichkeiten erfüllen, selbst wenn er sie heirathet.

38. Die Zusammenkünfte finden vierteljahrig einmal statt, wohin Meister und Gesellen ihre vierteljährige Auflage mitbringen. Säumige Meister werden mit 2, Gesellen mit 1 fl. bestraft.

39. Wenn ein Meister oder Geselle eine ausserordentliche Zusammenkunft wünscht zahlt ersterer 5, letzterer 2 fl. in die Lade.

40. Klagen zwischen Meistern und Meistern schlichtet die Obrigkeit, zwischen Meistern und Gesellen die Zunft.

41. Die Filialmeister dürfen nicht vierteljährig, sondern nur einmal im Jahre zur Zusammenkunft erscheinen. Die Meister in einer Entfernung über zwei Stunden dürfen sogar nur ihre Auflage einschicken.

42. Alles was in der Zunft beschlossen wird, muss zu Papier gebracht werden.

43. Die Wahl der Zech- und Unter-Zechmeister geschieht am Jahrestag des Privilegiums nach der Uebergabe der Rechnung und des Ladschlüssels. Der Commissär schlägt drei Meister vor und die Meister wählen mit Stimmenmehrheit.

44. Die Zunftlade hat drei Schlüssel, einen für den Zechmeister, einen für den Unterzechmeister und einen für den Commissär.

45. Die Straf- und Kontraband-Gelder werden zur Unterstützung armer Meister und Gesellen verwendet, oder für kirchliche und wohlthätige Zwecke gespendet.

46. Der Zechmeister muss vierteljährig in Gegenwart des Commissärs Rechnung legen und erhält das Absolutorium, bei Abgang wird die Sache dem Magistrat unterbreitet.

47. Zunftbriefe werden nur mit Vorwissen des Commissärs und der Zunft ausgefertigt. Uebertretungsfälle werden dem Gericht angezeigt.

48. Damit niemand über Unkenntniss klage, seien diese Artikel in der Zunft vorzulesen.

49. Die Artikel haben den Zweck, die Ordnung zu fördern, desshalb werden alle frühere Missbräuche abgeschafft und verboten.

Obige Statuten erhielten von Franz I. in der Stadt zur Darnachrichtung: die Meltzer 1802; die Roth- und Schwarzgärber 28. November 1823, publicirt 6. August 1824; die Binder

s. Februar 1828, publicirt 13. Januar 1829; die Schneider 28. Februar 1828, publicirt 1. Juli 1828; die Schneider 8. Februar 1828, publicirt 12. Januar 1829; die Weber 8. Februar 1828, publicirt 1. Juli 1828; die Riemer 28. Februar 1828, publicirt 13. Januar 1829; die Maurer und Steinmetze 1. Juli 1828, publicirt 12. Januar 1829; die Fleischhauer 1. Juli 1828, publicirt 12. Januar 1829; die Zimmermeister und Müller vom König Ferdinand 13. August 1835, publicirt 5. Juli 1836.

Als letzte Repräsentanten der alten Zunftgerechtigkeit, die durch Jahrhunderte eine mächtige Stütze zum Wohle der Familie und der Gemeinde war, — erscheinen noch manche Functionäre, die bis an die äusserste Grenze der Neuzeit auf ihren Posten aushielten und die Zechenangelegenheiten leiteten. Samuel Scholtz war 1850 der letzte Bruder-Vater bei den Meltzern; Johann Japchy 1861 der letzte Obervorsteher bei den Fassbindern; Paul Huss 1870 der letzte Zechvater bei den Lederern; Andreas Hoffmann 1870 der letzte Herbergsvater bei den Schuhmachern; Carl Barthaly 1872 der letzte Herbergsvater bei den Tschischmenmachern; Wilhelm Scholtz und Johann Altmann 1872 die letzten Vorsteher bei den Fleischhauern und Joseph Gloser 1873 der letzte Obervorsteher bei den Maurern. Das Statut der Zwielcher von 1765 reichte bis 1871, wo die Acten der Innung geschlossen wurden.

Es war nicht gerechtfertigt, als in neuerer Zeit 1881 das alte Zunftwesen urplötzlich aufgelöst wurde, statt dasselbe weiter zu entwickeln und der neuen Zeit anzupassen. Das Handwerk, der sogenannte goldene Boden, erhielt damals den Todesstoss. Ausserdem war das entwickelte Maschinenwesen, das hie und da das Handwerk unmöglich machte.

Trotzdem macht sich in neuester Zeit ein Umschwung zum Besseren bemerkbar. Auch in Regierungskreisen wird die Nothwendigkeit des Handwerkes und seiner Pflege immer mehr eingesehen. Der Gewerbeunterricht, die Handwerker-Corporationen und Genossenschaften, die Krankenkassen der Gewerbetreibenden, die verlangte Befähigung zum Handwerk sind lauter Bestimmungen, die, wenn auch unter anderen Formen, mehr weniger auch in den alten Zunftstatuten enthalten waren.

Es muss desshalb heute unsere Losung sein: Trotz aller Schwierigkeit mit Ausdauer in Handwerkstüchtigkeit, Ehrlichkeit und Gottesvertrauen auszuharren auf dem Boden, auf dem

unsere Väter siegreich gestanden und allen Stürmen der Zeiten
Trotz geboten haben· Wir wollen vertrauen dem Worte Sze-
chényi's, das er 1830 in seinem »Hitel« gesprochen: ».Alles
Grosse und Schöne wird durch Arbeit und Mühe erreicht. Es
ist die Aufgabe einer jeden guten Regierung, den Bürgern die
Wege zur nützlichen und fruchtbringenden Beschäftigung zu
eröffnen, die Interessen und Ansprüche auszugleichen, den Fleiss
und die Thätigkeit zu fördern, weil nur diese zum allgemeinen
Wohlstand und zum Reichthum führen. Die individuelle Freiheit, Rechtsgleichheit, die Sicherheit des Eigenthums und die
lohnende Arbeit sind die Grundpfeiler eines gesunden Staats-
lebens. Geistig und materiell starke Völker schreiten auf der
Bahn der Civilisation mit Pfeilgeschwindigkeit vorwärts, während die Armen und unentwickelten zertreten werden.« Darum
müssen auch wir das Handwerk und die Arbeit hochhalten und
auf unsere Fahne schreiben:

Arbeit ist des Bürgers Zierde,
Mühe ist des Segens Preis,
Ehrt den König seine Würde,
Ehret uns der Hände Fleiss!

Diesen Wahlspruch mögen auf ihre Fahne schreiben die
120 Gewerbetreibenden, die 1895 in Leibitz als solche vorkommen, und zwar 17 Schuhmacher, 12 Binder, 11 Tuchmacher,
4 Schmiede, 10 Tischler, 2 Drechsler, 1 Riemer, 15 Tschizmenmacher, 1 Tapezierer, 3 Schlosser, 4 Kaufleute, 12 Schneider,
3 Weber, 3 Fleischer, 4 Müller, 1 Steinmetz, 2 Bäcker, 5 Wagner, 1 Tuchscherer, 2 Gärber, 2 Hutmacher, 1 Saamenhändler,
1 Rauchfangkehrer, 1 Lebzelter und 2 Töpfer.

Bei diesen Meistern stehen 44 Gehilfen in Verwendung
und zwar 11 bei den Bindern, 5 bei Schmieden, 4 bei Tischlern,
3 bei Webern, 7 bei Tuchmachern, 1 bei Schustern, 3 bei Tschiz-
menmachern, 3 bei Müllern, je 1 bei Schneidern, Denkolar, Töp-
fern, Wagnern und Bäckern und 2 bei Gärbern.

Die Zahl der Lehrlinge, für welche 1895 eine Gewerbe-
schule errichtet wurde, erreicht die Höhe von 59, die als nachstehende Handwerks- und Gewerbegenossen eingeschrieben sind
und zwar: 5 Wagner, 7 Tschizmenmacher, 5 Schmiede, 8 Binder, 11 Tischler, 1 Töpfer, 1 Müller, 6 Schneider, 2 Schlosser,
6 Weber, 4 Tuchmacher, 1 Rauchfangkehrer, 2 Schuhmacher. [1]

---

[1] Städt. Archiv: Zunft und Rechnungsbücher aus den verschiedenen Jahrhunderten

Sechstes Kapitel.
Militär- und Kriegswesen.

Bald nach der Einverleibung der Städte wurde bekanntlich in der grossen französischen Revolution ganz Europa in ein förmliches Blutbad verwandelt, welches auch von unserer Monarchie und speciell von der XVI Zipser - Städte-Provinz viele und grosse Opfer an Gut und Blut forderte.

In dem Zeitraume von 1792--1831 stellten diese Städte 1) 1701 Mann : 2) freiwillig gingen 1169 Soldaten zu Fuss und 50 zu Pferd ; 3) zur Insurrection von 1797, 1805 und 1809 gingen 101 Reiter und 160 Fussvölker und zur Heeresorganisation von 1813 und 1815 83 Mann, im Ganzen gingen also in diesem Zeitabschnitt 3288 Mann unter die Kriegsfahnen, zu denen noch 4) die aus 2308 Köpfen bestehende Städte-Miliz zuzurechnen ist, die 12¹⁄₂ Compagnie stark in den Städten zur Selbstvertheidigung verwendet wurde, da die Gefahr der Invasion wie ein Damokles-Schwert über den Häuptern der Städte hing. Summa summarum trugen in dem genannten Zeitraume aus den Städten 5596 Mann für das Vaterland die Waffen.

Ausser diesen Opfern an Blut waren die an Gut in diesem Zeitabschnitt nicht minder bedeutend. An baarem Geld zahlten die Städte für Kriegszwecke 353.192 Rfl., dann lieferten sie 2778 Ellen Leinwand, 751 Paar Hemden und 454 Paar Mäntel — perisoma —, wie auch 16 Fass Wein.

Wenn wir für Leibitz nur gering den 16. Theil der Leistungen annehmen, so stellte es in dem Zeitraume 349 Mann und zahlte 22.073 fl., abgesehen von den kleineren, hier erwähnten Lieferungen. [1]

Doch damit waren die Opfer für Kriegszwecke in dem Ringen und Kämpfen gegen die Uebermacht Napoleons des Grossen noch immer nicht erschöpft. Nur beispielsweise erwähnen wir noch nachstehende grössere Armeelieferungen von Seite der Städte. 1789 lieferten die XVI Städte — und Leibitz davon ungefähr den 16. Theil — 53⁶⁄₄ Metzen Korn und 469 Metzen Hafer. 1805 wurden für die Mannschaft täglich 570 und für die Pferde 480 Portionen an Verpflegung geliefert. 1807 hatte Leibitz von dem Regiment Bukoi eine Compagnie zur Einquar-

---

[1] Conspectus motivorum . . . S. 18.

tierung. 1809 hatten die XVI Städte 3790 Portionen an Hafer und Heu zu liefern. 1813 wurde in Bartfeld ein Verpflegsmagazin errichtet, in welches die Städte bedeutende Vorräthe zu liefern hatten. Leibitz schloss mit dem Juden Lebel Grossmann einen Vertrag vom 12. März ab, in welchem er sich verpflichtet, für die Stadt dahin 807 Metzen und 59 Halben Korn und 1211 Metzen 56 Halben Gerste bis letzten April tadellos und in gutem Zustande abzuliefern, dagegen verpflichtete sich die Stadt, an Lebel Grossmann für einen Metzen Korn 2 und für einen Metzen Gerste 1 fl. baar auszuzahlen. [1]) 1814 hatten noch die Städte zur Erhaltung der verbündeten österreichisch-ungarischen, russischen und deutschen Heere die enorme Lieferung von 927 Metzen Weizen, 5009 Metzen Korn und 5371 Metzen Hafer aufzubringen und einzuliefern.

Nach der dreitägigen Völkerschlacht bei Leipzig am 16., 17., 18. October 1813 und dem ersten Pariser Frieden vom 30. Mai 1814 kam zwar Europa allmälig zur Ruhe und die Kriegsbedürfnisse wurden auch für die Städte geringer, aber die Leistungen hörten in der Richtung, wenn auch in geringerem Maasse und in geregelterer Weise, nie ganz auf.

Einlogirungen, da Kasernen noch nicht zur Genüge vorhanden waren, standen an der Tagesordnung. 1824 z. B. logirte ein Hussaren-Regiment in Leibitz und in der Umgegend. 1830 war das auf Ungarn entfallende Contingent mit 4800 Infanteristen festgesetzt worden, worauf die Städte 90 Mann zu stellen hatten, »die bei Nachtglocken eingefangen wurden«. 1832 gährte nach dem Revolutionsjahre noch immer Alles; Strolche aus Polen, Frankreich und Deutschland drohten immer mit Ueberfällen, desshalb wurde in den Städten zur eigenen Sicherheit eine Bürgermiliz errichtet und zwar in Leibitz mit 100 Mann. 1833 zahlten die Städte 12.000 fl. für Militärzwecke. 1840 wurden die auf die Städte entfallenden 86 Mann mittelst Werbungen beschafft, deren Einrichtungen und Verhaltungsmassregeln mittelst einer Verordnung vom 5. October 1429 im Jahre 1845 näher umschrieben wurden. [2])

Das Jahr des Freiheits-Kampfes 1848—49 forderte bedeutende Opfer an Gut und Blut von den Städten. Niemand

[1]) Siehe Original-Vertrag im Stadtarhiv. Történelmi-Tár. 1884, 345.
[2]) S. Weber, Gesch. der Stadt Béla 1892, S. 287.

blieb ruhig, jeder öffnete gerne Herz und Hand, als Petöfi's
Nationallied erklang und die Geister bewegte:

Auf, ihr Ungarn, auf ihr Brüder!
Jetzt ist's Zeit und nimmer wieder.
Wollt ihr frei sein oder Knechto?
Wählen gilt es, wählt das Rechte!
Ungar-Gott, dein grollend Mahnen
Hören wir,
Frei zu sein wie unsre Ahnen
Schwören wir!

An 100 Mann schickte Leibitz unter die Freiheitskämpfer,
sammelte Blei, Zinn und Silber für Landesbedürfnisse, spendete
Leinwand und Kleidungsstücke für gesunde und verwundete
Krieger, nicht sparend die Geldbeträge, die auf dem Altar des
Vaterlandes geopfert wurden.

Besonders nach der Niederlage von Vilägos am 13. August
1849 musste sich auch Leibitz der vielen Militärrequisitionen
unterziehen. Vom 19. Februar bis zum Jahresschluss 1849
lieferte Leibitz je nach den Ausschreibungen meist durch den
Zipser Commissär Adam von Mariässy Brod, Brandwein. Be-
schuhungen, Holz, Stroh, Hafer, Heu, Leintücher, Kotzen, Grütze,
Ochsen, Vorspannswagen und dergleichen. Die Lieferungen
wurden auf 12,431 fl. 58 kr. W. W. oder 4972 fl. 47½ kr.
Conv.-Münze geschätzt.[1]

Während dem Absolutismus der sechziger Jahre wurde
die lange Dienstzeit drückend, die den Mann acht Jahre unter
den Waffen hielt und ausserdem zu zwei Reserve-Jahren verpflichtete. Doch vergassen auch damals die Städte ihre patriotischen Pflichten nicht. Igló, Leibitz, Kirchdrauf, Wallendorf, Bela, Georgenberg, Felka, Poprad, Menhard, Matheocz,
Durand, Sztrázsa, Ruszkin, Lublo, Podolin und Gnezda stifteten
ein Kapital von 6666 fl. 40 kr. mit der Klausel, dass der Betrag
bis auf 11.000 fl. zu capitalisiren und von den Zinsen ein Stiftungs-
platz für einen Zögling aus den Städten an einer Militär-Akademie
oder sonstigen kaiser- und königlichen Officiers-Erziehungs-An-
stalt zu errichten sei. Das Verleihungsrecht sei für alle Zeiten
den XVI Städten vorbehalten. Bis heute üben die Städte dieses

---

[1] Ausführliches Verzeichniss der Lieferungen Beilage XXX

Recht aus, indem sie aus ihrer Mitte an die Honvéd-Ludovika-Akademie einen Zögling von Zeit zu Zeit entsenden.[1])

In der Gegenwart stellt die Stadt ungefähr 6 bis 7 Mann zur Linie und ebensoviel zur Honvédschaft.

Siebentes Kapitel.

Unglücksfälle.

Auch in der neueren Zeit blieben die Unglücksfälle nicht aus, die sich zum Schaden der Einwohner von Zeit zu Zeit in verschiedener Gestalt wiederholten.

1786 am 11. Juli Vormittags 9 Uhr gerade zur Jahrmarkts-zeit entstand in der Obergasse ein schreckliches Feuer, welches 59 Häuser, die katholische Kirche sammt Thurm, Schule und Pfarre in Asche legte. 1817 am 10. Mai zur Mittagszeit brach auf der Sommerzeile im Hause 237 ein Feuer aus, welches noch grössere Verheerungnn anrichtete als das frühere. 92 Häuser wurden in Asche gelegt, darunter auch das evangelische Pfarr-haus, das Cantorat nebst 22 Feldscheuern. Auch das Dach der evangelischen Kirche wurde arg beschädigt. Eine Weibs-person und vier Kinder kamen damals ums Leben. Das Elend wurde noch empfindlicher in Folge einer Theuerung, wo ein Metzen Korn 18 bis 22 fl. kostete. 1836 am 26. Mai zündete der Blitz in dem Gässchen hinter dem Fallthor und wurden binnen 2½ Stunden 150 Häuser ein Raub der Flammen. Und trotzdem die Trümmer und das Elend der früheren Feuersbrunst noch sichtbar waren, brach schon im nächsten Jahre 1837 am 25. August wieder ein vernichtendes Feuer aus und zwar hinter der kleinen Kirche in dem Gerbhause des Friedrich Mudra. Von einem heftigen Westwinde angefacht, wurde die Flamme von Gasse zu Gasse getragen und verzehrte alle drei Kirchen, den Thurm, die Schule, das Rathhaus sammt anderen 197 Häusern. Auch 6 Menschenleben fielen zum Opfer. Es schien, als sollte

[1]) Siehe den ganzen Stiftungsbrief. Beilage XXXI

Leibitz im dauernden Feuerherde seinen Untergang finden, so rasch folgten auf einander die vernichtenden Feuersbrünste. 1844 am 23. März über der grossen Brücke im Eckhause am Bach brach ein Feuer aus, verursacht durch die Bosheit eines 14jährigen Knaben Namens Javorniczky, welchem 50 Häuser und zwei Menschenleben zum Opfer fielen. 1845 vernichtete das Feuer abermals 20 Scheunen und ein Jahr darauf, es war 1846, wurden wieder mehrere Gebäude im „Thiergarten" ein Raub der Flammen. Am verhängnissvollsten war die Feuersbrunst vom 4. Oktober 1859. In der Nähe der evangelischen Kirche kam das Feuer zum Ausbruch, das, vom heftigen Nordwind angefacht, in einer halben Stunde die ganze Stadt in ein Flammenmeer verwandelte und an eine Rettung nicht zu denken war. Fast alle Häuser und Scheunen mit den kaum eingeernteten Feldfrüchten, die evangelische Kirche, der damals noch nicht vollendete Thurm mit seinen Baugerüsten, eine Menge Vieh, unzählbare Habseligkeiten und 24 Menschenleben fielen dem wüthenden Element zum Opfer. Der Schade wurde auf eine halbe Million Gulden ö. W. angegeben. Auch in der neuesten Zeit kamen noch einige kleinere Schadenfeuer zum Ausbruch. Am 20. August 1868 brach das Feuer am Kirchberg aus, äscherte 12 Häuser ein und kostete auch ein Menschenleben. Der städtische Rauchfangkehrer stieg nämlich am Brandplatze in einen Brunnen, um den abgerissenen Eimer hervorzuholen, doch erstickte er in dem dort angesammelten Kohlenoxydgas. Dann das Schadenfeuer vom 14. Februar 1881, welches das Spital und mehrere hinter demselben gelegene Häuser verzehrte, und endlich das Brandunglück von 11. Oktober 1884, zufolge dessen die Winterzeile im Katzwinkel in Asche gelegt wurde. Auch noch 1892 am 25. April wurden in derselben Gegend des Katzwinkels Häuser und Scheunen ein Raub der Flammen. Am 12. Juli 1894 brannten 12 Scheunen ab. Es gibt kaum eine andere Stadt in ganz Ungarn, die so viel und so oft in Folge der grossen Schadenfeuer zu leiden gehabt hätte, und es verdient alle Anerkennung, dass aus Schutt und Asche noch stets ein neues Leben emporblühen konnte, umsomehr, da zu dem Brandschaden sich auch manch anderer Unglücksfall noch gesellte.

Wassersnoth und aussergewöhnliche Witterungsverhältnisse schlugen nicht minder tiefe Wunden dem materiellen Wohle

Gerade in dem Jahre der grossen Feuersbrunst 1786 konnten die Oekonomen wegen allzugrosser Nässe nur spät säen und die karge Ernte verdarb auch noch in Folge der Nässe, auch ist ein Theil der Feldfrüchte, mit einem Fuss hohen Schnee bedeckt, draussen im Felde geblieben. In Folge der grossen Ueberschwemmung vom 24. bis 28. August 1813 hat auch Leibitz einen Schaden erlitten, der durch eine Gerichtscommission auf 300,000 fl. W. W. geschätzt wurde. Die untere halbe Stadt stand ganz unter Wasser. 1845 hatte die Stadt nicht nur durch das Feuer, sondern auch durch Wasser zu leiden. Die Ueberschwemmung begann am 18. Juli, zerstörte Aecker und Früchte und verursachte einen Schaden von 70,000 fl. W. W. 1868 am Frohnleichnamstag, am 11. Juni entstand ein sehr grosses Gewitter mit Hagel, zuletzt ergoss sich der Regen in ganzen Strömen, die grossen Schaden verursachten. Das Wasser drang sogar in die evangelische und in die kleine katholische Kirche ein. 1874 war der ganze Mai so kalt gewesen, dass der Schnee über einen Schuh hoch in den Gärten lag.

Der Viehstand, dieser wichtige Factor zum Wohle des Oekonomen, hatte auch durch verschiedene Erkrankungen der Hausthiere manche Erschütterungen erfahren. 1829 grassierte hier eine heftige Viehseuche, welche den Viehstand der Einwohner bedeutend verminderte. Die Viehseuche wiederholte sich auch im Jahre 1837—38 so heftig, dass beinahe kein Haus vor derselben verschont blieb, was um so empfindlicher war, da in demselben Jahre auch ein heftiges Brandunglück zu verzeichnen war. An 700 Stück Hornvieh fiel damals der Seuche zum Opfer. 1863 herrschte abermals die Rinderpest. 1891 brach unter dem Jungvieh die ansteckende Lungenkrankheit — ragadós tüdőlob — mit vielen lästigen und schädlichen Folgen aus, Durch die königlichen Thierärzte wurden kranke oder krankenverdächtige Thiere gekeult, manche auch expropriirt, die Jahrmärkte gesperrt, welche Sperre zur Ausrottung des Uebels schliesslich über ganz Zipsen verhängt wurde.

Auch die Zahl der Einwohner wurde durch ansteckende Krankheiten wesentlich vermindert. Die Cholera von 1831 brach hier am 17. August aus. Das Uebel wurde durch die übertriebene Angst und Furcht vor der Ansteckung noch vermehrt, indem die Kranken, von den Lebenden geflohen, oft ohne alle Pflege blieben. Die Krankheit hielt bis 28. Oktober an. Die

Zahl der Todten wird vom evangelischen Visitationsprotokolle evangelischer Seits allein mit einer Zahl von über 100 Personen angegeben. Das Schützenbuch verzeichnet an Todten 108 katholische und 132 evangelische Einwohner. Die in Zipsen grassirende Cholera in den Jahren 1866 und 1873 forderte auch in Leibitz noch manches Menschenleben zum Opfer, doch war der Verlauf der Krankheit nicht mehr so verhängnissvoll wie früher, da die Behandlung und Pflege schon eine rationellere geworden war.

⚜

Achtes Kapitel.
Vereine, Stiftungen und Fürstenbesuche.

a) Vereine.

1818 wurde nach 50-jähriger Unterbrechung mit einem kirchlichen Charakter der Schützenverein begründet und zwar mit nachstehenden Worten: »Im Jahr Christi 1818 den 1. Juni ist mit Bewilligung und Beytrag des Herrn Probsten und Stadtpfarrer Carolus von Planitz von der Ehrbaren Brüderschaft der Schützen eine Fahne, oder Standare nebst einer Lad angeschafft worden. Weil die Lad nebst den Artikeln durch 50 Jahre verlohren und zu Grund gegangen sind. Dann ist die ehrbare Bruderschaft der Schützen auf's neue aufgerichtet worden, welche unsere lieben Vorfahren erworben haben. Auch beschloss benannte Schützenbrüderschaft nebst der Gemeinde die Fahne, welche Georgius ist getaufet worden, anzuschaffen. Die Beiträge hiezu machten 66 fl. aus, zu denen auch der Stadtpfarrer Carl Planitz und Stadt-Kaplan Joannes Petrig Spenden machten.«

Von 1822—32 ist wiederum kein Lebenszeichen des Vereins enthalten, wiewohl im Buche bemerkt wurde, dass der Verein auch während dieser Zeit bestand.

1832 folgt wieder die Constituirung und zwar am Frohnleichnahmstage, der auch später immer als Tag der Versammlung und Mitwirkung bei den Processionen angegeben wird. Diesmal dauerte die Thätigkeit des Vereins bis zum Jahre 1845.

Bis 1862 entstand wieder eine Lücke im Vereinsleben. Von letzterem Jahre heisst es: »Anno 1862 ist neuerdings die Schützenbrüderschaft errichtet worden, welche im Jahre 1848 durch die Revolution zerstört wurde und sind am Tage Charfreitug Andreas Szopko als Schützen-Vater und Commandant, Ferdinand Beler als Fahnenträger und Johann Wagner als Pickenträger erwählt worden.«

Seit 1862 besteht der Verein ununterbrochen fort, in seiner kirchlichen Thätigkeit an Festtagen und bei Processionen mitwirkend und die Festlichkeit erhöhend. Am 6. April 1865 bewillkommte der Verein den neuernannten kath. Pfarrer Jakob Jancsik. 1877 wurden von der kath. Kirche unter der Leitung des Probst-Dechanten Anton Landiger 16 Stück Säbeln dem Vereine gespendet. Am 26. Juni 1878 empfing derselbe den hochwürdigen Zipser Bischof zur Feier der heiligen Firmung. Am 30. Juni 1881 ist Herr Pfarrer Martin Alt von den Schützen empfangen worden, als er seine Stelle in Leibitz bezog. Derselbe machte auch 1884 mit mehreren Anderen Spenden zu Gunsten der Ausrüstung der Vereinsmitglieder. In demselben Jahre wurde auch die 1818 angeschaffte Fahne zeitgemässer hergestellt. Zu Ostern und am Frohnleichnamstage bekommt der Verein von der Kirche Sprengpulver und ein feineres Pulver (2 Kilogramm und $^1/_2$ Kilogramm) wie auch einige Gulden für eigene Bedürfnisse. Im Jahre 1894 finden wir 20 Schützenbrüder an der Zahl verzeichnet. Sehr angezeigt ist's, das in dem Schützenbuche von Jahr zu Jahr auch merkwürdigere Ereignisse der Stadt verzeichnet werden. Als Beamte fungiren Johann Károly Präses, Michael Schönviszner Fähnrich und Rudolf Tribalcsik Notär.

Ausser diesem kirchlichen Schützenvereine bestand auch ein bürgerlicher Schützenverein, der sich 1827 mit einem Statut neubegründete, das in 20 Punkten die Schiessübungen, die Unterhaltungen, Berathungen und Kassaverhältnisse des Vereins genau ordnete.

Beim ersten Hauptschiessen 1827 betheiligten sich vierzehn Schützen mit 3 Prämien im Werthe von 9 fl. C. M. Die Gesammteinnahme betrug 35 fl. W. W.

Der Director oder Bruder-Vater war Samuel Graff von 1827—1831.

Samuel Fabry 1832—1838.

Jakob Lingsch 1839—1840.

Im Jahre 1828 am 14. September schossen bereits 21 Schützen mit 3 Prämien im Werthe von 5 fl. 78 kr. Das andere Hauptschiessen in diesem Jahre wurde am 21. September mit 22 Schützen und 3 Prämien im Werthe von 7 fl. 31 kr. abgehalten. Die Gesammteinnahmen betrugen 65 fl. 61 kr. W. W.

1829 am 16. August fand das Hauptschiessen mit 23 Schützen, drei Prämien im Werthe von 8 fl. 54 kr. uud mit einer Gesammteinnahme von 53 fl. W. W. statt.

Auch 1830 gab es zwei Hauptschiessen, das Eine am 27. Juni mit 22 Schützen, drei Prämien im Werthe von 14 fl. 36 kr. und einer Gesammteinnahme von 78 fl. 55 kr. W. W.; das Andere am 3. October mit 24 Schützen, drei Prämien im Werthe von 5 fl. 50 kr. und einer Einnahme von 67 fl. 50 kr. W. W.

Die weiteren Hauptschiessen fanden in folgenden Verhältnissen statt:

Jahr und Tag	Anzahl der Schützen	Prämien-Werthe	Gesammteinnahmen W. W.		
1831 28. Juni	21	16 fl. 55 kr.	94 fl. 34	kr.
1832 14. ＞	25	18 ＞ — ＞	130 ＞ 40	＞
1833 25. ＞	26	17 ＞ 06 ＞	154 ＞ 47	＞
1834 12, ＞	27	26 ＞ 38 ＞	204 ＞ 31	＞
1835 23. ＞	35	29 ＞ 30 ＞	229 ＞ 57	＞
1836 —	36	— ＞ — ＞	229 ＞ 57	＞
1837 15. ＞	38	47 ＞ 30 ＞	276 ＞ 43½	＞
1838 --	38	— ＞ — ＞	147 ＞ 32½	＞
1839 18. ＞	40	6 ＞ — ＞	367 ＞ 48½	＞
1840 —	40	— ＞ — ＞	259 ＞ 16¾	＞

1841 erhielt der Verein neue Statuten und Uniformen. Die Neuconstituirung erfolgte am 16. Februar mit 51 Schützenbrüdern unter dem bis 1847 fungirenden Schützen-Capitän Jakob Emeritzy mit grossen Feierlichkeiten. Johann Thomas von Glosz wurde Commissär des Vereins.

Noch in demselben Jahre wurde am 17. Juni das Hauptschiessen abgehalten und die Prämien im Werthe von 8, 6, 5, 3, 2 fl. C. M. vertheilt.

1842 wurde kein Hauptschiessen abgehalten. 1843 wurden aus Veranlassung des Hauptschiessens Prämien im Werthe von 15, 14, 11 fl. 30 kr. und 8 fl., zur Vertheilung gebracht. Im Jahre 1844 gab es wieder kein Hauptschiessen, wohl aber 1845, wo hohe Prämien zu 28 fl. 30 kr., 17 fl. 30 kr., 13 fl., 9 fl., 7 fl. 30 kr. und 7 fl, erschossen wurden. Im Jahre 1846 wurden, behufs Erzielung grösserer Sicherheit in der Stadt, nach reifer Erwägung zum Beschluss erhoben, dass jede Nacht zwei bis drei Schützenmitglieder die Nachtwachen der Stadt zu revidiren und zu controliren haben. 1847 wurde die Gesellschaft nach Kesmark zum Hauptschiessen eingeladen und auch durch eine Deputation daselbst vertreten. Wie überall im Vaterlande, wurde auch in Leibitz nach 1848 der Schützenverein aufgelöst, zu einer Neuconstituirung ist es seither hier noch nicht gekommen.

In der Gegenwart befinden sich ausser dem bereits erwähnten katholischen Schützenvereine noch folgende Vereine in Wirksamkeit:

Der Gesangverein, gegründet 1877, zählt 26 ausübende Mitglieder. Beamten des Vereines waren und sind Präses: Johann Buchalla, Dr. Jakob Perlstein; Cassier: Gustav Scholtz 1880, Mathias Gotthardt 1881, Gustav Fabry 1890 und Julius Scholtz; Chorleiter: Josef Pollagh, Vicechorleiter: Samuel Benne und Alois Horvay; Notär: Wilhelm Kintzler; Fahnenmutter: Frau Amanda Lersch.

Der Selbsthilfsverein wurde 1887 begründet und hat nachstehende Functionäre, Präses des Directionsrathes: Karl Hoffmann; Präses des Aufsichtsrathes: Martin Lersch: Cassier: Alois Horvay, Der Verein zählt 300 Mitglieder mit einem Vermögen von 50,000 fl.

Noch finden wir hier einen Leichenbestattungs- und Krankenunterstützungsverein mit dem Gründungsjahr 1873 und der Mitgliederzahl 58. Präses: Johann Albert; Cassier: Rudolph Tribalcsik; Notär: Johann Albert; leitende Obmänner: Johann Schwarz und Wilhelm Fabry; Fahnenmutter; Charlotte Benne.

Als freiwillige Feuerwehr constituirte sich ein Verein 1879 mit 75 Mitgliedern, die gegenwärtig thätig sind. Vereins-Präses ist: Joseph Pollagh; Obercommandanten: Gustav Roth, Wilhelm Fabry und Gustav Demitter; Cassiere: Gustav Durst und Alois Horvay; Notär: Johann Huss; Fahnenmütter: Frau Eva Scholtz und Frau Eva Meltzer. Ausser anderen Requisiten stehen dem Vereine zur Verfügung: 2 Hydrophore, 1 Landfahrspritze und 1 Requisitenwagen.

Der Casino-Verein wurde 1867 begründet mit dem Zwecke, allgemeine Bildung und insbesondere auf landwirth-

Karl Planitz. S 182, 205, 209, 210.

schaftlichem Gebiete zu fördern durch Berücksichtigung einer rationellen Düngerwirthschaft, Anbau entsprechender Futterkräuter, Hebung der Viehzucht, Pflege der Forst- und Wiesencultur wie auch der Obstbaum- und Bienenzucht. Vereinspräsese: Samuel Scholtz, Johann Buchalla, Dr. Perlstein, Johann Benne und Gustav Demitter; Cassiere: Moritz Zipser, Alois Horvay und Gustav Krausz; Notär: Johann Husz, Wilhelm Kintzler und Julius Jony. Der Verein besitzt, ausser anderen Einrichtungsstücken, einen Trieur, eine Dreschmaschine, einen Billardtisch und eine Bibliothek.

b) Stiftungen.

Das städtische Armenhaus zur Aufnahme verlassener und hilfloser Stadtarmen hat auch in den ältesten Zeiten bereits seinen menschenfreundlichen Zweck erfüllt und mochte über nicht unbedeutende Mittel verfügt haben. Wir lesen in den Stadtrechnungen von 1663: »Die Hospitaläcker brachten 177 fl. 25 Denare,« was damals einen Betrag von ziemlicher Bedeutung ausmachte. 1830 geschah zwischen dem katholischen Pfarrer, dem Stadt-Magistrate und der evangelischen Gemeinde eine Tarsaction, in Folge deren durch Pfarrer Planitz drei Gründe um 1189 fl. gekauft und das jetzige neue Spital-Haus 1831 in Summa um 4010 fl. 30½ kr. erbaut wurde. Die Arbeiten bei dem Bau leistete die Einwohnerschaft ohne Unterschied der Confession. Das Armenhaus selbst besteht aus 5 Zimmern, 3 Kammern, Küche und Keller mit der Aufschrift: InopIbVs MIXtae poPVLatIonIs LoCi DICatVr; oder auch: aedes Ista VtrIVsqVe InopIbVs serVItVra CaroLI pLanItz praeposItI generosIs IMpensIs, popVLI gratVItIs operIs, In VeterI et in trIbVs oqVisItIs spatIIs festIne assVrgIt ▬ Den Armen der gemischten Einwohnerschaft des Ortes gewidmet (1831); oder auch: Dieses Gebäude, beiderlei Armen dienend, ist durch die grossmüthigen Auslagen des Probstes Carl Planitz nnd durch die Arbeiten des dankbaren Volkes auf den alten und drei angekauften Räumen rasch entstanden (1829) Nach dem Visitationsprotokoll der katholischen Kirche von 1832 hatte das Armenhaus einen eigenen Curator Carl Henninger, der im Einverständniss mit dem Pfarrer vorgeht. Das Kapital betrug damals: 3977 fl. 5 kr. und in einem anderen Kapitalsbetrag von 2254 fl. 48¾ kr., wie auch in einer durch den Pfarrer gegebenen Summe von 866 fl. 40 kr. Die

14

Rechnungen werden durch den Pfarrer mit Zuziehung einer Magistratscommission überprüft und jährlich dem Diöcessanamte eingereicht. Die jährlichen Einnahmen werden auch zeitweise durch fromme Spenden vermehrt. Die sechs aufgenommenen Armen erhalten an Unterstützungen je 8 fl. 46 kr., welcher Betrag durch Planitz auf 15 fl. erhöht wurde.[1) 1886 wird erwähnt, dass das städtische Armenhaus als Asyl für 6 katholische und 6 evangelische hilflose Arme erscheint, die ausser Wohnung und Beheizung monatlich je 50 kr. im Falle der gänzlichen Arbeitsunfähigkeit als Unterstützung erhalten.[2)

Der jetzige Spitalsfond besteht in 1700 fl. ö. W. Da zu diesem Spital das meiste der katholische Pfarrer Karl Planitz beigetragen hat, so ist auch bis heute der jeweilige katholische Pfarrer der Inspector des Spitals. der auf Empfehlung des Magistrates die Armen aufnimmt, aber auch selbstständig einige Dürftige aufnehmen darf. Das Spital hat auch einen eigenen Curator. Gegenwärtig befinden sich im Armenhause 4 Personen.

2. Ausserdem besteht auch ein anderer Fond zur Unterstützung armer Katholiken. Der Anfang zu diesem Fond wurde durch Ignatz Hajdinger, Administrator, mit 141 fl. 14 kr. gemacht. 1832 war der Fond schon auf 4238 fl. 11 kr. angewachsen und hat seinen eigenen Curator unter der Aufsicht des jeweiligen Pfarrers. Gegenwärtig besteht der Fond bereits in 4000 fl. ö. W. mit einem Haus. Garten und Acker. Ein Theil der Zinsen wird capitalisirt, der andere Theil wird unter katholischen Armen vertheilt, die aber um Unterstützungen einkommen müssen.

3. Ein werthvolles Vermächtniss hinterliess 1835 Carl Planitz in einer nach ihm benannten grösseren Fundation zum Wohle seiner Gläubigen. Aus demselben Vermächtniss werden jährlich Jünglinge aus Leibitz unterstützt, die den höheren Wissenschaften obliegen. Jedoch erfreuen sich, wenn das Erträgniss ausreicht. auch Handwerker materieller Aufhilfe aus diesem Fonde.[3) Der Fond besteht jetzt ausser 80 Joch Aeckern in 50,000 fl. ö. W. Die Curatoren dieser Fundation waren bis jetzt: Aloysius Heninger, Antonius Korencsik und gegenwärtig Karl Hoffmann. Der katholische Getreidefond entstand 1891 und hatte 1893

[1) Visit. Can. 1832 p. 17. 29.
[2) Vist.-Prot. der ev. Gde 1886. S. 55.
[3) Lib. Mem. eccae . . .

Samuel Scholtz. S. 211.

A. Maria Scholtz ... Roxer. ... 211

41 $^{10}/_{13}$ Metzen Gerste, 56 $^5/_{16}$ Metzen Hafer und 2 fl. 87 kr. Geld.
Sein Curator ist Karl Noghe. Das Getreide wird gegen $^1/_4$ Metzen
ausgeliehen und soll seiner Zeit zu katholischen Unterstützungen
verwendet werden.

4. Die A. Maria Scholtz-Roxerische Stiftung
vom Jahre 1878 besteht in 116 Joch Aeckern, Wiesen und
Waldlössern und circa 9000 fl. in Actien und Capitalien. Dieses
Vermögen wird unter der Controlle des Kirchenconventes von
dem jeweiligen Pfarrer verwaltet gegen eine Vergütung für
seine Mühewaltung von 6% des reinen Einkommens. Die Hälfte
des reinen Einkommens dieser Stiftung bezieht lebenslang der
Bruder der Testatorin, Herr Elias Roxer, die andere Hälfte
aber die evangelische Gemeinde. Seiner Zeit ist das gesammte
Reineinkommen jährlich folgendermassen zu verwenden; a) 30 fl.
für Lehrbücher zum evangelischen Religionsunterricht in der
Communalschule; b) von den übrigen Revenuen ist die Hälfte
zu Stipendien für arme strebsame Studirende, ein Vierteltheil
zur Unterstüzung von Handwerkslehrlingen und ein Vierteltheil
zur Unterstützung von armen, vater- oder mutterlosen, oder auch
ganz elternlosen Kindern zu verwenden. An diesen Stipendien
und Unterstützungen können nur solche theilnehmen, die nach
Leibitz zuständig sind und dem Augsburger Glaubensbekenntnisse
angehören. Von dem jährlich auf Stipendien entfallenden Be-
trage ist ein Drittheil zu Stipendien à 50 fl. für Studirende am
Untergymnasium oder einer Unterrealschule, das andere Drittheil zu Stipendien à 70 fl. für Studirende an einem Obergym-
nasium oder einer Oberrealschule, einem Lehrerseminar und
das dritte Drittheil à 100 fl. für Studirende an Akademien und
Universitäten. Studirende der Theologie sowie überhaupt solche,
die dem Lehrfache sich widmen, haben bei sonst gleichen
empfehlenden Eigenschaften den Vorzug. Die einzelnen Unter-
stützungsbeiträge für Handwerkslehrlinge sind in jährlichen 25 fl.
und für arme Waisen in jährlichen 15 fl. bestimmt. Das reine
Einkommen betrug 1885 : 1943 fl. 27 kr. Im letzten Verwaltungs-
jahre 1893/4 bestand diese Stiftung ausser den 116 Joch Grundrealitäten in 10,657 fl. 95 kr. ö. W.

5. Der interconfessionelle Kindergartenfond wurde durch
Samuel Scholtz und dessen Gattin A. Maria geb. Roxer in Folge
eines gemeinschaftlichen Testamentes vom 21. November 1870
gestiftet und besteht in 9 Joch Aeckern und laut Rechnung von

1885 in 4498 fl. 40 kr. Capitalien. Dieser Fond wird durch den jeweiligen evangelischen Pfarrer unter der Controle des Stadtmagistrates verwaltet. Der Fond betrug 1893/4 7171 fl. 77 kr. ausser den 9 Joch Grundrealitäten, die einen Pachtschilling von 85 fl. abwarfen. Die Errichtung des interconfessionellen Kindergartens ist soeben im Zuge.

6. Der J. G. Mayerische Fond für evangelische Gemeindezwecke betrug 1885 : 1835 fl. 86 kr. 1893/4 erreichte der Fond die Höhe von 2000 fl. Von den Zinsen sollen laut Stiftungsurkunde 50 fl. zur Unterstützung von Schulkindern aus der Mayerischen Familie, 35 fl. zur Unterstützung anderer armer evangelischer Schulkinder und 35 fl. zur Instandhaltung des Kindergartens verwendet werden.

c) Fürstenbesuche.

Von Joseph II. ist es bekannt, dass er oft im Lande reisete, um aus eigener Anschauung Land und Leute kennen zu lernen und ihre Zustände und Verhältnisse zu verbessern und zu entwickeln. Auf einer solchen Reise kam dieser menschenfreundliche Monarch im Sommer des Jahres 1783 aus dem benachbarten Galizien auch nach Zipsen. Zahlreiche Bittgesuche übergab man ihm vertrauensvoll auch auf seinem Zuge durch Zipsen, bei welcher Gelegenheit er auch Leibitz berührte. [1])

1806 kam der Palatin Johann, Baptist, Josef, Anton über Gölnitz in die Zips und dürfte vielleicht auch Leibitz berührt haben.

1820 ergriff eine freudige Bewegung Zipsen. Es hiess, der König Franz I. komme in unser Comitat. Am 15. Juni traten die XVI Städte, darunter natürlich auch Leibitz, in der Provinz zu einer Berathung zusammen, wie der König auf Grund des Diplomes von Stephan V. würdig empfangen werden soll, wo schon 1271 angeordnet wurde, dass für einen entsprechenden Empfang und für die Rückreise des Königs gesorgt werden soll. Auf Grund dieser Verpflichtung wurden in der Provinz nachstehende Bestimmungen getroffen : [2])

Bei der Ankunft soll die Schuljugend ein passendes Lied singen und in die letzten Strophen möge der Gesang des ganzen Publikums einfallen.

----

[1]) S. Weber. Zips. Gesch.- und Zeitbild. 301.
[2]) Wag . . . . . I, 189.

Johann Georg Mayer. S. 242.

Schwefelbad. S. [...]

Johann Georg Mayer. S. 242.

Schwefelbud. S. 1... 2...

Die XVI Städte stellten 132 Reiter, worauf auf Leibitz 12 Mann entfielen. Die Reiter hatten folgende Equipirung: schwarze Pelze mit Astrakan gebrämt und mit silbernen Knöpfen. Die Beinkleider waren auch von schwarzer Farbe. Der Kalpak war von Astrakan und hatte einen rothen Ausfall. Die Säbeltasche sollte auch roth sein. Die Satteldecke war von schwarzem Lammfell und war roth eingefasst. Wie wir sehen, waren roth und schwarz die vorherrschenden Farben der Equipirung. Die Unteroffiziere hatten zum Unterschied am Kalpak und am Säbelgriff weisse Quasten, die Offiziere silberne Sporen und silbernes Gehänge. Am 15. August verliess Seine Majestät Wien und dürfte Ende August auch in der geschilderten Weise glänzend empfangen worden sein.

Seine Majestät der jetzige König Franz Joseph I. besuchte zweimal Zipsen 1852 und 1858; ob er auch speciell Leibitz berührte, ist mir nicht bekannt. Doch hat sich auch die Stadt Leibitz sowohl das erstemal in Poprad, als auch das anderemal in Leutschau bei dem officiellen Empfange betheiligt.

Neuntes Kapitel.

Badeanstalten und Dorfschaften der Stadt.

a) Das Bad Schwefelbad mit dem gleichnamigen Dorfe.

Auch in der neueren Zeit blieb das Heilbad nicht zurück, sondern erfreute sich einer zunehmenden Entwickelung. Johann Csaplovics behandelt 1821 in seinem »topographisch-statistischen Archive des Königreiches Ungarn« S. 315 Band II auch die Mineralquellen Zipsens »mit Anführung der Schwefelbäder zu Szmerdsonka unweit dem rothen Kloster u n d z u S c h w e f e l bad, u n w e i t L a i b i t z«. 1827 erschien von Karl Szepesházy und Thiele ein Buch unter dem Titel »Neuester Wegweiser durch das Königreich Ungarn« und beschäftigt sich auch mit den Bädern und Heilquellen des Landes. Des Schwefelbades wird in den Worten Erwähnung gethan: »Leibitz eine der XVI Kronstädte im Zipser Comitate mit einem Schwefelbade und einem Säuerlinge«.

Zur grösseren Bequemlichkeit der Gäste erbaute die Stadt 1852 auch den jetzt noch bestehenden älteren Tract mit einem Tanz- und Speisesaal, Wohnzimmern und Badekabinen. Damit die Heilwirkungen des Wassers näher bestimmt werden konnten, veranlasste die Stadt 1875 durch den Chemiker und Apotheker von Felka Aurel Scherfel eine chemische Analyse desselben, die auch in Separatabdruck erschien. [1]) Das Resultat der Untersuchung ergab, dass das Bad zu den alkalischen Schwefelwässern gehöre. Der Gehalt von 0.038284 Theilchen Schwefelhydrogen — Kénköneny -- oder von 0.036032 Theilchen Schwefel in 10,000 Theilen Wasser ist, wenn auch nicht sehr bedeutend, doch genügend für Heilzwecke und eben desshalb ist die Quelle sehr werthvoll. Unter den berühmtesten Schwefelwässern sind nicht viele reicher an Schwefel oder Schwefelhydrogen. Die Trencsin-Teplitzer Termen enthalten nach Hauer 0.021—0.045 Theilchen Schwefel, also im Durchschnitt nicht mehr als die Leibitzer Schwefelquelle. Die Aachener Termen stimmen in Bezug auf den Schwefelgehalt beinahe ganz überein mit unserer Quelle; nach Liebig enthält nämlich die Rosenquelle 0.03, die Kaiserquelle 0.039 Theilchen Schwefel in 10,000 Theilen Wasser. Endlich sei noch erwähnt, dass die Leibitzer Schwefelquelle, den Schwefelgehalt anlangend, vollständig mit dem Schwefelgehalt des Isländischen grossen Geysers übereinstimmt, in wiefern letzterer in 10,000 Theilen Wasser 0.036 Theilchen Schwefel enthält.

Diesem Schwefelgehalt entsprechend werden auch die Wirkungen des Wassers besonders bei chronischen Gelenk-Rheumatismen, bei Goldader-Affectionen, Skropheln, Schleimhaut- und Hautkrankheiten gerühmt. Die ozonreiche Fichtenwaldluft und die geschützte Lage tragen auch viel bei zur Kräftigung, Erholung und Genesung. Eine schöne Aussicht auf die Hohe Tatra und angenehme Spaziergänge im stillen dunklen Walde machen den Badeort zu einem sehr angenehmen Aufenthalt.

Nach dieser günstigen Analyse entschloss man sich sogleich im Jahr 1876 zum Bau eines grösseren Logirhauses, welches 40

---

[1]) Mathematikai és természettudományi közlemények . . . szerkeszti Szabó József XIII kötet 1875. IX szám, Leibitzi kénfürdő kénesvizének vegytani elemezése Scherfel Aureltól V. Budapest 1876. a m. I. Akadémia könyvkiadó hivatala.

Wohnzimmer enthielt. Und als es bald darauf ein Raub der Flammen geworden war, wurde es gleich wieder neu und schöner aufgebaut.

Als Dr. Cornel Chyser, Physikus des Zempliner Comitates, die namhafteren Curorte Ungarns beschrieb, erwähnt er auch Schwefelbad mit Reproducirung der Scherfel'schen Analyse. [1) Ueber den gegenwärtigen Stand des Schwefelbades lässt sich Folgendes mittheilen: Es umfasst zwei Curhäuser, das alte und das neue mit 38 Wohnzimmern und ausserdem 19 Badekabinen. Die Badesaison dauert vom 15. Mai bis Ende August. Das dort befindliche Wirthshaus ist übrigens das ganze Jahr hindurch benützt. Als Badearzt fungirt der jeweilige städtische Arzt, gegenwärtig Dr. Jakob Perlstein. Die Anzahl der stabilen Gäste beträgt 60, die der fliegenden 300 Personen. Der Speise- und Getränketarif ist nachstehends fixirt: Suppe 8, Fleisch mit Sauce 25, Rindsbraten 35, Kalbsbraten 35, Schnitzel 40, ein Händel 80, Mehlspeise 25, Zuspeise mit Auflage 25, Kaffee mit Zubiss 20, ein Liter Wein 30, besserer Wein 50—80 und eine Flasche Bier 16 kr. Ein Bad sammt Wäsche wird mit 20 kr. berechnet.

Neben dem Bade entwickelte sich auch der zur Stadt gehörige Kolonistenort, ebenfalls Schwefelbad genannt. Die Stadt musste oft gegen die allzugrosse Ausdehnung des Ortes einschreiten. Am 5. Mai 1777 bat die Stadt bei der Provinz, dass ausser den 15 Häusern keines mehr in Schwefelbad erbaut werde, damit der Wald geschont bleibe, was auch geschah. Zur Verhinderung der Waldschäden ordnete auch Paulus von Tiszta, Provinz-Administrator, am 28. Mai 1778 an, dass alle Excesse der Schwefelbäder verhindert werden, damit die Stadt Leibitz keinen Schaden habe. Trotzdem nahm die Zahl der Häuser und Seelen in Schwefelbad noch immer zu. 1793 finden wir im Schwefelbad schon 22 Häuser und 184 Seelen. 1802 wurde Michael Brozsik, Einwohner von Schwefelbad, mit der Bitte, ein Haus zu bauen, abgewiesen. Trotz dieser abwehrenden Haltung der Stadt stieg der Ort immer mehr. Gegenwär-

---

[1) Der vollständige Titel des Buches lautet: Die namhafteren Curorte und Heilquellen Ungarns und seiner Nebenländer im Auftrage Sr. Excellenz des königlich ungarischen Cultusminister. Dr. August Trefort beschrieben von Dr. Kornel Chyser . . . . mit 30 phototypischen Tafeln und einer Karte. Stuttgart, Verlag von Ferd. Enke. 1887.

tig umfasst er 40 Häuser mit über 200 Seelen die auch eine eigene Schule und ein Kirchlein besitzen.

In den früheren Zeiten wurden hier die kirchlichen Agenden von Leibitz, jetzt seit 1775 von Majerka aus besorgt. Das Kirchlein, welches auf grüner, schattiger Bergesanhöhe hübsch gelegen ist, wurde 1826 erbaut, zu welchem Bau ausser der Stadt Joseph Belik, Zipser Bischof, Baron Emerich Fischer, Verwalter der XVI Städte-Provinz, und Karl Planitz, Pfarrer von Leibitz, das Meiste beitrugen.

Die selbstständig in Schwefelbad wirkenden Lehrer waren folgende: 1) Mathias Gondkovszky 1800—1831; 2) Mathias Budzak 1821—1849; 3) Ludwig Márö 1849—1856; 4) Eduard Krafcsik 1856—1892, eine äusserst beliebte und bekannte Persönlichkeit: 5) Georg Krafcsik 1892—1894; 6) Valentin Kurucz 1894. Nach der letzten Volkszählung hat Schwefelbad 409 Einwohner und untersteht als Vorstadt der Stadt und dem Magistrate von Leibitz.

b) Das Dorf Majerka.

Trotz des Abhängigkeits-Verhältnisses der früheren Jahre gestaltete sich Majerka im letzten Abschnitte unserer Geschichte immer selbstständiger. Bald nach der Reincorporirung der XIII Städte an Ungarn 1772 erliess der Administrator der XVI Kronstädte Paul von Tiszta eine Anordnung, wonach die Einwohner von Majerka als gleichberechtigt mit den Bürgern von Leibitz zu betrachten und als zur Vorstadt von Leibitz gehörig anzusehen sind [1].

Nachdem jedoch diese vollkommene Gleichberechtigung mit Leibitz nicht recht haltbar war und zu verschiedenen Missverständnissen führte, erschien gleich im nächsten Jahre am 2. Mai 1776 eine königliche Resolution, nach welcher die Gleichberechtigung Majerkas mit Leibitz etwas eingeschränkt und das Verhältniss beider Gemeinden näher umschrieben wurde und zwar in folgendem Sinne: 1) die Gründe, auf denen die Häuser stehen, werden nach wie vor den Einwohnern Majerkas unentgeltlich überlassen; 2) die Contribution ist nach Leibitz zu zah-

---

[1] »Idcirco benique vult Sua Majestas SSma, ut praerepetita possesio Majerka dicta, tanquam inter metas oppidi Leibitz collocata, eidem in qualitate Suburbii, omnino ingremietur. ea tamen ratione, ut incolae ejusdem Possesionis, in omnibus et plane modalitate, prout incolae oppidi tracterentur, et per consequens pro ratione qualitatum, babilitatisque suae, non tantum ad exteriorem, verum etiam interiorem senatum, aliaque Munia et Servitia dicti oppidi, adplicentur.«

len und dort zu verrechnen; 3) alle grösseren ›Rechts-Händel‹ sind in Leibitz zu schlichten; 4) das Bierbrauen und Ausschenken wird Mayerhöfen concedirt, doch bleibt es auch der Stadt freigestellt, ein Wirthshaus oder einen Weinschank aufzurichten; 5) die Mühlprovente werden zur Besoldung ihrer Beamten und zur Reparirung ihrer Gebäude der Gemeinde Majerka überlassen; 6) zur Reluirung der Gangreisen soll Majerka jährlich 40 Metzen Gerste und 60 Metzen Hafer säen, einführen und auch eine bestimmte Menge Heu einernten; 7) das Feld im ausgerodeten Walde behalten sie auch ferner unentgeltlich im Genuss, stellen aber dafür 60 Schnitter der Stadt Leibitz zur Verfügung; 8) wie die Bürger von Leibitz für jede verkaufte Klafter Holz $\frac{1}{2}$ fl. und für jedes 100 Schindeln 3 kr. an die Stadtkassa zahlen müssen, so sollen dies auch die Einwohner der Vorstadt Majerka thun, nur mit dem Unterschiede, dass ihnen die Hälfte der Einzahlung zueigen bleiben soll; 9) falls die Einwohner der Vorstadt Majerka irgend einen Schaden an den Grenzen der Stadt Leibitz merken werden, sollen sie dies sofort zur Anzeige bringen; 10) die Einwohner der Vorstadt sollen sich in den von der Stadt ihnen assignirten Waldungen der allerhöchsten Waldordnung fügen. [1]

Dieses Verhältniss erhielt sich bis auf die neueste Zeit. Als aber 1890—92 in Leibitz die Grossgemeinde bestand, ging auch die Jurisdiction über Majerka verloren, wo eine von der Stadt Leibitz unabhängige Kleingemeinde eingerichtet wurde, die dem Kreisnotariate und dem Oberstuhlrichteramte des Comitates untergeordnet ist. Die Einwohnerzahl umfasst 290 evangelische und 70 katholische Seelen.

Nach der Reincorporirung wirkten noch in Majerka als Vikäre: Severin Fedorovics, Karl Schnellinger und Jakob Kallay.

Wie in politischer Beziehung wurde Majerka auch auf kirchlichem Wege unabhängig von Leibitz. 1775 wurde Majerka mit der Filiale Schwefelbad eine selbstständige Pfarrgemeinde, wo nachstehende Pfarrer und Lehrer wirkten und erstere den Zehend beider Gemeinden bezogen:

1) Johann Rederer — 1791; 2) Michael Frohn — 1794; 3) Georg Schedl — 1808; 4) Ignacz Duchon — 1817; 5) Joseph

---

[1] Siehe Stadtarchiv: Mayerhöffer Contract 1776. Um diese Zeit, nämlich 1783, hatte Majerka 85 Häuser mit 354 Seelen, welche Anzahl sich auch bis auf die Gegenwart erhielt.

Petrusska — 1836; 6) Anton Kruslitz — 1845, auf dessen Be-
mühen die Kirche, Pfarre und Schule erbaut wurden und der
Pfarrgarten manche Entwickelung erfuhr; 7) Johann Schlitz —
1848; 8) Adalbert Pisch — 1851; 9) Karl Bernatyák 1865;
10) Johann Kruttky — 1866; 11) Joseph Pumpery — 1881; 12)
Paul Janics — 1886; 13) Johann Zelenyák — 1886; 14) Johann
Pogoriczky — 1894; 15) Adalbert Szillay — 1894; 16) Johann
Odrobina, gegenwärtig im Amte.

Als Lehrer unter den selbstständigen Pfarrern wirkten
noch 1) Joseph Haglmann 1780; 2) Ignacz Ottmeier 1794; 3)
Georg Petrulla — 1800; 4) Franz Friedmanszky — 1810; 5)
Thomas Marmuzsak — 1838; 6) Joseph Lizák — 1847; 7) Joseph Kiliány — 1856; 8) Stephan Tropp — 1875; 9) Andreas
Garzsik — 1879; 10) Theodor Montsko — 1883; 11) Mathias Chlebik
— 1886; 12) Johann Glatz — 1893.

Als mit dem Jahre 1728 der erste Vikär ständig in Majerka
wohnte, musste auch für eine Pfarrwohnung gesorgt werden.
1814 resolvirte das Patronat zur Reparatur der Kirche. Pfarre
und Schule 5123 fl. 1840 wurden für diese Zwecke aus der
Privatchatouille Sr. Majestät 11,162 fl. C. M. resolvirt. Mit diesen Beträgen wurden die jetzige Schule 1843, die Pfarre 1847
und die Kirche 1854 erbaut. [1])

Ueber die Schicksale der hiesigen evangelischen Gemeinde
kann Nachstehendes berichtet werden: Nachdem wie allgemein
in Zipsen 1674 mit der Wegnahme der Kirche auch der katholische Gottesdienst eingerichtet wurde, wurde die evangelische
Gemeinde zuerst nach Leibitz, dann nach Kesmark affilirt. Erst
mit dem Toleranzpatente erhielt die Gemeinde ihre Selbstständigkeit wieder. Als selbstständige Pfarrer wirkten:

. 1) Samuel Czapkay — 1806; 2) Jakob Meltzer — 1811;
3) Johann Martin Höntz — 1818; 4) Johann Wünschendorfer —
1836; Friedrich Koch — 1855; Karl Renner — 1880; seit der
Zeit ist S. Weber, Pfarrer in Béla, mit der Seelsorge betraut.

Während der Selbstständigkeit der evangelischen Gemeinde
standen als Lehrer in Verwendung: 1) Johann Lindtner — 1789;
2) Samuel Czapkay — 1806; 3) David Meltzer; 4) Michael Mau-
ser — 1815; 5) Johann Domanyovszky — 1820; Josef Doma-
nyofszky — 1866; Karl Renner zugleich Pfarrer — 1880; 7) Jo-

---

[1]) Die Daten über die katholische Gemeinde zu Majerka verdanken wir der
Güte des jetzigen Pfarrers Johann Odrobina.

hann Nikelszky — 1894; Johann Mayer — 1896; Michael Müllner steht gegenwärtig im Amte.

Die jetzige evangelische Kirche wurde 1835 im Bau vollendet und dem öffentlichen Gebrauche übergeben.

Als grössere Unglücksfälle können in der Gemeinde Majerka bezeichnet werden: das Wüthen der Cholera 1831, der von 500 Seelen 300 zum Opfer fielen, und der grosse Brand vom 18. Juli 1846, wo der grösste Theil des Ortes eingeäschert wurde. [1]

.:.

Zehntes Kapitel.

Aus der Gegenwart.

Die Stadt Leibitz liegt südöstlich von Kesmark und hatte 1884 folgendes Territorium ausgewiesen: Gärten 32, Wiesen 1604, Aecker 4722, Wald 6447 und Weide 352, zusammen 13.157 Joch. [2] Bei der letzten Volkszählung 1890 wurde das Territorium nachstehends conscribirt: Aecker 4721 Joch 691 Quadratklaftern, Gärten 31 Joch 278 Quadratklaftern, Wiesen 1603 Joch 1438 Quadratklaftern, Weide 351 Joch 817 Quadratklaftern, Waldung 4362 Joch 1485 Quadratklaftern, Inproductiv 267 Joch 1241 Klaftern, in Summa 13.378 Joch und 1150 Quadratklaftern, was im Vergleiche zu den Ausweisen von 1884 ein Plus von 221 Joch und 1150 Quadratklaftern bedeutet. Ausserdem umfasst das Gebiet der Stadt, die in vier Theile eingetheilt wird, 556 Häuser-Nummern und folgende Gassen: Spitalgasse, Katzwinkelgasse, Hauptgasse, Fallthorgasse, Thiergartengasse, Obergasse, Kirchberggasse, Schlösschen, Judenthörchen, Handwerkgasse, Neugasse und Blaumondgasse.

Die Inpopulationsverhältnisse gestalten sich wie folgt: 1884 wurden in Leibitz mit Schwefelbad 3084 Einwohner angegeben,

---

[1] Siehe des Näheren: Monographie der evangelischen Gemeinde Béla von S. Weber 1885, S. 180 . . .

[2] Szepesmegye szervezete irta Sváby Frigyes és Matirko Sándor 1884 Lőcsén.

die nach Religion und Sprache sich nachstehends gruppirten: Es waren nämlich römisch-katholische 1426, griechisch-katholische 117, evangelische 1488, jüdisch 47, andere Confessinnsangehörige 6, zusammen 3084. Der Sprache nach waren Magyaren 26, Deutsche 2203, Slaven 693, andere Sprachenkundige 41, Sprachlose — Säuglinge - 121, zusammen 3084. Da im Jahre 1870 2966 Einwohner gezählt wurden, so erweist sich von 1870—1884 ein Zuwachs der Einwohnerzahl um 118.[1])

Die Resultate der Volkszählung zehn Jahre später ergaben nachstehendes Verhältniss: gezählt wurden 3025 Personen, also um 59 weniger als 1880.

Davon waren 1539 römisch-katholische, mehr als im Jahre 1880 um 113; 124 griechisch-katholische, mehr um 7, 1273 evangelische, weniger um 215, 83 Israeliten, mehr um 36, andere Confessionsarten 6, ebensoviel als 1880. Aus diesen Zahlen ergibt sich, dass die Katholiken und Israeliten im Zunehmen und die Evangelischen stark im Abnehmen sind.

Der Sprache nach fanden wir 1890 Magyaren 30, um 4 mehr als 1880; Deutsche 2077, um 126 weniger; Slaven 883, um 199 mehr; andere Sprachgenossen 35, um 6 weniger als 1880. Die Slaven sind demnach im Zunehmen, die Deutschen in entschiedener Abnahme begriffen, was durch die Auswanderung der deutschen Elemente zur Genüge erklärt werden kann.

Das numerische Erstarken des Katholicismus und Slaventhumes und das Abnehmen des Protestantismus und des Deutschthums ist die durch das Zahlverhältniss nachweissbare Thatsache der letzten 10 Jahre. Die Fortentwickelung in eingeschlagener Richtung lässt sowohl die evangelische Kirche als auch die deutsche Sprache bedroht erscheinen.

Obwohl 375 Deutsche auch ungarisch sprechen, so ist doch eine Verschiebung der Sprachverhältnisse der Stadtbevölkerung zu Gunsten des slavischen Idioms unverkennbar. Unter diesen Umständen ist zu befürchten, dass auch die jetzt bestehende Mundart in eine Mischmundart zwischen dem Deutschen und Slovakischen werden wird. Umsomehr fühlen wir uns verpflichtet, einige Textproben auch für künftige Zeiten und Generationen anzuführen, zum bleibenden Zeugniss der gegenwärtigen Verhältnisse.

---

[1]) A magyar korona országaiban az 1881. év elején végrehajtott népszámlálás eredménye. Szepesvármegye XLVII. füzet. Budapest 1881.

a) Kinderreime und Kinderlieder.[1]

I.

trepl | trepl ¦ rêg- ¦ gʋ
dr ¸ fôtr ¦ štçyt en ¸ rê- ‖ gʋ
dy ¦ mutr | géyt nen ‖ zu- | χʋ
met ¦ dret- | halbʋ ‖ ku- | χʋ
lôkt zə nen | ovʋ ¦ héysn | štéyn
kom dy ¦ libʋ ¨ aengl ¦ χʋ alə ə- | héym ⸗

Tröpfle, tröpfle, Regen: der Vater steht im Regen; die Mutter geht ihn suchen mit dritthalben Kuchen. Sie legt ihn auf den heissen Stein: kommen die lieben Engelchen alle heim.

2[2]

my- | lə ¦ mo- | lə
ta- | pə tô- | lə
maenə | mutr ¦ môlt | šmalts
s šmalts | geb yjʋ švaen- | χə
švaenχə ¦ get | mr bar ¦ štʋ
dy barštʋ | geb yjʋ ¨ šus- ¦ tr
dr šustr | get mr ¦ tši- | žʋ
dy tšîžʋ geb yjʋ ¨ maed- | χə
s maedχə | trekt mr ¦ gres | χo
s gresχə geb yjʋ kî- | χə
s kîχə ¦ get mr ¸ me- | lyχ
dy melyχ | geb yjʋ kêts- | χə
s ketsχe ¦ es maen ¦ šets- | χe
unt vos ¸ ybryχ blaebt | geb yjʋ kô- ¦ tr
dr kôter es ¦ maen ¦ fô- | tr.

Mülle, mahle, tappe, tale: meine Mutter mahlt Schmalz, 's Schmalz gebe ich dem Schweinchen, 's Schweinchen gibt mir Borsten, die Borsten gebe ich dem Schuster, de Schuster gibt mir Tsischen — Stiefel — die Tsischen gebe ich dem Mädchen, 's Mädchen trägt mir Grüschen, 's Grüschen gebe ich dem Kühchen, das Kühchen gibt mir Milch, die Milch gebe ich dem Kätzchen,

---

[1] Die Grenzen der (stets fallenden) Dipodien sind durch ¦, die von Einzelfüssen durch ¸ bezeichnet, Auftakte durch ¸ abgetrennt.

[2] Einen ähnlichen Auszählungsvers siehe Zeitsch. für d. deutschen Unterr. III, 12. Grosse Aehnlichkeit zeigt der Vers auch zu der in mehreren Fassungen circulirenden Kinderpredigt. Vgl. die meissnische Fassung mitgetheilt in der Zeitsch. für deutschen Unterricht VII, 693.

's Kätzchen ist mein Schützchen und was übrig bleibt gebe ich dem Kater, der Kater ist mein Vater

b) Spottreime und Spottlieder.

1.

krêumr- | berχə   krêmr- | berχə
vekst en | unzrn   gert- | χə
tšvae | šustr   tšvae | šnaedr
šléun zyjem | unzr | maet-   χə.

Wacholderbeerchen, Wacholderbeerchen wächst in unserem Gärtchen, Zwei Schuster, zwei Schneider schlagen sich um unser Mädchen

2.

ssaml gə- | blaml, vu   es dy | braot
hendrn | šubụ   koxt zə | kraot
šyt zə ə   hantfol | vantsụ   ren
mus dr | tsaml   tantsụ | dren.

Samel, Geblamel, wo ist die Braut? Hintern Ofen kocht sie Kraut, schüttet sie eine Handvoll Wanzen hinein: Muss do Samel tanzen drin.

3.

alte | ros unt | alt gə | šer
moχt en | paoər | krom unt | der

Alte Rosse und alt Geschirr Macht den Bauer krumm und dürr.

c) Auszählvers.

yχ und | du
mylrs | kû
mylers | óyzel
dos   best du[1]).

d) Heilspruch gegen Wunden.

heylə | heylə   by-   sɔ
dr | hunt hat   fyr | fy- | sɔ
dy | kats hat ə   švants
es dy | byby | gants

---

[1]) Ebenso in Meissen und im Voigtland, vgl. Festschrift für Hildebrand § 30.

e) Feldmarkbeschreibung.

en kotnao
déu likt e tôeude frav
baen špetsnätéyn
hon ze ze gezaen äteyn
en etenplęts
hôn zes męsr gevçtst
en réytχn hôgn
hôn ze ze drälôgn
baen réytχnbron
hon ze ze opgešon
bae dr galgnbrek
likt naχ e štek
of dr ätyrn
likt s gebyrn.

In Kottenhau, da liegt eine todte Frau; beim Spitzenstein
haben sie sie gesehen stehn, in Aetzenplätz haben sie das Messer
gewetzt; io Retchenhagen haben sie sie erschlagen; beim Retchen-
brunn haben sie sie abgeschunden; bei der Galgenbrücke liegt
noch ein Stück; auf der Stirne liegt das Gehirne. [1]

---

[1] Diese Textproben sind entnommen der „Leibitzer Mundart" von Dr.
Victor Lumtzer.

Rückblick und Schlusswort.

Nachdem unter Maria Theresia mit der Einverleibung der Städte nach Ungarn auch ihre alten Rechte und Freiheiten auf Grund ihrer bewährten Privilegien gesichert und die Handwerksstatuten erneuert und den Zeitverhältnissen angepasst wurden, nachdem die Städte, zur XVI Städte-Provinz arrondirt, ihre eigene municipale Verwaltung behielten, gediehen sie auch weiter auf dem historischen Boden, den sie seit Jahrhunderten eingenommen hatten.

Die Schwächung der Städte, das Dahinwelken ihrer einstigen Blüthe ist neueren Datums und auf verschiedene Ursachen zurückzuführen: Die Provinz, das sogenannte Schutz- und Trutz-Bündniss der Städte, wurde mit 1. October 1876 aufgelöst und die Städte in das fremdartige Comitat einverleibt, das althergebrachte Handwerk musste der Gewerbefreiheit weichen, ohne dass die Kleingewerbetreibenden mit der entwickelteren Industrie und mit dem Fabrikswesen die Concurrenz aufnehmen konnten. Die grösseren Bedürfnisse der Bürger fanden in den geringeren Einnahmsquellen keine Bedeckung, um so weniger, da zur Krise des Handwerks sich auch die Bedrängniss der Landwirthschaft gesellte, die bei den gedrückten Fruchtpreisen die höheren Arbeitslöhne nicht zu erschwingen im Stande ist. Die Erschütterung des Wohlstandes brachten auch zum Theil mit sich die immer grösser werdenden Abgaben und öffentlichen Lasten. Das Unglück in Missernten, Feuersbrünsten und Rinderkrankheiten, die Auswanderungen bewährter und die Einwanderungen minder entwickelter, meist slavischer Einwohner wirkten auch zersetzend und vermindernd ein auf das Wohl und die Blüthe der Städte.

Was ist im Stande, den Niedergang der Städte aufzuhalten und sie wieder zu erheben auf die Stufe früherer Kraft und Grösse?

Die Geschichte ist die Meisterin des Lebens! Die Vergangenheit lehrt uns auch hier, was wir für die Zukunft zu thun haben.

In den früheren Jahrhunderten gab es Befehle gegen die Uebertreibungen in Bezug auf Kleidung und Nahrung. Noch am 25. März 1649 haben der Graf und die Richter der XIII Städte in Leibitz einen Beschluss gefasst: »dass hinfüro kein gelbes Brod, weder in öffentlichen Hochzeiten noch Kindelbühren, auch bey allerley Spenden soll gebrauchet werden. Undt so sich irgend eine Fraw, oder Beck wollte herfür thun, vndt diesen Beschluss nicht nachkommen, denen soll von den Drabanten das gelbe Brodt, gelbe Kuchen weggenommen werden vndt dem Königl. Stuhl fl. 20 straffelig seyn.« Auch zwischen den Zeilen lesen wir den Geist und Sinn dieser Verordnung: Rückkehr zur einfachen Lebensweise, die zumeist aus der Hauswirthschaft ihre Bedürfnisse deckt und bestreitet.

Die fortschrittliche, andauernde und redliche Arbeit auf den Gebieten des Handwerkes, der Industrie und der Landwirthschaft ist auch eine Quelle, aus der nicht nur in der Vergangenheit reicher Segen quoll, sondern die auch für die Gegenwart und Zukunft Güter vermittelt, die zur Versorgung und zum Wohle des Hauses und der Stadt wesentlich beitragen werden.

Der religiöse Sinn der Väter, der freudig und mit Begeisterung Stein um Stein zusammentrug, um die schönen Gotteshäuser zu erbauen, muss auch den Söhnen als ein hohes theures Erbe erhalten bleiben, welches ihrem Leben und Streben die rechte Kraft und Richtung und ihrem Sinn und Wandel die höhere, gottgesegnete Weihe verleiht, denn mit Recht sagt D. Hume, »Natural history of religion«: »Sucht ein Volk, ganz und gar jeder Religion entrathend, wenn Ihr überhaupt eines findet, seid versichert, dass es nur wenige Grade über der Thierheit steht.«

Die Eintracht und Einmüthigkeit haben die Städte stark gemacht und werden auch für die Zukunft das Zeichen abgeben, in welchem sie siegen

15

werden. Die Einwohner einer Stadt unter einander, die Städte
im gegenseitigen Verhältnisse mögen sich gerne helfen und fördern auf den Wegen des gesunden Fortschrittes und auf ihre
Fahne das Mahnwort schreiben: ›Friede ernährt, Unfriede zerstört. (Concordia res parvae cresunt, discordia maximae dilabun-
tur. Cicero Athic. III, 7),

    Bei einfacher Lebensweise, bei redlicher, bei fortschritt-
licher Arbeit, bei der Weihe des religiösen Sinnes und der Eintracht, mag immerhin manches Altehrwürdige schwinden oder
wechseln, es wird sich doch bei solchen Bürgertugenden das
Rückert'sche Wort bewähren: ›Das Alte stürzt, es ändert sich
die Zeit und neues Leben blüht aus den Ruinen.‹

Beilagen-Buch.

Beilage I.

Mandatum Reambulatorium Sigismundi Regis Hungariae de anno 1397.

Nos Sigismundus Dei gratia Rex Hungariae, Dalmatiae, Croatiae etc. Marchio Brandenburgensis etc., memoriae commendamus per praesentes, quod nobis feria secunda proxima ante festum Sancte Margarete Virginis et martiris, in Civitate nostra Kesmark vocata existentibus causasque quorumlibet Regnicolarum nostrorum recto Juris tramite dimicientibus fideles Judex Jurati et universi Cives nostri de Duranth et Werbow, de medio, aliorum causídicorum, nostri in praesentia exigendo, contra et adversus simil·ter fideles Judicem Juratos ceterosque cives nostros in Civitate nostra Lubycha nuncupato commorantes, similimi modo coram nostra Ma·estate personaliter adstantes, proposuerint, eomodo, quod ipsi quandam magnam Silvam, feketeerdew, nuncupatam, inter metas dictae Civitatis nostrae Lubycha vocate sitam, penitus potentionaliter occupassent, et ipsos, de usu ipsius prohidbuissent. Cum tamen ipsa silva ex composititia ordinatione, dudum inter ipsas Civitatem et villas nostras, per probos homines factas, communi usui eorum ab olym pertinuisset, ac pertinere et spectare debet. Quo percepto praefati Cives nostri Lubycha, responderunt, ex adverso, quod licet annotata magna Silva, feketeerdew, vocata ut praemittitur ipsos communiter tangere dinosceretur et ea usi fuissent et de praesenti pacifice unanimiter uterentur, tamen quia contra et quedam, Rubeta, intra metas ipsius Civitatis nostre Lubycha nuncupate intra terras eorum arrabiles habita et existentia, ipsos populos de Duranth et de Werbow, in nullo concernerent, sed solum usui Communitatis eorum pertinisset, et de praesenti deberet pertinere, quae nunc ipsi populi de Duranth et de Werbow pro se ipsis minime juste occupare et usurpare, niterentur, quaequidem Rubeta, dudum quidam Comes una cum Juratis et Civibus dictarum Civitatum nostrarum, terre nostre Scepusiensis, ad faciem dicti Rubeti accedendo, et eadem circumspiciendo et reambulando, non praefatos Cives nostros de Duranth et de Werbow, sed ipsos Cives nostros de Lubycho proprie tangere agnosisset et eadem utenda ipsis commisissent ab ipsa magna silva sequestrando, ubi praefati populi nostri de Duranth et de Werbow, contraria allegantes subjunxerunt, quod ipsi una cum eisdem Civibus nostris de Lubycha tam praefata magna Silva, quam ipsis Rubetis communiter uti deberent, modo praenotato, quibus sic habitis quamvis partes praedicte, in et superfacto annotate magne Silve ut praemittitur per omnia concordabant, tamen quia in facto dictorum Rubetorum litigionarum, inter ipsas partes, eisdem altercantibus, Judicium et meram Justitiam, absque revisione circumspectione et reambulatione, eorundem Rubetorum, facere non poteramus. Nosque volentibus partibus et nobis humiliter supplicantibus, hominem nostrum venerabilem magistrum Mathyam literatum, curie nostrae Notarium, cum testimonio, Capituli ecclesiae Scepusiensis, mediantibus aliis litibus nostris exinde confectis, ad revidendum praemissa, de curia nostra ad hec specialiter deputatum transmisseramus. Qui quidem homo noster, unacum honorabile viro magistro Ladiszlaus Canonico dicte ecclesie Scepusiensis, testimonio ejusdem, per ipsum ad mandata nostra exequenda transmisso, nostram venientes in praesentiam, praesentibus partibus praedictis, ac Comite eorundem partium retulerunt eo modo, quod ipsi sabbato proximo post praedictum festum beate Margarethe virginis et martyris, una cum Judicibus Juratis et universis Civibus in jam dictis Civitatibus nostris Lubycha, Duranth et Werbow, vocatis residentibus, ad faciem praedictorum Silvae et Rubetorum litigiosorum, accedendo et eadem circumquaque reambulando et consientiose revidendo, ipsa rubeta litigiosa a dicta magna silva communi, separatam, et proprio usu praedictorum Civium nostrorum de Lubycha, ab antiquo pertinuisse et nunc pertinere debere, ac intra veros cursus metales, ejusdem Civitatis nostrae Lubycha vocate existere evidenter et manifeste comperiissent, et quia nos annotatam magnam Silvam

Feketeerdew vocatam Jam dictas utrasque partes, modo praemisso, comminiter tangere, ipsa vero Rubeta non praelibatos Cives seu populos nostros, de Duranth et de Werbow, uti asserebant scilicet memoratam nostram civitatem, Lubycha vocatem, tam ex dictorum nostri specialis, et dicti Capituli hominis, quod etiam horum partium Comitis et Juratorum Civium nostrorum plurimorum, aliorum proborum vivorum, et fide dignorum vendita assertione c'are adinvenimus et comperimus evidenter, pro eo nos unacum praealatis Baronibus et regni nostri proceribus, nobiscum in sede nostra judicaria consedentibus, decernentes commissimus, sepidictam magnam Silvam, Feketeerdew, vocatam, praenominatis Civitatibus nostris, de Lubycha, de Duranth, et de Werbow, communiter et equaliter, preatacta autem universa Rubeta, praetitulatis Civibus nostris et eorum posteris universis de Lubycha contradictione dictorum populorum de Duranth et de Werbow, non obstante in hac parte, utendum, fruendum et possidendum, vigore praesentium literarum nostrarum mediante. Datum in dicta Kesmark, die dominico proximo post praedictum festum beate Margarethe virginis et martyris Anno Domini millesimo trecentesimo nonogesimo septimo.

(L. S.)

Beilage II.

Ludovicus Dei gratia, Hungar, Dalmatie, Croatie, Rame, Servie, Gallicie, Lodomerie, Cumanie, Bulgarieq Rex Princeps Gallervitanus et honorabilis montis Sancti Angeli dominus: omnibus xpi fidelibus praesentibus et futuris per vicinum notitiam habituris salutem in omnium Salvatore. Cum in quolibet virtus et gratia nimium sit commendabilis: eam suis subditis fidelibus sine mensura Regia tenetur impartire Celsitudo, perinde ad Vniversorum notitiam harum serie volumus pervenire: Quod nos attendentes Regis gloriam in numerositate plebium jocundari, ut iidem sicut numero sic et fidelitate augeantur ad humilem et intercessibilem supplicationem fidelium civium et hospitum nostrorum de lynbith terre

Scep. ad eandem civitatem nram forum liberum singulis ebdomadis, singulis ı ferijs quartis celebrandum de beniquitate Regia et gratia speciali duximus annuendum, non obstantibus alijs foris conprovincialibus, Vos itaq Vniversos mercatores et Quoslibet homines forenses tum rebus mercimonialibus procedentes affidamus et assecı ramus: per praesentes quatenus ad dictum forum liberum modo praemisso in dicta civitate nostra celebrari commissum: cum omnibus rebus vestris mercibus libere veniatis, negotiacionesq Vras in venditionibus et emptionibus rerum Vrarum secure exerceatis in eadem: peractisq inibi Vris negotiis ad propria vel ad alia loca que tenditis procedatis: sub nostra Regia protectione et tutela speciali: Salvis vestris personis et rebus, et haec volumus in foris et locis publicis palam facere, permulgari potissimum serie mediantes: In cujus rei memoriam firmitatem ı perpetuam praesentes concessimus litteras utras privilegiales pendentis et authentici sigilli nostri novi dupplicis roboratas: Datum permanus vener in Xto patris domini Nicolai Archiepi strigonien, lociq ejusdem Comitis pptui Aule nre cancellar dilecti et fidelis nri Anno Dni MCCC LXimo quarto, tertio nonas Octobris.

Beilage III.

Sigismundus transfert Leibiczii nundinas hebdomadales de die fer'a'i quarta in diem dominicam 1407.

Nos Sigismundus dei giatia Rex Hungariae, Dalmatiae, Croat'ae etc. Marchioque Brandenburgensis etc. sacri Romanj Imperii Vicarius generalis et Regni Boemiae Gubernator, Memoriae comendamus per praesentes, quod venientes nostrae majestatis in praesentiam Fideles nostri Petrus Iudex de Lewbicz et alter Petrus Iudex de Meynhartsdorf Cives de Lewbicz terrae Scepusiensis, exhubuerunt nobis quasdam literas Serenissimi principis domini Ludovici Regis Hungariae patris nostri carissimi sub Sigillo ipsius majori privilegialiter emanatas in quibus expresse contineri vidimus, quod idem dominus Rex Ludovicus Forum septimonale in dicta Lewbicz singulis feriis quartis perpetue celebrare indulserat, Supplicantes praedicti Petrus et alter Petrus Iudices in suis ac omnium Civium et populorum seu hospitum praedictae Civitatis personis humiliter et obnixe, quod cum Civitas nostra Lewbicz praedicta, per ignis voraginem in magna parte destructa et desolata foret, ipsique Cives et populi ac hospites ad magnam paupertatem devenissent et quod propter diem fori quod in die feriali, quarta feria celebrari asuetum fuerat, laboribus ipsis ac reaedificationi et reformationi dictae Civitatis Lewbicz vonatae ita commodose intendere non possint, quod ergo dictum Forum liberum in feria quarta celebrari assuetum, de ipsa feria quarta in diem dominicam transferre et transponere dignaremur, Nos itaque ex praemissis rationibus et ad humilem ac instantissimam supplicationem praedictorum Civium, populorum ac hospitum de praedicta Lewbicz, Forum praedictum feria quarta uti praemittitur, saepedicta Lewbicz celebrari assuetum, de ipsa feria quarta in diem dominicam duximus transferendum et transponendum, imo transferimus et transponimus gratiose, decernentes et de certa nostra sententia statuentes, ut quomodo in antea semper et perpetue successivis temporibus Forum liberum septimanale non feriis quartis sicut assuetum fuit, sed diebus dominicis debeat celebrari, absque tamen praejudicio Fororum septimanalium aliarum nostrarum liberarum et conprovincialium Civitatum, quocirca vos universos et singulos mercatores et alios forenses homines . . . . . . serie affidamus et assecuramus, quoties ad dictum forum liberúm in ipsa Civitate nostra Leibitz memorata diebus dominicis in omni septimana modo quo supra per nos celebrari commissum, secure et absque omni pavore veniatis, pactisque vestris negotiationibus, in emptionibus, venditionibus foro libero, in eodem, redeat ad propria vel alia loca, quae maluerit, salvis rebus vestris et personis sub nostra protectione et tutela speciali et hoc volumus per fora et alia loca publica ubique in dicta terra Scepusiensi palam facere et proclamari, datum in Cassovia sub die festi Epiphanias Anno domini millesimo quadringentesimo septimo.

(L. S.)

Beilage IV.

Concessio immunitatis a Censu propter incendium a Sigismundo, rege Hungariae de anno 1404.

Nos Sigismundus dei gratia Rex Hungariae, Dalmatiae, Croatiae etc. Marchioque Brandenburgensis Sacri Romani Imperii vicarius genera'is et Regni Bohemiae gubernator, memoriae commendamus per praesentes, quod nos egestati et valide inopie ac erumpnarum anxietati universorum civium et hospitum nostrorum de Lubicz, quibus ispsi his proximis disturbiorum temporibus elapsis afflicti exstitissent, super quibus nobis nonulli cives et hospites nostri de eadem, meram detexerunt certitudinem veritatis pro regio cum favore benigne compatientes praetextus hujus, ut ipsi cives et hospites nostri a praetaxato erumpnarum anxietate dempti et liberati quaeant beneficio condignae instaurationis insigniri et opum ubertate potiri, universas et quaslibet colectas, seu census solitos, singualis annis ex parte eorum nostrae majestati provenire debentes, ex regia nostra liberalitate et gratia speciali eisdem civibus et hospitibus nostris de dicta Leubicz, perviginti annorum integrorum deinceps occurrentium perfecta spatia prorsus et per omnia sanximus relaxandas et indulgendas, ymo et relaxavimus et effextive indulsimus patrocinio mediante, quapropter vobis cunctis nostris fidelibus exactoribus dictarum collectarum seu censuum exparte dictorum civium et hospitum nostrorum de praescripta Leubicz nostrae majestati provenientim nunc constitutis et in futurum constituendis, praesentium gratiam cernentibus frmissime edicimus per praesentes, quibus ipsos cives et hospites a nobis de praefata Leubicz, ratione solutionis praedictarum collectarum seu censuum annualium pro nobis usque tempus praefixum eis relaxatarum praedicta viginti annorum spatia integrorum in personis agravare et in rebus ac bonis ipsorum dapnificare nullatenus praesumatis, nec sitis ausi modo aliquali ijmo usque tempus praefixum sinatis ipsos a praedictarum collectarum seu censuum aministratione omnino expeditos indempnes et illesos permanere, aliud facere non ausuri praesentes vero perlectas usque tempus praefixum semper reddi jubemus praesentium. Datum in Leuche feria tertia proxima ante festum beati Valentinis martyris. Anno domini millesimo quadragesimo quarto.

(L. S.)

Beilage V.

Concessio immunitatis a Censu propter incendium oppidi Leibitz Sigismundi regis 1411.

_____

Non Sigismundus dei gratia Romanorum Rex semper Augustus ac Hungarorum etc. Rex memoriae commendamus per praesentes, quod quamvis nostra celsitudo alias fideles nostros de Lybiche, mediantibus quibusdam aliis literis nostris modo et ordine literis nostris eisdem expresso viginti Annorum libertate potiri commiserit et gratulari, de eisdem siquidem viginti annis nunc septum anni elapsi exstiterint, tamen nos, etiam ad humilime supplicationis instantiam Andree Almester dicti, et Petri Judicum de praedicta Lybiche in ipsorum ac universorum civium et hospitum ex eo, quia nonullorum civium et hospitum nostrorum domos hys temporibus proxime praeteritis ex quodam inopinabili fuerint combustae, eisdem Civibus et hospitibus nostris de Lybiche huiusmodi libertatis praerogativam duximus concedendam ex gratia speciali, ymo et concedimus praesentium per vigorem, ut ijdem Cives et hospites nostri tales ut puta, quorum domus non fuissent combuste quindecim annorum tales siquidem quorum videlicet domus per ignis incendium et anihilate exstitissent, decem et semptem annorum libertate in praescriptis aliis literis nostris eisdem Civibus hospitibus per nos datis concessa, potiri possint et valeant gratulari, In cujus rei memoriam presentes literas nostras solito sigillo nostro communitas, eisdem civibus nostris duximus concedendas. Datum Cassoviae feria secunda proxima post dominicam Ramispalmarum Anno domini millesimo quadrigentesimo undecimo.

(L. S.)

_____

Beilage VI.

Das Schriftstück, welches Palatin Pálfy im Namen König Ferdinánds an den Zipser Grafen Olmützer übergab:

„Egregio Dno Joanni Ollmützer, Comiti XIII oppidorum Scepusii, Nobis dilecte. Ferdinandus III., divina favente clementia electus Rnorum Imperator semper Augustus etc. Egregie Nobis Dilecte! Benigne dedimus in commissis, Spbli ac Magnifico Nostro Consiliario Intimo Camerario, ac Regni Nostri Hungariae Palatino et fideli Nobis sincere dilecto Comiti Paulo Pálfy ab Erdöd etc., ut occasione praesentis itineris sui ad partes istas superiores inter caetera alia separatim etiam nonulla tecum in negotio XIII oppidorum Scep. et eliberationis eorundem e manibus Polonorum, per ipsos cives fienda, Nomine Nostro oretenus conferat et tractet. Proinde praesentibus te benigne hortamur, quatenus in hoc plenam fidem memorato Palatino tribuere et totum negotium authoritate, qua isthic penes dicta oppida Scep. ratione officii polles respectu tam eorundem proprii emolumenti, quam boni publici, omni meliori modo et via libenter felicitare, atque ipsam tractationem ad bonum finem ita provehere velis ac studeas, prouti benignam intentionem nostram, ab eodem fusius coram intellecturus eris; In quo prospicies propropriae utilitati et emolumento eorundem oppidorum et simul rem commodam Regno, Nobisq pergratam praestatis Gratiam Nostram Caesaream Regiamq deinceps agnoscendam, quam tibi interim in reliquo ita benigne deferimus. Dabantur in Civitate Nostra Vienna, octava die Decembris. Anno Millesimo Sexcentesimo et quadragesimo Nono, Regnorum Nostrorum Romani Decimo Tertio, Hungarici vigesimo quinto, Bohemici vero vigesimo tertio.

Ferdinandus
David Ungnadt Comes a Weissenwoll.

ad mandatum Electi Dui Imperatoris
proprium
Marcus Putzer.[1]

Beilage VII.

Mandatum Sigismundi contra Jakabfalvenses.

Sigismundus tertius Dei gra Rex Poloniae, magnus Dux Lituaniae, Russiae, Prussiae, Massoniae, Samogitiae, Liuoniaere, nec non Regni Sueciae proxushaeres et futurus Rex.

---

[1] Aus „Kirchl. Nachrichten von Johann Scholtz" . . . .

Generoso Casparo Macicrovski stabuli curiae Regni Praefecto.
Capitaneo nostro Scepusicnsi Fid. nobis dilecto, et inabsentia ipsius in eodem, Capitaneatu locum tenenti gram nram Regiam.
Generose fid. nobis dilecte. Questi sunt apudnos Incolae Civitatis
ntrae Libicza unicus ex oppidis Scepusien per internuncios suos,
quod cum paucas quondam Russio greges ovium ac peccor haben-
tes eosdem suas greges intra fines Civitatis impellere, syluisq
pascuis eiusdem, Civitatis utiobtenta a Civibus facultate coepissent
nuncdemum multo plures sine ulla facultate, imo inuitis et non
permitentibus Civibus concendente autom Fid. tua seu illius offali-
bus id facere et attentare solere in praejudicium et damnum eiusdem civitalis maximum, depastis enim pergreges illos Russor gra-
minibus Civesvbi peccora atq equos alant, prorsus non habent. Cum
vero haec ipsa civitas fines suos Privilegys circumscriptos habeat, no-
mineq eius fundi, quem possidet, censum nobis pendat, videretur ini-
quum oio esse, si in eisd finibus ac limitibus et fundo, quem possidet,
impediretur. Quare cupien rationibus illius hac in parte prospectum
esse Fid: tuae serio mandamus, ne Fid. tua innitis eisdem Civibus in
fundo ac intra fines Cinitatis illo, Russis praedictis ullam pascendi
greges suos praebeat facultatem neue alig hoc nomine Civibus mo-
lestiam exhibeat, quinimo libere eosdem fundo ac limitibus suis
quos Privilegys hent eonfirmatos et ex quibus censum nobis pen-
dere sunt soliti uti permittatur, pro gra nostra et debito offy sui ne
fecerit. Dat' warssoviae in Conuentione grali die Mensis Anno Dni
MDXC Regimini Anno tertio.

Sigismundus Rex.

(I.. S.)

—   —

Beilage VIII.

Ferdinandus III. concedit ternas nundinas liberas.

Nos Ferdinandus, Tertius, Dei gratia electus Romanarum Imperator, semper Augustus, ac Germaniae, Hungariae, Bohemiae,
Dalmatiae, Croatiae, Slavoniaeque, etc. Rex, Archidux Austriae,

Dux Burgundiae, Brabantiae, Styriae, Charintiae, Carniolae, Marchio Morauiae, Dux Luxemburgae, ac superioris et inferioris Silesiae, Comes Habspurgi Tyrolis et Goritiae etc. Memoriae commendamus tenore praesentium significantes quibus expedit universis. Quod nos cum ad humillimae supplicationis instantiam, fidelium nostrorum Nobilium L a u r e n t i i S e r p i l i i et J a c o b i E m e r i c i, per eos pro parte fidelium itidem nrorum Prouidorum Judicis et Juratorum caeterorumq universorum Civium et Inhabitatorum, ac totius Communitatis, Oppidi nostri Regy Leybicz nuncupati inque Comitatu Scepusiensi existentis habiti nrae propterea porrectae Matti, tum uero pro utilitate et commodo praefati Regni nri Ungariae atque Incolorum et Inhabitatorum eiusdem Oppidi Leybicz ad idem Oppidum ternas Nundinas liberas, seu fora annualia libera, unas quidem pro Purificationis Beatissimae Virginis Mariae, secundas visitationis gloriosissime virginis Mariae, tertias tandem omnium Sanctorum festivitatibus, forum item hebdomadale, singulis diebus Dominicis finitis Sacris, aliisque diebus ipsas festivitates praecedentibus et immediate subsequentibus ad id videlicet necessarys aptis et sufficientibus omni anno ac omnino sub ysdem libertatibus praerogatiuis quibus Nundinae seu fora annualia libera, Liberarum Civitatum et Oppidorum ac Villarum celebrantur, perpetuo celebrari possint ad specificatas festivitates transferen gratiose duximus annuendum et concedendum. Imo transferimus, ratificamus, annuimus et concedimus praesentium per vigorem. Absque tamen praciudicio Nundinarum seu fororum annualium, sed et hebdomadalium Liberorum et aliorum quorumcunq locorum. Quocirca nos uniuersos et singulos Mercatores Institores ac forenses homines et viatores quoslibet harum serie firmiter assecuramus, affidamus et certificamus, quatenus ad praedictas ternas Nundinas liberas, seu fora annualia, necnon fora hebdomadalia modo praemisso celebrari concessas et commissa, cum omnibus mercantys et bonis vris libere secure et absque omni pauore, seu formidine personarum, rerumq et mercanciarum veniatis, properetis et accedatis, peractisque ibi negotiationibus vestris omnibus, ad propria, aut quae malueritis loca redeatis, saluis semper personis, rebus vestris sub una protectione et tutela specialis permanentibus. Et haec volumus in foris et alijs locis publicis ubiq palam facere proclamari. Praesentes uero quas Secreto Sigillo una quo ut Rex Ungariae utimur impendenti communiri fecimus, post earum lecturam semper reddi volumus et iubemus praesentam. Datum in

Civitate nra Vienna Austriae die decima octava mensis Novembris, Anno Dni Millesimo Sexcentesimo Quinquagesimo quinto, Regnorum nrorum Romani Decimo nono, Ungarorum et reliquorum XXX. Bohemiae uero Anno Vigesimo octavo.

(L. S.)

Beilage IX.

Kund und zuwissen sey hiermit Jedermänniglich, deme dieses zulesen Vorkommen und Vorgeleget werden möchte. Dass, nachdem Vor etlich Jahren die gesambten Königlichen dreyzehn Städte dieser Landschaft Zieps unter gewiessen Conditionen Einen Hochlöblich Adelichen Stuel incorporirrt und ein Verleibet, auch Vermöge des 29 Land Articuls Anni 1649, damals dreyssigst und Mautfrey delariret worden, und dannachero auch dass Marktpfennigs, welchen die Königliche Frey-Stadt Kaysers Markt, nach Inhalt Ihrer Freyheiten und Privilegien von jeder Fuhr Holtz und Getreid zu nehmen, und zu exigieren befuget, auch in Städten Gebrauch und Genissung derselben gewesen, entübriget und eximirrt seyn: die Stadt Kaysers Marktt hingegen, wie alle andern Mitt-Glieder der Gespanschaft, so in ihrem Gebiet und Territorium Maute haben, denen Inwohnerrn derer XIII Städte, so lange Sie deroselben Gespanschaft ein Verleibet bleiben, die Maut zwar erlassen, das Markt Recht aber, alss eine Speciale und absonderliches Indultum nicht cediren noch fallen lassen wollen, Und destwegen die Zeit herro in grosser Wiederwertigkeit gelebet, Heut Zu End gesetzten Dato auss freundlicher interposition und Anleitung guter Herren und Freunde Zu Verhütung und Vermeidung fernerer Ungelegenheit Zanck und Feindschafft, dann auch Erhaltung und Bestätigung treuer Nachbarschaft folgenden güttlichen Vergleich unter einander getroffen, beliebet und aussgerichtet:

Erstlichen. So erbietet sich die Stadt Kaysers Marck (jedoch Ihrer Privilegien und Freyheiten zu keinem Nachtheil und Schaden) mit exigirung dess Markt Rechts vor Holz und Getreide, von den Inwohnern der Städte, so ferner selbige der Gespanschaft incorprorirt bleiben, gänzlich zu supersediren und einzuhalten so lange, bis diese Streittigkeit samt denen dadurch entstandenen Schäden, Versäumnissen, und Unkosten, entweder mit publica Regni Dieta, oder auf allergnädigste Verordnung Ihrer Kayserl. u. Königl. Mayst. durch eine General Comission, oder auf andere Weise beygeleget, geschlichtet dirimiirt werden möchte. Da alssdann eine jede Partey Ihrer Privilegien gemäss und künftiger Decision und Entscheidung nach sich wird zu Verhalten wissen.

Zum Andern. Sollen denen obgedachten XIII Städten ihrer im Ober-Thor gemeldeter Stadt Kaysers Marck gelassene Ross und Wagen Vom H. Stuel Richter Stephano Mattiasowszky: Wie auch hingegen alle und jede arresta wieder die Stadt Kaysers Marck geschehen, Von Stund an relaxiret und auffgehoben und einem jeden das seinige ohne einigen Aufschub restituiret und zugestellt werden.

Welche vorgeschriebene Transaction und güttlich Vergleich Beyder Parteyen nach allen Punkten und Clauseln und zwar im Nahmen, der Königl. frey Stadt Kaysersmarck die Edeln Wohlehren Vesten Nahmhaften und Wohlweisen Herrn Thomas Cornides wohlverordneter Richter, wie auch Herr Sigismund Möss Eltester und Vormund neben einen H. Rath daselbst: Auf Seiten aber, der Königlichen XIII Städte, der Edle Wohlehren Veste, Nahmhaft und Wohlweise Herr Johann Olmützer, an jezo wohlverordneter Graaf, wie auch der Ehren Veste, Fürsichtig und Wohlweise H. Gregorius Roxer der Zeit Richter des Königl. Marcks Georgenberg sampt seinen Assesorit und Beysitzern, in Gegenwart derer Wohl Edlen, Vesten, und Wohlvornehmen, Herrn Balthazarius Poturnyai Königl. Kayserl. Mayst. bey Hochlöbl. Zipserischen Kammer Wohlbestellter Einwohner, wie auch Herrn Matthie Gandels, Höchstgedacht Ihro Mayst. Postmeisters und dreyssigers Zur Leutschau, ganz treu und un Verbrechlich Zuhalten, mit Hand und Mund angelobet und Versprochen. Sind auch zu mehrer Versicherung Zwey von Wort zu Wort gleichlautende Instrumenta hierüber verfertiget und jeder Part eines unter der andern Insigül ertheilet und übergeben worden. Gesehen in der Königl. Frey Stadt Kaysersmarck den 2. Monatstag Marty des 1672sten Jahres.

Richter und Rath Elteste, Vormünde und die gantze Löbliche
Gemeinde der Königl. frey Stadt Kaysersmarck. ¹)

(L. S.)

Beilage XII.

Citatio.

Andreas Ludovicus Moszynszki Tribunus Horodliensis XIII
Oppidorum Scepusiensium Vice-Capitaneus et arcis Lubloviensis
Gubernator.

Vobis Famatis Casparo Hartsch Paulo Juni et cognominato
Risch Oppidanis Leybicensibus, authoritate nostra qua fungimur
mandamus, ut coram Nobis, Judicioque nostro Arcensi pro Feria
Secunda proxime sequenti personaliter et peremptorie compareatis;
idque ad instantiam Instigatoris Arcensis, qui vos citat pro eo
et de eo, quia vos contra Praeceptum Ecclesiae, Celsissimi Dni Principis tum et nostra recentia Mandata, carnes sacrae quadragesimae
tempore Kaismarkini emere et comedere ausi estis; pro quo poenas
in predictis Mandatis specificatis incurristis. Sitis igitur pro termino praefixo comparaturi et ad ea quae fusius vobis objicentur
responsuri.

Dat. in Arce Lublo die 31 Martii. Anno MDCLXXVII die
31 Martii.

Beilage XIII.

Decretorium.

Mandatum Illustrissimi et Celsissimi Dni Principis.

Stanislaus Heraclius Romani Imperii Princeps Comes in Vis-

---

¹) Die Beilagen X und XI konnten nicht beschafft werden, weshalb die
Reihenfolge von IX auf XII springt, ohne dem Inhalt irgend welchen Eintrag
zu thun.

nicz et Joroslaw Lubomirszki, Supremus Regni Poloniae Marschal-
cus, Primusque Status Minister Capitaneus Scepusiensis.

Significamus per praesentes literas Nostras prudenti ac circumspecto Judici, Iudicio, totique Communitati Oppidi Regii Leybice
dicti: Expositum Nobisesse non sine displicentia Nostra, qualiter
Vos in nuperima electione Iudicii Vestri in magnam postpositionem
et apertum contemptum Mandati Nostri in Autumno praeterito
ex Arce Nostra Lubloviensi emanati et apud Nos publicati ausi
estis tres Iuratorum et Tribunum plebis omnes Lutheranorum,
neglectis illis, qui licet simpliciores et pauperiores, Deum tamen
timentes, veram ac tantummodo salvificam Religionem profitentur,
eligere. Ne vero tales ausus impuniti maneant, et exinde oriatur
ulterior postpositio Nostrorum Mandatorum, non solum novam
Electionem ad normam Mandati Nostri intra octiduum a receptione
praesentium expediendam serio injungimus: Verum etiam Vos ob
tam grave Vilipendium Authoritatis Nostrae poenam seu muletam
centum aureorum, illos vero Juratos et tribunum plebis, quia talia
officia contra Mandata Nostrá acceptare ausi sunt, aliorum centum aureorum intra octo dies ad manus illius, qui Vobis hoc Nostrum rescriptum praesentabit, numerandorum incurrisse declara-
mus. Sitis itaque utrique Mandato Nostro punctualiter parituri,
idque sub poena sexcentorum aliorum aureorum irremissibiliter
Fisco Nostro solvendorum, idque sub exactione militari Nostra
Arcensi, quae hisce adjungitur. In quorum fidem literas praesentes manu Nostra subscriptas singillo nostro majori communiri
jussimus. Datum Varsaviae Die Septima Mensis Aprilis Anno
Dni 1677.

S. Lubomirszki.

(L. S.)

Beilage XIV.

Andreas Ludovicus Moszynszki Tribunus Horodliensis Tredecim
Oppidorum Scepusiensium Vice-Capitaneus et Arcis Lubloviensis
Gubernator.

Prudenti et circumspecto Dno Joanni Marci Judici Leibicensi Salutem et benevolentiam. Ex certis relationibus eam habeo notitiam, quod nulli Lutheranorum in Magistratu constitutorum in elusionem Mandatorum Celsissimi Dni Principis et meorum, hucusque Fidem Romano-Catholicam amplecti, Confessionem et Professionem facere detrectent. Quare serio demandandum esse duxi D. V. quatenus eorundem praedictorum Lutheranorum et quorumque aliorum officialium, bona mobilia, qualia cunque illa sint, per Juratas e Senatu personas arestari et assignari faciat, tam diu in aresto detinenda, quamdiu suae submissioni, cujus gratia electi sunt in senatores, non fecerint satis, aut Decreti et Mandati Celsissimi Dni Principis executio, quo ad illos, adimpleta non fuerit. In majorem praemissorum fidem in instanti exequendorum, praesentes manu propria subscriptas Sigillo solito communiri mandavi. Datum in Arce Lublo die 19. Aprilis Anno 1677.

A n d. L u d. M o s z y n s k i.

(L. S.)

Hierauf folgt folgende Citation:

Beilage XV.

Andreas Ludovicus Moszynszki Tribunus Horodlensis XIII Oppidorum Scepusiensium Vice-Capitaneus et Arcis Lubloviensis Gubernator.

Vobis Famatis et circumspectis Tobiae Weisz, Johanni Schemenszki, Johanni Jachmann, Johanni Witi, Johanni Rost juniori, Johanni Knöffler, Jacobo Witi, Johanni Bartsch, Lucae Risch, Georgio Bartsch, Tobiae Scholtz, et omnibus aliis Lutheranis quibuscunque officiis functis, autoritate Nostra qua fungimur, mandamus, ut coram Nobis Iudicisque Nostro Arcensi personaliter et peremptorie pro Feria secunda proxime post Dominicam conducturam sequenti com-

pareatis, idque ad instantiam Iustigatoris Judici Arcensi, qui vos
citat pro eo et de eo, quia vos contravenientes Mandato Celsissimi Dni Principis simul et nostris recentioribus, tum et submissioni
vestrae, hucusque confessionem et communionem Paschalem Pro-
fessionemque Fidei Romano-Catholiae non fecistis, pro quo poenis
in praedictis Mandatis expressis succubuistis. Sitis igitur pro termino praefixo comparituri et ad ea quae vobis fusius deducentur
responsuri. Datum in Arce Lubloviensi die 19. Aprilis Anno Dni
M. D. C. L. \XVII.

Beilage XVI.

Actum in Arce Lubloviensi ipso die Festi Sancti Marci Evan-
gelistae Anno Dni Millesimo Sexcentesimo Septuagesimo sexto.
Actio ipso.

In causa et actione judicaria inter Iustigatorem Judicii Arcensis ab una et circumspectos Tobiam Weisz, Joannem Schemenszki, Juratos Assessores Magistratus Leibicensis, tum et Joannem Jachmann, Joannem Witti, Joannem Roht juniorem, Joannem Knöffler, Jacobum Witti, Joannem Bartsch, Lucam Risch,
Georgium Bartsch, Stanislaus Fitzentz, Tobiam Scholtz e secundo
Magistratu Lutheranorum Citatorum, partibus ab altera; ratione
contraventionis et vilipendii Mandati Celsissimi Dni Principis, illu-
sionis P. et M. D. Vice Capitanei, tum et Dni Judicis Leybicensis
deceptionis, coram Judicii praesenti intentata. Judicium partium
controversiis exauditis, ijsdemque probe pensatis, quoniam lucu-
lenter deductum est, praenominatos citatos non tantum celsissimi
Dni Principis J. et M. D. Vice-Capitanei Mandatis contravenisse.
verum etiam Dnum Judicem, qui eosdem spe conversionis, eo quod
non essent idonei ad obeunda munia catholici Senatores et offi-
ciales constituit, decepisse et illusisse. Idcirco inhaerendo anteriori
et recenter emanato Celsissimi Dni Principis Mandatis, sententiat
amovendos esse ab officiis et ut alii veri Catholici in locum eo-

rum eligantur, serio Judici injungit, utque summam centum aureorum
ad aerarium Celsissimi Dni Principis in Spatio duarum septimona-
rum irremissibiliter exsolutionis, rigoros: demandet. Quantum vero
attinet Tobiam Weisz, Johannem Jachmann, Joannem Koht juniorem, tanquam primarios Mandatorum Celsissimi Dni Principis trans-
gressores, et ut populus in secta Lutherana maneat, suasores et
concitatores, decernit, quatenus extra poenas superius specificatas,
turrim Arcensensem in instanti ineant, ibique in compedibus per
sex septimanas commorentur. Quod omnes et singuli facturi sunt,
sub poena infamie, bonorumque suorum mobilium et immobilium
confiscatione. Extradatum . . . .

(L. S.)

Andreas Ludovicus Moszynszki XIII Opp. C. et A. L. G.

Beilage XVII.

Citatio Generalis.

Andreas Ludovicus Moszynski Tribunus Horodlensis XIII Oppidorum Scepusiensium Vice-Capitaneus et Arcis Lubloviensis Gubernator. Tibi Prudenti et Circumspecto Joanni Olmützer XIII
Oppidorum Scepusiensum Comiti authoritate nostra, qua fungimur
mandamus, quatenus tu omnes et singulos quibuscunque oficiis
functos Lutheranae secta addictos eamque profitentes, ad Arcem
pro die 26 praesentis personaliter et peremptorie statuas, idque
ad instantiam Iustigatoris Arcensis, qui eos citat pro eo et de eo,
quia ipsi vi susceptorum officiorum suorum, quaecunque illa sint, ad
conversionem Fideique orthodoxae Professionem obligati, eam
hucusque facere detrectarunt. Sint itaque pro termino praefixo
comparaturi et ad ea quae illis fusius proponentur, responsuri. Datum in Arce Lubló die 17. Maji Anno Dni 1677.

Currentales Dni Comitis. Ehrenfeste Namhafte und Wolweise H. H. Richter Ihre E. E. V. N. W. sind meine willige
Dienste jeder Zeit bevoran !

Berichte hiemit die H. E. E. V. N. W. dass Ihre Fürstl.
Gnaden Pfeifer oder Schallmeyer allhier nach Beela verordnet

worden und von dahero in alle XIII Stadte haben sollen logiret werden, wenn ich sampt etlichen H. Richtern dann nicht anders können solchen abhelffen, ist es also von Ihro Wolgeboren Ge. H. Gubernatore vor rathsam erachtet worden, dass man Ihnen Geld geben solle, muss also eine Contribution anschlagen und auf die Märck zu 1 fl. contribuiren lassen, werden mir solches bis Sonnabend unablässig zuschicken, solches zu freundl. Nachrichtung. Hiemit Gott befohlen.

Béla, 18. Maji 1677.

Der H. Ihro E. E. V. N. W. D. W.

Johannes Olmützer
Graff der XIII Städte.

Beilage XVIII.

Currentales Citatoriae.

Ehrenfeste namhaffte und wolweise Herren Richter Ihre E. E. V. N. W. und meine willige Dienste jederzeit bevoran.

Füge hiemit Ihre E. E. V. N. W. zu wissen, dass ich heute Dato von Ihro Wohlgeboren Gn. H. Gubernatori zu Lublau eine General-Citation bekommen habe, damit die Herren Richter in Ihren Gemeinen einen jeden Beampten, alte und neue geschworne Rathherrn, Kirchenväter, Hospital - Mülherrn, Markherrn, keinen ausgenommen, welcher nur ein Ampt hat, umb selbige schicken und Ihnen anbefehlen, damit Sie Sich unnachlässig und ohne eintzige Entschuldigung wollen auffs Schloss stellen den 26. Mai und die es darumb, dieweile Sie Ihre Fürstl. Gn. wie auch Ihre Wohlgebohren Gnaden Universal und mandaten nicht nachkommen sind, und auff die Heilige Osterliche Zeit mit gebeichtet und communiciret, solchen allen werden die H. Ihro E. E. N. wissen getraulichen nachzukommen, bey Verlust Ihrer selbiger Citirt. Ehr, Hab und Güttern. Hiemit Gtts Schutz befohlen.

Georgenberg, 20. Mai 1677.

Ihro E. E. N. W. D. W

Johannes Olmützer
Graff d. XIII Städte.

Welche aber noch zu bekehren sindt, und unter diesen Tagen sich accomodiren wollen, können zu Hause bleiben, doch aus
gewisser versicherung.

Beilage XIX.

My Rimaszechy Zechy Georgy Felsö Lindva, Balogh ex
Muran Waraknak szabados Vra Zentelt Wihs? Geömeör War-
megienek feöispánnya és felséges Betthlen Gabornak, Magyar és
Erdelly orszagh Fejedelemnek egyk resze Hadainak feö generálissa.
Szepesben Libicze neweö Warossa talala megh benünkett, . . azon
kéressel, hogy mind az hadak, mind egyeb rendbeliektöl meghol-
talmaznák, mivel azertt minden rendbelieket eüfelsége az mi ke-
gyelmes urunk Feiedelmünk uthan tartozunk megh óltalmaznia,
tisztünk szerentt és eüfelsége nevében is meghhadjuk és paran-
cholliuk minden rendbelieknek ez levelünk latottaknak és olvasok-
uak, hogy ezen Libicze warossában semminemü hatalmassagott
chelekedmie, ott lakozó keösséget modnélkül adozaszedeölteni,
semmiekben meghhaboritani, es chak legkissebbik marhaikban és
megh karositani nemcreszelietek, Seött az mi teküntetünkert minden oltalommal es segitséggel legyetek velük. Walaki penigh az
mi levelünket megh nem beöchülve, az ollyan engedetlen bizonnios
legyen abban, hogy kemeni büntettesünket el nem kerüly? Datum
Eperiéssini die 10. Januarij 1620.

Geörgy.

(P. H.)

Beilage XX.

Comes Emericus Teökeölyi de Kesmark Perpetuus in Hria
Ejusdemque Cottus Supremus et Perpetuus Comes, Nec non Hun

garorum pro Deo et Patria militantium Generalisa. Akarom er-
tesekre adnom Generalisságomhoz tartozó Fő és vice Tiszteknek
s közönségesen az egész Vitézlő Rendeknek, Mivel Nemes szepes-
vármegyében levő Tizenhárom városokat ennek elötte kiadott
Edictumok szerint is protegáltam s azoknak Assistentiaul voltam
Másként is nem ez Magyarhazához, hanem Lengyelországhoz tar-
tozván az Felséges Lengyel király az egész Lengyelországi Res-
publicával együtt Nekem és ez Fegyverben levő Magyarságnak
Joakaronk lévén, minthogy sokan az vitézek közül sem Istennel
sem emberrel nem gondolván és naponként ezen városokat ká-
rositván ez mostani ügyben kiadott hadi Edictumunk continentiája
szerint is Libycze Varossat hogy a tartozó minden javaival, jó-
szágival és marhaival együtt veszem is speciális Protectiom s' ol-
talmam alá. Parancsolom azért Generálissi Tisztem alatt levő
fellyül megirt Lovas és Gyalog minden rendbeli Vitézeknek, Au-
thoritássom szerint igen keményen: Senki azon megirt Városra
szállani, házait pénzeit s egyebiránt való Város helyeit felverni,
javokat, jószágokat felprédálni, marhajokat, lovokat, szekereket
tolvajul elhajtani, annak lakossit személyekben becsteleniteni szidni,
verni, fosztogatni és harczoltatni s akármi insolentiákat rajtok el-
követni élete, feje elvesztése alatt, semmi szin és prätextus alatt
ne merészellye. Másként valaki közönségessen kiadatott Ediktumunk
és ez Parancsolatom ellen cselekedni comperialtatik halál leszen
az fején érette. Adtam effelett az meg irt lakosoknak Authoritást,
ha kiket afféle Levelem nélkül és tilalmom ellen lezzengö marha-
hajtó és harczoltatók közzül deprehendáltatnak, megfogván Lyubbi
Administrátor kezéhez vihessék és azok ellen Törvényesen pro-
cedálhassanak. Assecurálván őket per praesentes, hogy sem most
sem jövöben az olyan dologért nem impediáltatnak, melynek nagyobb bizonságára adtam kezekhez ezen Patens Levelemet. Präe-
sentibus perlectis exhibenti reficentis. Dat ex Castris Dobsza 30.
Juli 1681. Comes Emericus Theököly.

(P. H.)

Beilage XXI.

Wier LEOPOLD von GOTTES gnaden, Erwählter Römischer
Käyszer zu allenzeithen Mehrer des Reichs in Germanien, zu Hun-

garn Böhaimb., Dalmatien, Croatien, vnd Slavonien König Erzherzog zu Österreich, Herzog zu Burgundt, Steyer, Kärndten,
Krain Vnd Würtemberg, in Ober Vnd Nieder Schlesien, Marggraff
zu Mähren in Ober vnd Nieder Taussniz. Graff zu Habstburg. Ty-
roll vnd Görtz etc. Enbiethen N. allen vnd Jeden Vnsern General-
kontemanden, Veldmarschalchen, Obrist Veldzeugmaistern, Gene-
ralen der Cavalleria, Veldmarschallieutenanden, Obrist-Veldt Wachtmaistern, Obristen Obrist läutnandobrist Wachtmaistern Ritt-
maistern, Haupleuten, Leutenanden Fehnrichen, Wacht und Quar-
tiermeistern, Feldwebeln Fourirs Vnd ins Gemein, allen Vnsern
Kriegsleuthen zu Ross, vnd zu Fuss, Wass Nation Würden Stands,
oder Wesens die sein. alss auch allen vnd Jeden Zufuhr, einloggire — Vnd Quartierungs Commissarien, so dieser Zeit Vorhanden, oder ins Künftig verordert werden möchten, Vnser Käysl.
Gnad und alles guttes, Vnd geben Euch hirmit gnädigst zu Ver-
nehmmen, dass Wer auf bewegliches Verlangen, des Hochgebor-
nen Vnsers und des Reich Fürstens Stanisloi Lubomirszky graffens
zu Wisniz und des Königreichs Polen Cran Marschalen und die in unsern Königreich Hungarn liegende dreyzeu Zipserstätt sambt derselben Inwohnern, Vnterthannen an: und zur gehörungen wie dieselben immer Namen haben mögen, darvon nichts aufgenomben in
Vnser Käysl. Glaid, Schuz vnd Schirmb gnädigst an: Vnd aufgenomben, und von aller eigenmächtiger, einloggire: einquartirung
und andern dannenhero rührenden Krigs Beschwerlichkeiten all
Vnser Kays. Armata zurgethanen Volks, Vnter wass Commando
und Direction, solches auch itzt Vnd Künftig sein möchte, gänzlichen, Und allerdings eximiret Vnd befreyet. Befehlen derohalben
hierauf Euch allen sambt und jeden zusonderheit bevorauss denen
Verorderten Quartirungs-Commisairen, Quartirmaistern, vnd Fou-
rieren, dass Ihr berührte Dreyzen Zipserstätt, wie auch alle derselben Innwohner, Vnterthannen, Vnd appertinenzirn bey Vnaus-
bleibender Vnnachlässsiger höchster, Straff (ausser Vnserer gemässer
Verordnung, und Befehl) ganz Vnpertubirrt, Vnmolestirrt, und
Quartier frey Verbleiben lassen. Die Innwohner Vnd Vnterthannen mit aigenmächtigen exactionen, Geld Schätzungen, oder eiu
andern Weeg mit beschwären. Ihnen Ihr gross vnd Klein Vieh
Ross, Wägen, Geträydt, Wein Bier, Victualien und alles anderes,
wie dass immer gennant worden mag, weder mit Gewalt,
noch sonsten hinternehmben, einige Vngelegenheit beschwerth,
oder Schaden mitzufügen noch andern solches zu thuen Verstat-

tan, sondern Euch dessen allen bey Vorbemalter Vnnachlässiger
Straff gänzlich enthalten, Vnd wider diesen Unsern gemässenen
Willen, und Mainung, auch destwegen ertheilten Salnaguardia nichts
Vornehmben, ja Villmehr selbiger Würklich nachleben, Vnd demnach mehr erwehnte Zipserstätt, wie auch alle Innwohner und Vnter-
thanen in allen fürfallenheiten darbey schüzen und handthaben
sollet; dass Mainen Vndvollen Wir Ernstlich bey Vermaydung
Vnserer Vngnad, und Vnaus bleibender höchster Straff, auch er-
stattung alles Voraussehenden Schadens, Vnd wirdt hieran Vnser
gnädigster auch ernstlich gemässener Befehl: Will. und Mainung
Vollzogen; Geben in Vnserer Statt Wienn den Sech Vnd Zwan-
zigsten Monats Tag Juny ein Sechzehnhundert acht vnd achzigsten,
Vnserer Reiche des Römischen im Dreyssigsten, des Hungarischen
im Vier und dreysigsten, des Bohaimbischen ein Zwey und dreysigsten.

Leywass,

(L. S.)

Gfl. Stahremberg.

Al Mandatum Sac. Cao. Maiestatis proprium
Cristoph Dorsch
Johann Adam Wöber.

Beilage XXII.

Én Szekessy Gróff Bercseni Miklos Nemes Vngh Vármegyé-
nek Főispánja és Méltóságos Fejedelem Rakoczy Ferencz Kylms
Urunk eő Nagysága és az Magyarhaza Szabadságáért Isten által
fegyvert fogott hadaknak Generalissa. Adom tutára mindenkinek
az kiemlitettik ez Lelevelemm rendiben. Mivel hogy az szomszéd
Nemzettel Méltóságos Fejedelem Rakotzy Ferencz Kylms Vrunk
minnyájunknak, és már ez által az edigh Idegen nemzet sarczol-
tato insége alat nyögü Magyarhaza szabadsága mellet, Isten által
Fegyvert fogott hadaknak, nagy és pusztulhatlan Conföederatiója
vagyon, azért annak observátiójára nezve, azon Lengyel biroda-

lomhoz tartozó Libicze varossanak Lakossi vetettek Generalissi
Speciális Protectió alá: Parancsoltatván élet, fő, Jószág s tiszt el-
vesztette alat, kinek, kinek ezen igaz ügy melle' vitézkedő s Édes
hazajának boldogulattat kívánó hadak testeinek, mind Lovas, mind
Gyalogh rendek részéről senkisem ezen nevezet Libitze várossnak
lakossit, se személyekben, se külső, belső javakban, jószágokban,
marhájokban, helyekben és helyeken kivül, sem tiszt sem alattak
valók háboritani, kárositani, akármelly szin allatt ingerelni, huzni,
vonni, szálásokkal, adoszásokkal, gazdalkozásokkal, terhelni ne me-
részelye. Másként valakik Tiszt Urajmek és közrendek közül
ezen kylms Fejedelem Urunk annuentiajából kiadot Parancsolatom
ellen leghkisebben is cselekeznek s ezen két erős Confoederátióval
öszve köttettet boldogulandó hazánk javát secundáló szomszéd
Lengyel Nemzet közt ellenségeskedésre, viszálkodásra való okot
adnak, bizonyossak legyenek benne, hogy sokaknak példájára minden respectus nélkül akar Tiszt, akár közrend legyen az, az min-
dennemü irgalom, Gratia, s kegyelem nélkül életek el fogy érette,
hozzá adván ezt is, hogy kiki igy értven ezen két nemzetnek
Confoederátióját nem hogy maga leghkisebben boszantani meré-
szelne sőt az denotáló büntetés alat más hatalmaskodó ellen is
mind uttal, móddal oltalmazák és Protegallyák, mivel máskint is
mind Gubernator Ur, mind a nevezet helyeknek követty is asse-
curaltatnak, hogy semminemü ellenséges Correspondenciával s
Practicával . . . szándékunknak artani nem akarnak. Költ Tokaj
alatt levő Taborban Die 22, 7-bris Anno 1703. G. B. Miklós.

(P. II.)

Beilage XXIII.

Nos Franciscus Dei gratia Princeps Rákoczi de Felső Va-
dász, Comitatus Sárosiensis Supremus ac perpetuus Comes. Universis et Singulis Militiae tam equestris quam pedestris ordinis
supremo et vice Capitaneis Campi et Belli Ductoribus, Centurioni-
bus, Decurionibus eorumque Vicesgerentibus, caeterisque militibus
Gregoriis et aliis quibusvis . . . hascc visuris, lecturis, aut legi

audituris et fidelitati nostrae subjectis salutem et gratiam. Mint hogy a Nemes Lengyel Nemzettel bizonyos Szövetségünk s köztünk vagyon, akarván az én mind mi, s mind azon Nemzet egymás között való Szövetségünkk, s kötésünknek eleget tenni, sőt az mostani Hadak alkalmatosságával következhető akadályokat megelőzni, rendetettenek a Tizenhárom Városokra külön külön, mind a mi, mind pedig a Nemes Lengyel Nemzet részéről együtt Salvagvárdiak, hogy egyező akarattal azon egymás között való kötésünkre vigyázván, minden észveztések s egyenetlenségek, kártételek eltávoztassanak, Serény vigyázások által. Parancsollyuk azért mind lovas, mind gyalog tiszteinknek s hadainknak, mind személy szerint s mind közönségesen értvén és halvan e Patensünkben azon Nemes Lengyel Nemzettel tött kötésünket, adván annak megtartása végett, mint a két részrül azon tizenhárom várrosokban külön külön állittatott salvagvárdiakat senki azon tizenhárom várrosokban és nevezet szerint Libitzében emlitett tiszteink s hadaink közül intenni s annyivalis inkább kárt tenni, huzni s vonni ne merészelljen. Különben, valakik azon salvagvardák ellen támadni s kárt tenni mérészelnek, azzal olly közjóra czélzó kötésünket, az haza azon Nemzettel való békességének bontogatóinak háborgatóinak tartatván, adtunk hatalmat mind azon helyeknek ugy fellyebb emlitett Libitze városának is, hogy az ollyanok ellen salvagvardiánk mellett szabadosan insurgálván meg foghassák, kiknek is (Táborunkba hozatván) minden kegyelem nélkül parancsolatainkhoz való engedetlenségekért életek elfogy; sőt ha kik ezen rendeletlen tselekedetekért megbüntettetnek zászlós hadaink s magánosan az emlitett helyekek vagy azok közül akár mellyikén személy szerint boszszut ne állyon s fenyegetni is ne merészellyen.

Datum ex Castris nostris ad Tokaj positis, die 5-ta Decembris, Anno Domini millesimo septingentesimo Tertio.

Rákoczi.

Beilage XXIV.

Theodorus Sacri Romani Imperij Princeps Lubomirszki Comes in Wisnicz et Jaroslaw Scepusiensis etc. Capitaneus.

Circumspecto Tredecius Oppidorum Scepusiensium Comiti, nec non eorundem Oppidorum Iudicibus, präsentibus demandamus: Quatenus ad normam totius Regni Poloniae Majoris Staturae Homines ad militaria servitia suae Regiae Poloniarum Mttis Dni Clementissimi subministrantis Viginti similis staturae homines juxta mensuram a parte descriptam pro servitiis ejusdem Regiae Mttis Dni Clementissimi Nobis ad Arcem Lublo intra spatium Trium Hebdomadarum subministrent. Quos si in praefixo termino non statuerint, injunximus Generoso Gubernatori ut militari executione presse a Comite et Tredecim Oppidorum Iudicibus exclusio Communitatibus eosdem exigat. Ut vero praesens mandatum tante majus robur habeat, Manu Nostra subscriptum Sigillo communiri mandavimus. Datum in Arce Lancut die 10. Octobris 1729 Theodorus Capitaneus.

(L. S.)

Beilage XXV.

Theodorus Sacri Romani Imperii Princeps Lubomirszky Comes in Wisnicz Jaroslaw, Capitaneus Scepusiensis etc.:

Divinis Donis, quibus infinita Dei omnipotentis Bonitas Territoria Dominii nostri Scepusiensis clementissime benedicere dignatur perennotura in aevum gratitudine correspondere volentes eo animum nostrum inclinavimus: ut salubribus in fundo oppidi nostri Laibitz recenter adinventis aquis Sulphureis, de potestate nobis a Deo collata, humana ope succurrere, decerneremus easque et Balnea noviter per Magistratum Laibitzensem in fundo Siltzensäufen erecta, particulari libertate, et singulari Privilegio nostro munire dignaremur: Supplicatione itaque Incolarum nostrorum benigne annuentes, ut eo major cunctis ad obdinendam Gratiam Dei in recuperanda valetudine qua fiat accessus, plenam Libertatem ac omnimodam facultatem pro Commoditate recurrentium ad hoc Balnea, aedificiorum quarumvis ampliationem ac exstructionem quibuscunque status et conditionis hominibus in assignato per magistratum Laibitzensem fundo damus et concedimus ac, ut eo citius desolati Incolae nostri Laibitzenses, ad primaerum statum, et perfectionem pervenire queant educillationem liberam ciuuscunque potus: vini, mulsi, cerevisiae, cremati macellique ac diversorii erectionem ac quorumvis proventuum in hoc Loco adinventionem permittimus per Praesentes. Qui omnes, et singuli Proventus, in Commodum et bonum Communitatis Laibitzensis cedentes imperturbati a quacunque Jurisdictione locusque liberaet immunis ab omni Consistentia militum sive aliqua quocunque titulo nuncupata Contributione, praeter censum, qui nunc ordinarie solvitur et solvebatur, antiquitus perpetuitatis vim ac robur habere debent. Ut autem more aliorum Balneorum Convenientibus omnis pateat securritas: usum armorum cujuscunque generis hoc in loco totaliter perhibemus; illorumque confiscationem et ad arcem Lublo deportationem magistratu Laibitzensi injungimus. Si quis vero tumultus verbis, vel jurgia excitare ibidem praesumperit, talis ad arestum per custodiam Civitatis et pro arbitrio magistratus pona media civitati, media ecclesiae Catholicä cedente, puniatur. Si verbera ac Duella attentaverit, cujuscunque sit status et conditionis tanquam violator publicae securitatis, criminaliter judicetur. Volumus enim ut in loco isto pro praestitis a Deo beneficiis, perennis majestati divinä gratiarum actio, pax et inviolabilis perennet securitas, qua omnes confluentes uti, ac frui possiut. Non licebit autem pro Balneo ullum solidum, tanquam ex Gratia et Beneficentia Dei collato dono exigere, sed tantum prolignis et laboratoribus semel balneans solvet medium grossum caesareum de die, a cubiculo cum camera duos grossos caesareos de die solvet. Menfurae justae, ac per magistratum signatä, tam in Educillo, quam in Divenditione frumenti cujuscunque, potusque, quam optimi pro qualitate Confluentium administrentur; ne per defraudationem hominum Benedictio Dei ab incolis nostris auferatur. Quod quidem Privilegium nostrum ut vim perpetuä firmitatis ac robur habeat, illud manu nostra subscriptum sigillo communiri mandavimus.

Dabantur in oppido montis S. Georgii. Die 12. Augusti 1718.

J. Lubomirsky m. p.

(L. S.)

— -

Beilage XXVI.

Wir zu End Unterschriebene, bekennen voraus, Unsere Nachkommen, und zugleich im Namen hiesiger ganzen Gemeinde in
Leibitz, dass wir aus Beihilf zu unser höchstdringender Noth, (und
zwar auf die denen 13 Städten von Kön. Majestät in Pohlen und
Chur-Fürstens zu Sachsen Militz aufgeforderte Summa i n 50 T a u-
s e n d R h l n.) entlehnet und baar zu Handen empfangen haben,
von dem Wohledlen und Ehrenfesten Herrn Tobias Joni dem Jün-
gern, derzeit wohlbestellter Richter in Iglo fl. Ung. 1875 sage
Tausend Acht-Hundert und Fünfund Siebenzig Ung. Gulden. Vor
welche Summe Geldes wir obintitulirten Herrn und Creditori, od.
seinen Erben, jährlich anstatt Interesse und Discretion geben und
verpflichtet sein werden, wie aus folgenden Puncten und Clausulen
zu ersehen:

1. Es sollen oberwähnten H. und Creditori an baarem Gelde
anstatt Interesse u. Discretion gegeben werden 187 fl. 50 D. sage:
Hundert Sieb'n und Achtzig Ung. Gulden und Fünfzig D., und
zwar auf drei Termin, der Erste soll sein auf S. Johannis des
Täufers-Fest, da sollen folgen fl. Ung. 67 50 D. der andere Termin auf S. Martini ʾ6 fl. 25 D., der dritte Termin künftigen Jahres auf Halb-Fasten 33 fl. 75 D. Und diese drei Termine sollen
richtig und Unverbrechlich alle Zeit, wie obengedacht observiret
und gehalten werden. Daher geben wir obintitulirten H. und Creditori, und nach ihm seinen Erben angesetzte 16 Unterschiedene
Pauern und Einwohner in unsern Meyerhöffen zu einem Unterpfand,
mit Ihren Häusern und Wohnungen, wie selbete, jetzt bewohnet
und künftighin bewohnet sollten werden, von welchen nicht allein
die oberwähnten Termin Gelder, sondern auch die Nachfolgendt
angesetzte Arbeit, und alles andere soll geliefert und verbracht
werden. Doch solle das Mayerhöffer Gericht obliegiret sein in
allem Guten Anstallt zu machen, das Geld einzucassieren, und
alle Arbeit richtig zu bestellen, und laut denen Puncten ins Werk
zurichten, auch jede Zeit zu einem und dem andern Wohl in Acht
nehmen bei Vermeidung unausbleiblicher Straffe. Die Verbrecher
aber, so auf Befehl H. und Creditoris od. des Mayerhöffer-Gerichts
nicht parieren wollten, sollen von H. und Creditori nach Belieben
bestraffet werden.

Die obgedachten 16 Pauern und Einwohner sind folgende
und solln auch Terminweiss, wie angesetzet contribuiren:

	Erster Termin	And. Termin	Dritter Termin
Jacob Ritter . .	2 fl. 94 D.	3 fl. 90 D.	1 fl. 47 D.
Mattis Noga . .	3 „ 42 „	4 „ 56 •	1 „ 71 „
Jacob Tremba . .	5 „ 64 „	7 „ 52 „	2 „ 82 „
Jacob Tinsz . .	5 „ 64 „	7 „ 52 „	2 „ 82 „
Hansz Tomschke .	9 „ 54 „	12 „ 72 „	4 „ 77 „
Hansz Tinsz . .	9 „ 54 „	12 „ 72 „	4 „ 77 „
Michel Deck . .	3 „ 48 „	4 „ 71 „	1 „ 74 „
Bakosch	3 „ 48 „	4 „ 71 „	1 „ 74 „
Maxin	2 „ 94 „	3 „ 90 „	1 „ 47 „
Michel Adrian . .	2 „ 94 „	3 „ 90 „	1 „ 47 „
Hansz Kozag . .	2 „ 94 „	3 „ 90 „	1 „ 47 „
Andrä Odusch .	2 „ 94 „	3 „ 90 „	1 „ 47 „
Girg Tinsz . . .	5 „ 94 „	6 „ 72 „	2 „ 52 „
Girg Odusch . .	3 „ 48 „	4 „ 71 „	1 „ 74 „
Girg Weber . .	3 „ 54 „	4 „ 71 „	1 „ 77 „
Andreku . . .	3 „ 60 „	4 „ 80 „	1 „ 80 „

Summa . 71 fl. 70 D. 95 fl. 71 D. 35 fl. 85 D.

Was drüber herauskommt, bleibet beim Mayerhöffer Gericht auf Unkosten anzuwenden, und zu verrechnen, doch dass solches nicht liederlich verschwendet und angewendet werde, bei Straff doppelter Ersetzung des Unnöthigen Ausgebens, und solle das Mayerhöffer Gericht denen Herren und Creditoribus beiderseits die Rechnung schuldig sein vorzuzeigen.

Und weiten obintitulirter H. Creditor alle nachfolgende Arbeit, welche sowohl die Mayerhöffer Gemein, als auch in Specie benannten Pauern verrichten sollen, seinen H. u. Vater Tobiä Jony dem Älteren zwei Theil, und seinem Bruder Johannes Jony in Leibitz den dritten Theil übergeben, und überlässt. Als soll

2. Das ganze Mayerhöffen verpflichtet sein, auf Leibitzer Hotter, allwo es Ihnen von denen Leibitzerischen Amts-Personen wird angewiesen werden, 80 rechtschaffene Klaftern Holz zu hauen, von welchen die angesetzten Pauern oberwähntem H. nach Leibitz 30 Klaftern zu rechter Zeit abführen werden.

3. Ganz Mayerhöffen, sollen obligieret sein, auf Leibitzer Hotter im Zugegebenen od. gefriedeten Feldern 21 Fuhren Heu zu machen, und davon die gedachten Pauern obgesetzten H. nach Leibitz 6 Fuhren abzuführen. Und sollen die 21 Fuhren also vertheilet werden; jetzo gedachte 6 Fuhrn Tit. H. Sakmari nach Kesmark 8 Fuhren. Nach Leibitz Herrn braven Richter 4. Ge-

schworenen und H. Aeltesten, jeglichen 1 Fuhr.   Denen gedachten
Amtspersonen sollen die Mayerhöffer an der gewöhnlichen Gang-
reiss das Heu abführen, und bei der Abfuhr Jeder ein Stück Brod
und Pint Bier zu empfangen haben.

4. Eben solle ganz Mayerhöffen zusammen auf Leibitzer Hotter von 120 Cübl. Hafer schuldig sein zu ackern und zu säen, und
weilen gedachte H. in Leibitz von Ihren eigenen Saamen 45 Cübl.
zu säen haben.   Als werden nochmals erwähnte Pauern von denselben gesäeten 45 Cübl. den von Gott besicherten Segen, mähn,
und völlig zusammen ernten auch nochmals richtig ohne einigen
Schaden, vielgedachten H. nach Leibitz abführen, und bei der Abfuhr vor 15 Poltraken Brod, und vor 15 Poltr. Bier zu emfangen haben.

5. Es soll auch ganz Mayerhöffen verpflichtet sein denen bevollmächtigten H. 6 Wägen bei blosser Kost ohne einige Bezahlung, zur s. v. Mistfuhr zuzuschicken.   Sollten aber noch erwähnten H. einige Wägen mehr von Nöthen sein, so sollen gedachte
Pauern unter sich selbete ausrichten und Bezahlung täglich à 60 D.
nebst der Kost zuempfangen haben.   Auch sonsten, wo im Falle
denen nochgedachten beiden Herrn nach Leibitz, einige Fuhren,
als Schindeln, Latzen, und dergleichen zu ihrer Nothdurft vonnöthen hätten, sollen Sie solches umsonst zu thun verpflichtet sein.

6. Sonsten aber sollen mehr erwähnte Pauern denen Herren
nach Leibitz schuldig sein aufs H. Osterfest mit 75 Eiern und
zwei Lämmern (od. anstatt derselben mit ein Kalb) und auf S.
Martini mit 5 Gänsen und 8 alte Hühner, und 12 Junge zu gra-
tuliren, das übrige wird Ihnen auf ihre Höfflichkeit gelassen, da
hingegen Sie dem Leibitzer Gericht, und Ältesten nichts aus Schul-
digkeit, sondern was Ihnen beliebig sein sollte, aus Höfflichkeit zu
geben werden haben.

7. Dem H. Ältesten und 16 H. in Leibitz soll um die Weih-
nachts-Zeit auch sonsten übers ganze Jahr nichts mehr als fl. 6,
von ganzem Mayerhöffen gegeben werden, sollte aber ein geiziger
Ältester mit der Zeit aufkommen und etwas mehreres begehren
od. nehmen, der soll nach Requisition derer Herren Creditorem mit
Arrest und doppelter Strafe beleget werden, die Hälfte denen H.
Creditoribus, und die andere Hälfte dem Leibitzer Gericht zufallen
sollte, den Ältesten aber keine Strafe gegeben werden.

8. Welches auch verstanden werden sollte, wann die Mayerhöffer
sollten durch ihr Vieh od. sonsten Schaden thun, und die geizigen
Amtsleute zu grosse Strafe nehmen sollten, so sollen d'e H. Cre-

ditores, und das Löbl. Gericht in Leibitz ein billiges Einsehen haben, und die Gewalt und Schaden selbsten besichtigen, betrachten, und gewissenhaft judicieren, was die Strafe sein soll, und davon den H. Ältesten und 16 H. 2 Rhlr. und was über zwei Thaler sein sollte, der Gemeinde in Leibitz eingehändigt werden, was aber darunter dem Weisenrath zufallen soll. Zu dem Ende auch denen Mayerhöffern ein Stück Feldes in ganzen Kottenhau für ihr Vieh zu weiden, von dem Gründchen an, hinter Pursch-Wiesen in ganzen Kottenhau ohne einige Entgeltung zugegeben wird, damit Sie nicht Ursach haben werden, sich auf Leibitzer-Hotter zu dringen und Schaden zu thun. Was aber vormahl bräuchlich, wegen Abhüttung Filipi Jacobi, solle auch künftig, nebst den den gewöhnlichen Präsent eines Kalbes, in Acht genommen werden, doch sollen auch die Mayerhöffer nicht zuweit ins Feld kommen und zur Strafe Ursache geben.

9. Es soll auch das Leibitzer Gericht, keineswegs Macht haben, genannte Mayerhöffer einige Taxen Gäbwerke od. Einquartirungen, ohne unumgängliche grosse Noth aufzulegen, wodurch die Mayerhöffer zu einem Ruin gelangen könnten, bei grosser Strafe und Ersetzung alles dessen, womit (in einem od. anderem) gedachte Mayerhöffer sollten beleget sein worden.

10. Es sollen gleichwohl erwähnte Mayerhöffer zugleich mit der ganzen Gemein, allda der Gemeinde in Leibitz, (nicht aber denen Amtsleuten) schuldig sein, wie zu dato bräuchlich die Koschar zu zäumen, dann auch vom 1. November an bis letzten Aprilis wöchentlich 4 Fuhren Holz, wie auch andere Gangreisen (darunter nur die Fuhr verstanden wird frei zu sein, das Geführte aber, so es ihr eigenes, Ihnen bezahlt werden soll) zu prästiren doch solcher Gestalt, dass obgedachte Mayerhöffer, weg n derer wenigen Gangreisen nicht in ihrer Arbeit gestöret und impediret od. aber durch gar stetes Gemeinde Gangreisen ruinieret werden möchten, auch sind sie verbunden dem H. Organisten die Ihm zuständige 16 Fuhren Holz jährlich abzuführen. Wann auch denen H. in Leibitz, od. zur Nothdurft der Gemeinde in Leibitz, einige Schindeln, Latzen od. Kaffern-Holz vonnöthen wäre, so sollen alle Einwohner von Mayerhöffen schuldig sein, solche vor baarer Bezahlung absonderlich die Schindeln herbeizuschaffen, doch solle der Preis nicht über 9 poltu. auslaufen, wo sie aber auch dessen nicht werth, solle auch minder gegeben werden, es sollen auch die obgedachten Herrn in Leibitz, u. Leibitzer Gemein den

Vorzug im Kaufen vor allen haben, die Bauern aber sollen wie obgedacht im 5. Punkt, die Fuhr zu verrichten schuldig sein. — Sollte aber gefunden werden, der heimlicher Weise (wie etliche gewohnt) absonderlich die Schindeln, hinweg und einen fremden zu practicieren sollte, der soll um Alles das gestraft werden, und dessen verlustigt.

11. Wenn ein Bauer von angesetzten sollte in ruin kommen, so sollen die andern doch verpflichtet sein dem Herrn Creditori und den Herren in Leibitz ihr zuständiges in vollem zu erstatten.

12. Die Unkosten, welche bei der Mayerhöffer Gemeinde aufgehen sollten, solle auch ganz Mayerhöffen, wie zu dato bräuchlich schuldig sein zu tragen, und bevoraus von denjenigen, wie obgesetzt zusehen, genommen werden.

13. Die vielgedachten Bauern werden auch obligiret sein von Leibitz denen Herrn 2 Cübl Leinsaamen zu säen, und einzuführen. Es sollen auch gedachte Bauern zur Zeit der Erndte, wo denen Herrn in Leibitz einige Schnitter, od. anstatt derselben Recher und Binder vonnöthen sein sollten, so soll jeglicher einen auf 2 Tag obligieret sein, zuschicken und für jeglichen Tag einem Schnitter 2 Poltraken, und einem rechten Binder 3 Poltr. nebst der Kost gegeben werden.

14. Es soll denen Mayerhöffern alles Gewerbe, wie bis dato gestattet sein, doch wenn Sie sollten Malz oder Bier kaufen, so sollen sie sich vorher bei denen Herren in Leibitz darum angeben und solches in billigen Preis von Ihnen erkaufen bei Vermeidung einer unausbleiblicher Strafe.

15. Es sollen alle Leibitzer Amtsleute sich aller Strafen über die versetzten Bauern (ausser die sich gröblich und criminaliter, wie auch mit so gewandter schlechter Hurerei wieder das 6-te Gebot sündigten) gänzlich entschlagen, da hingegen Alles, was das Mayerhöfferische Gericht nicht richten könnte, an die Herrn in Leibitz und Creditores zu bestraffen gelangen solle.

16. Gott verhüte alles Unglück! Wenn an u. in Mayerhöffen à parte, an einem od. andern grosser Schaden, als durch Kriegs-Oppressionen, Feuerschaden, Pestilenz u. dgl. Unglücks-Fälle geschehen sollten, also dass das Mayerhöffen in völligen Ruin käme, so verobliegieret sich hiesige Löbl. Gemeinde, die dem H. Creditori anstatt Interesse zuständigen 187 fl. 50 D. jährlich gut zu machen und zubezahlen, u. die Eviction über u. auf sich zu nehmen, die Arbeit aber sollen die Bauern verrichten.

17.*

17. Und diese obgesetzten Puncta u. Clausulen sollen beiderseits (wie gedacht) unverbrüchlich bis zur Auslösung u. Wieder-
stattung der obgedachten Summa derer Tausend achthundert fünf-
und siebenzig fl. Ung. verbleiben und solle die Auslösung: auf zwei
Termine geschehen, er Eine u. Erste soll folgen in Ao 1725 am
Palmsonntage, da sollen beleget werden 1000 fl. Ung. da dann
auch zugleich die Interesse, und alles was auf diese Summa fällt,
soll abgezogen werden und der Leibitzer Gemein zurück und an-
heim fallen, der andere Termin zur völligen Auszahlung soll sein
in Ao 1726 (und ehe u. später nicht) auch am Palm-Sonntage,
doch solle die völlige Summa bei dem Termin in rechter gang-
baarer Gold- und Silbermüntze beleget werden, da dann H. Creditor ebenfalls das annoch rückständige Stück Pfand zu übergeben
schuldig sein wird. Sollten aber die gedachten Termine nicht,
wie angesetzt richtig observiret und gehalten werden, so soll Tit.
H. Creditor, sich an sein verschriebenes Pfandt ferner jährlich zu
halten haben, bis ihm, wie gedacht, auf zweimal die Summa wird
beleget werden.

18. Wenn es aber dem H. Creditori nicht beliebig sein sollte
und er diesen Contract und noch gedachte Mayerhöffer, nicht
länger behalten wollte, so soll solches ein Viertel Jahr vorher der
Leibitzer Gemein angekündigt werden, dass Sie entweder selbst
das Geld procurieren od. einen guten Freund aufsuchen, der indessen das Geld belege, u. Mayerhöffen in Pfand nehme, doch
soll auch solches nicht zur Unzeit, wann etwa die Gemeinde in
Noth und Elend steckte, od. auch an Mayerhöffen einiger Schaden geschehen wäre, vorgangen werden.

19. Es soll die Leibitzer Gemeinde u. Amtsleute schuldig u.
verbunden sein auf sich u. ihre Nachkömmlinge die völlige Eviction
zunehmen, damit obgenannter Herr Creditor sammt seinen Erb-
nehmenden unter der Possession obigen verpfändeten Bauern,
wieder alle Impetitores mit ihren eigenen Expensen u. Mühe-Ver-
waltungen möchte geschützet und defendiret, auch in friedlicher Be-
sitzung u. Gebrauch derselben erhalten werden.

20. Wo aber vielgedachte u. obgesetzte Bauern dasjenige,
welches Sie zur Leibitzer Gemeinde Nothdurft, wie oben erwähnet,
nicht prästiren wollten, so sollen Sie eben wie billig von der Leibitzer Gemeinde bestraft werden, u. dieses soll nur in diesen Ver-
brechen verstanden werden.

Und dieses Alles haben wir nicht allein mit eigenhändiger

Unterschrift, sowohl unserseits im Namen unserer ganzen Gemeinde verfertigen, sondern auch mit Aufdrückung der Gemeinde Kleinen Siegel bestätigen wollen. So geschehen Leibitz Dominica Palmarum, welcher war den 25. März des Tausend Siebenhundert und Vierzehnten Jahres.

Johannes Serpilly.

Casparus Bartsch.

Mathias Minnich.

Michael Meltezer.

Girg Greisiger.

Jacobus Roth
derzeit Richter.

Johannes Joni
Nachrichter und derzeit Vormund.

Sebastian Calix V. N.

Tobiass Helner.

Tobiass Olmützer.

Beilage XXVII.

Másolat.

45866. sz. m. kir. belügyminister. Szepesvármegye közönségének Ilcsén. Leibicz nagyközség képvis. testületének 1892. évi deczember hó 24-én tartott közgyülésében 1730 sz. a hozott határozata, valamint a vármegye törvényhatósági bizottságának f. é. február hó 27-én 61. sz. a hozott határozata folytán az 1886. évi XXII. t.-cz. 150. §-a alapján ezennel elrendelem, hogy Leibicz nagyközség rendezett tanácsú várossá alakittassék át, mert a bemutatott iratok szerint az átalakulást a községi lakosok és birtokosok azon része kivánja, mely a községben fizetett egyenes állami adónak felénél nagyobb részét fizeti; továbbá, mert a bemutatott adatok szerint igazolva van, hogy a község az ezen átalakulás folytán reánehezedő kötelezettségek pontos teljesitésére elégséges szellemi és anyagi erőkkel rendelkezik, s igy mind azon követelményeknek melyek a rendezett tanácsú várossá átalakulás feltételeitől az idézett törvényczikk 151. §-ában megállapittattak, a jelen esetben elég van téve.

Miről a vármegye közönségét a mult hó 22-én 4758. sz. a.

kelt alispáni jelentés mellékleteinek, valamint Hoffmann Károly és társai leibiczi lakosok által ujabban körvetlenül hozzám intézett kérvénynek idezárása mellett oly felhivással értesitem, hogy a községnek várossá átalakitása czéljából szükséges intézkedéseket mielőbb tegye meg és az eredményt hozzám jelentse fel. Budapesten 1894. junius hó 13-án.

Hieronymi s. k.
Másolat hiteleül.
Leibicz, 1895. június 8-án.

jegyző.

Beilage XXVIII.

Consignatio 1810.

Exhibens, quantumnam Regio-Coronale Oppidum Leibitz, unum e XVI Scepusiensibus, ad rationem diversorum Belli Subsidiorum, Expensarum item Insurectionalium, Taxarum Diaetalium, Honorariorum etc. ab Anno 1792-do usque 1810-u effectivè solvit: et quidem:

	Rfl.	kr.
1. Ad rationem Honorarii suis Majestatibus sacratissimis, Anno 1792. Diaetaliter oblati, juxta Repartitionem solvit	232	27³/₈
2. Ad rationem Taxae Diaetalis, pro Diaeta Anni 1792. juxta Repartitionem	104.	—
3. Ad rationem Subsidii bellici, Anno 1792. Diaetaliter oblati, juxta Repartitionem	2921	06
4. Ad rationem subsidii bellici, Anno 1796. diaetaliter oblati, juxta Repartitionem	3894	53
5. Ad rationem subsidii bellici in Avena, Anno 1796. benevolè oblati, juxta Repartitionem . . .	475.	—
6. Ad rationem Expensarum Primae Insurectionis, de Anno 1797. juxta Repartitionem	918	45
Latus .	8545	31¹/₈

	RA.	kr.
Translatus .	8545.	31 ⁸/₈

7. Titulo supplementalium Expensarum ejusdem primae Insurectionis, de Anno 1797. juxta Repartitionem . . . . — 539.17⁴/₈

8. Ad rationem subsidii Bellici, in Avena, Anno 1799. benevolè oblati, juxta Repartitionem . — 475. —

9. Titulo supplementi ejusdem subsidionalis Avenae, Anno 1799. benevolè oblatae, juxta Repartitionem . . . . — 49.57⁶/₈

0. Ad rationem Expensarum secundae Insurectionis de Anno 1800. juxta Repartitionem . . . . — 1154.20⁷/₈

11. Ad rationem Taxe Diaetalis, pro Diaeta, Anni 1796. et 1802. juxta Repartitionem . . . . — 195.45

12. Ad rationem Expensarum Tertiae Insurectionis de Anno 1805. juxta Repartitionem . . . . — 1830 40¹/₈

13. Ad rationem Taxae Diaetalis, pro Diaeta Anni 1807. juxta Repartitionem . . . . — 104. —

14. Ad rationem Diaetalis subsidii, Suae Matti Ssmae Anno 1807. è Proventu quidem Immobilium, in 6-ta è mobilibus verò Rebus in 100-a valoris parte oblati, juxta Fassionum summarium solvit . . . . — 2302.30

15. Ad rationem Honorarii Suae Matti Ssmae Dominae neo-coronatae Reginae, Diaetaliter Anno 1808. oblati, juxta Repartitionem . . . . — 404. —

16. Ad rationem Taxae Diaetalis, pro Diaeta, Anni 1808. juxta Repartitionem . . . . — 52. —

17. Pro Musaeo Nationali, per Articulum 8-vum Anni 1808. Diaetaliter stabilito, juxta Summarium Oblatorum solvit . . . . — 115.07⁴/₈

18. Ad rationem subsidii Bellici, in vicem Frugum, Anno 1809. benevolè oblati, juxta oblatorum Summarium solvit . . . . — 455.08

19. Ad rationem Expensarum quartae Insurectionis de Anno 1809. juxta Repartitionem . . . . — 1204.45

20. Titulo charitativi subsidii, pro militibus, penes Restaurationem Fortalitii Comaromiensis, in firmatis, benevolè oblati . . . . — 59.17

| | Latus . | 17485.20¹/₈ |

RH.   kr.

Translatus . 17485 20½

21. Titulo gratuiti subsidii, suae Matti Ssmae in vi-
ccm Auri, et Argenti, per aversionem Anno
1810. oblati, juxta Repartitionem . . . . . 1575 —

22. Ad rationem Cassae Insurectionalis Concurren-
tialis, juxta Repartitionem Anno 1810 solven-
dos habet 2364.23

Summa   21427.23½--

Sigt. Igloviae 31. Oct. 1810.   --   21424.43½ ¹)

Extradatum Per Paulum Wyda Provinciae
R. Corons. XVI. Oppidor. Scep. Iur. V. Notar.

Beilage XXIX.

Consignatio.

Exhibens, quantumnam Regio-Coronale Oppidum Leibitz, unum
è XVI. Scepusiensibus, reliquis Oppidis, Fatalitate Incendii dam-
nificatis, titulo subsidii Incendialis, ex Professó Catastralis Instituti
Incendialis, in Provincia xvi. Oppidor. Scepus. vigentis, ab Anno
1792. usque Annum 1810. solvendum habuit, et quidem:

RH.   kr.

1. Oppido Felka, Ictu Fulminis, die 19-a July 1792.
fatalitate Incendii damnificato, juxta Adminis-
trationalem Repartitionem solvendum habiut .   — . —

2. Oppido Ruszquinocz die 2-da Juli 1793. fatalitate
Incendii Ictu fulminis causati, damnificato, juxta
Repartitionem . . . . :   47.41

3. Oppido Mathaeocz die 8-va May 1794. per Incendium damnificato, juxta Repartitionem . .   — . —

4. Oppido Poprad die 8-va May 1794. per Incendium damnificato, juxta Repartitionem . .   629.02½

Latus .   676.43½

¹. Die Differenz entstand aus den Rfl. und W. W. Geldwerthe auch in
den uächstfolgenden Beilagen.

	Rfl.	kr.
Translatus .	676.	43⁴/₈

Rfl.   kr.

Translatus . 676.43⁴/₈

5. Oppido Warallya die 14. Juli 1794. fatalitate Incendii damnificato, juxta Repartitionem . . 1324 16⁷/₈

6. Oppido Mathaeocz die 5-a Octobris 1794. per Incendium damnificato, juxta Repartitionem . 73 37⁴/₈

7. Oppido Warallya die 1-a May 1795. per Incendium damnificato, juxta Repartitionem . . . 24. 2⁴/₈

8. Oppido Poprad die 4-a Juny 1796. fatalitate Incendii damnificato, juxta Repartitionem . . 32.33

9. Oppido Mathaeocz die 2-da Aprilis 1797. Incendis damnificato, juxta Repartitionem . . . —. —

10. Oppido Podolin die 7-a July 1797. per Incendium damnificato, juxta Repartitionem . . . —. —

11. Igloviensi Civi Andreae Urbany die 5-a Octob. 1797. per Incendium damnificato, juxta Repartitionem . . . . —. —

12. Oppidi Olaszy die 22-da Aprilis Anno 1801. per Incendium damnificato juxta Repartitionem 648.25

13. Oppido Bela die 9-a Septemb. 1801. fatalitate Incendii damnificato, juxta Repartitionem . . 34.52⁴/₈

14. Oppido Durand die 21-a July 1804. fatalitate Incendii damnificato, juxta Repartitionem . . 144 40

15. Oppido Olászy die 7-a Juny 1808. per Incendium damnificato, juxta Repartitionem . . . 14. —

16. Oppido Bela die 29-a Aprilis 1810. fatalitate Incendii Ictu fulminis causati, damnificato, juxta Repartitionem 353.24

Summa . 3327.04⁷/₈

Sig. Igloviae die 10. Nov. 1810.

Extradatum Per Paulum Wyda Provinciae
Regio-Coronas. 16. Oppidor. Scep. Jur. V. Notarium.

Beilage XXX.

Verzeichniss

der Lieferungen auf Anordnung der k. k. titl. HErrn Verpflegs-Commissaire und Militär Comanden durch die XVI Zipser Kronstädt Leibitz geleistet worden:

1. Anno 1849 den 12-ten Februar auf Anordnung fl. kr. W. W. des HErrn k. k. Hauptmannes Weber nach Fricsó 960 Port. Brod laut A) . . . . .   192. —

2. Anno 1849 den 13-ten Febr. auf Anordnung Einer Wohllöbl. Administration nach Kirchdrauf 100 por. Heu laut B) . . . .   25. —

3. Den 15-ten und 18-ten Febr. auf Anordnung derselben Administration nach Igló 100 par Topanken laut C) et D) . . . .   750. —

4. Den 21-ten Feber auf Anordnung derselben Administration nach Igló 40 Por. Metzen Hafer E)   240. —

5. Den 23-ten Aprill für General Benedeksche-Brigade Vorposten von E. H. Parma 6 Klft. Brennholz und 75 Bund Stroh laut F) . . .   72.45

6. Den 28-ten Junny auf Anordnung tittl. Herrn k. k. Verpflegs-Commisair Adam v. Mariássy nach Lubló 390 Laib Brod laut G) . . . .   195.—
   dto. 24 Por. Metzen Hafer dto . . . . .   150.—
   dto. 18⁴⁸/₁₀₀ Centr. Heu dto 46.07½

7. Den 25. August und 2-ten Sept. auf Anordnung Sr. Hochwohlgebohrn des Herrn Comitats-Präsidenten Adam von Mariássy 508 St. Bettdecken oder Kotzen und 445 Stk. Leintücher laut Beilage sub H) et I) . . . .   2503.—

8. Den 9-ten Sept. auf desselben Anordnung nach Kesmark 70 P. Metzen Hafer laut K) . . .   437.30
   10 Pr. Metzen Gritze laut dto 125.37½
   70 Centr. Heu laut dto . . . .   175. —

9. Den 17-ten Sept. auf Anordnung Sr. Hochwohlgeboren des Herr Zipser Commissärs, Präsidenten Adam von Mariássy 2 Stk. Ochsen laut L) . . . .   190.—

Vortrag . 5101.20

fl. kr. W. W.

Uebertrag .	5101.20
dto 504 M. Fleisch laut dto	151.21
dto 97¹/₆ M. Salz laut dto	14.35
dto 219 Halbe Brandtwein dto	109.30
dto. 3107 port. Brod laut dto.	1074.12

10. Den 20-ten Sept. auf Anordnung desselben 292
Halbe Brandtwein laut M) . . . . 146.—

      An geleisteten Vorspännen:

11. Auf Anordnung des k. k. Belaer Platz-Comman-
danten Herrn Hauptmann Baron Wiederspach
No. 47. Vorspannswagen nach Neumark, von
da zurück nach Altendorf, und von Altendorf
abermals über Neumark, theils nach Kubin, theils
nach Mislenitz laut Beilage sub. Nro 1. und
ad 10-ten 1. geleistet, wofür laut Accord gezahlt wurden . . . . 2583 —

12. Für den Durchmarsch der k. Russischen Anxiliar-
Truppen laut Nro 2 und et. ad. Num. 2. 9
Vorspannswagen von Leibitz nach Altendorf . 144. —

13. Für eben dieselben laut Nro 341. Vorspannswagen, bei welcher Gelegenheit die Vorspanns-
leister wegen weggeschwemmten Brücken das
k. Russische Militär rückführen, und deshalb
einen Tag mehr verweilen mussten . . . . 984. —

14. Für dieselben laut Nro 416 Vorspannswagen
nach dto . . . . 256. —

15. Zur Brod-, Hafer- und Heu-Abfuhr in das Militär-
Magazin nach Lubl Nro 8 Vorspannswagen
laut Nro 5 . . . . 86. —

16. Zur Transportirung der Proviants-Fourage für
die k. Russische Armee über Eperies nach Kaschau 3) Wagen laut Nro 6 . . . . . . 1618.45

17. Zum Heutransport von Leibitz nach Szepesvárallya
ein Vorspannswagen laut Nro 7 . . . . . 7.30

18. dto. Für den k. k. Lieutenant Hanmeyer nach
Bela ein Wagen laut Nro 8 . . . . . . 2. —

19. dto. Zur Transportirung k. k. Militärs nach Leutschau und von dort zurück nach Béla 1 Wa-

      Vortrag . 12267.93

	fl.	kr.	W. W.

Uebertrag . 12276 93

gen laut Nro 9 . . . . 7 30

20. Auf Anordnung 1 Wagen nach Béla laut Nro 10   2.—

21. Zur Ablieferung der Waffen, Wäsche nach Leutschau 1 Wagen laut Nro 11 . . . . . . 5 —

22. dto. Zur Transportierung des Brodes, Hafer und
Heu nach Kesmark, und von da nach Leibitz,
laut Nro 12 . . . . 49.—

23. An verdienten Arbeitslohn, für nähen derjenigen
Hemden und Gattchen, welche von Seiten des
ungarischen Militärs angeschafft, und an Sr.
Hochgebohrn k. k. Regirungs-Commisairs Emerich v. Pechujfalu abgeliefert worden, gebührenden betreffenden Nahterinen laut Beilage
sub Nro 13. Rfl. 31. kr. 20. Cmünze, oder in
Wiener Währung 78.20

total Summa . 12431.58 --
12418.43

oder in Conv. Münze . 4972 47¹/₅

Sig. Leibitz den 23-ten December 1849.

Beilage XXXI.

ad. 215/on./860

Abschrift ad Abtheilung 6 No 1584 ex 1860.

Das k. k. Armee-Ober-Commando beurkundet hiermit.

Es haben die XVI Zipser Kronstädte: Igló, Leibitz, Kirchdrauf, Wallendorf, Béla, Georgenberg, Felka, Poprad, Ménhard,
Matheocz, Durand, Sztrázsa, Ruszquin, Lubló, Podolin und Gnezda.
den für einen Stiftungs-Platz in der zu errichten beabsichtigt ge-

wesenen ungarischen Militär - Akademie bestimmten Betrag von
6666 fl. 0 kr. Conv.-Münze, nachdem diese Akademie in Folge
der seither eingetretenen Ereignisse in der ursprünglich beabsich-
tigten Weise nicht mehr zu Stande kommen kann, sammt den
von diesem Capitale noch vorhandenen Zinsen pr. 768 fl. 3 kr.
zu Errichtung einer Stiftung unter nachfolgenden Bestimmungen
gewidmet:

1. Die von dem Stiftungs - Capitale entfallenden 5 Percent
Interessen seien in so lange zu dem Capitale zu schlagen, bis
dasselbe den Betrag von 11,000 fl. erreicht.

2. Die von diesem letzteren Capitale entfallenden 5 Percent
Zinsen sollen zur Errichtung eines Stiftungs-Platzes in den k. k.
Offiziers-Erziehungs-Anstalten, nämlich in den Kadeten-Instituten
und Militär-Akademien verwendet werden.

3. Der Anspruch auf diese Stiftung gebühre vorzugsweise
Jünglingen aus den vorbenannten XVI Zipser Städten, und in derer Ermangelung Jünglingen aus dem Kronlande Ungarn.

4. Das Verleihungsrecht sei den XVI Zipser Städten vorbehalten, welches durch ihre jeweiligen Vertreter ausgeübt werden soll.

5. Wenn ein Stiftling während seines Aufenthaltes in dem
Kadeten-Institute oder der Militär - Akademie keine Befähigung
an den Tag legen, demnach seinen Eltern oder Angehörigen
zurückgestellt würde, so habe derselbe aus dem Genusse der Stiftung zu treten und es sei sofort ein anderer Aspirant zu prä-
sentieren.

6. In Betreff des Alters und der Vorkenntnisse der Stift-
linge bei ihrem Eintritte in ein Kadeten-Institut oder eine Militär-Akademie und bezüglich des Austrittes aus letzteren in die
Armee, sollen die bezüglichen Reglements-Vorschriften zur Richtschnur dienen.

7. Die allfälligen Ersparnisse dieser Stiftung seien zu kapi-
talisiren und zur Creirung weiterer Stiftungs-Plätze zu verwenden.

8. Diese Stiftung soll für immer den Namen »Stiftung der
XVI Zipser Kronstädte« führen.

Nachdem nun die, das derzeitige Stiftungs-Capital bildende
5 Percent-Grundentlastungs - Obligation litt. A. No 937 deto Ca-
schau den 1-ten November 1854 pr. 7420 fl. auf den Namen dieser Stiftung geschrieben, der Universal-Militär - Depositen-Admi-
nistration zur Aufbewahrung übergeben wurde, und der Betrag

von **14 fl. 43 kr.** mit den Zinsen dieser Obligation kapitalisirt wird, so genehmigt das Armee-Obercommando diese Stiftung und verbindet sich für die genaue Erfüllung derselben, sowie für die ungeschmälerte Erhaltung des Stiftungs-Capitales, als eines für immer währende Zeiten unangreifbaren Fondes, Sorge zu tragen.

Urkund dessen wurde dieser Stiftungsbrief in zwei gleichlautenden Exemplaren ausgefertigt, das erste hievon bei der Universal-Militär-Depositen-Administration hinterlegt, das zweite den Stiftern übergeben.

Der General-Director

Freiherr von Nagy m. p.

Feldmarschall-Lieutenant.

Vom Armee-Obercommando. Wien am 11-ten July 1860.

Freiherr von Soudier m. p.

G. Major.

Wien, am 15. July 1860.

v. **Emile m. p.**

Major.

Für die Richtigkeit der Abschrift.

Igló, am 4-ten August 1860.

Simenszky Bsto.

G. Scholtcz

Notär.

Sinnstörende Druckfehler.

Seite L. Die Jahreszahl: 1204—1412 hat unter dem L Theil, nicht Ersten Abschnitt zu stehen.

Seite		Linie				statt	
„	6. Sechste	Linie	von	unten:	ascensionis,	statt	vascensionis.
„	7. Fünfzehnte	„	„	„	Sperndorf,	„	Speradorf.
„	8. Zwölfte	„	„	oben:	Terragium,	„	Terrgium.
„	32. Zwanzigste	„	„	u	1585	„	1285.
„	32. Erste	„	„	unten:	Serpilli,	„	Serzrilli.
„	42. Neunte	„	„	oben:	Appellatior,	„	Appellaon.
„	45. Fünfzehnte	„	„	unten:	Herrn,	„	Heiligen.
„	46. Fünfte	„	„	oben:	Herrn,	„	Heiligen.
„	53. Erste	„	„	„	Molendium,	„	Molcedium.
„	53. Dreizehnte	„	„	unten:	1596	„	156.
„	56. Vierzehnte	„	„	oben:	mitgeschwornen,	„	meschgeschwornen.
„	58. Elfte	„	„	„	Pisetum,	„	Piletum.
„	80. Vierzehnte	„	„	„	Judicio,	„	Indicio.
„	108. Fünfzehnte	„	„	„	Consens,	„	Consen.
„	118. Zwanzigste	„	„	unten:	handeln,	„	kandeln.
„	119. Sechzehnte	„	„	„	Prudenz,	„	Krudenz.
„	147. Dreizehnte	„	„	oben:	Jakob,	„	Jakok.
„	181. Zwölfte	„	„	unten:	aedes,	„	cedes.
„	181. Erste	„	„	„	leisten,	„	leiten.
„	209. Zwölfte	„	„	„	aqVIsItIs,	„	oqVisItIs.
„	231. Zweite	„	„	oben:	communiter,	„	comminiter.
„	231. Fünfte	„	„	unten:	exhibuerunt,	„	exhubuerunt.
„	233. Achte	„	„	oben:	vocatae,	„	vonatae.
„	245. Dreizehnte	„	„	unten:	sectae,	„	secto.
„	246. Achte	„	„	„	nicht,	„	mit.